Wirtschaft und Gerechtigkeit

Christian Thielscher

# Wirtschaft und Gerechtigkeit

Was ist gerecht und wie beeinflussen Wirtschaftstheorien die Verteilung von Gütern?

Christian Thielscher
FOM Hochschule für Ökonomie & Management
Essen, Deutschland

ISBN 978-3-658-36221-8     ISBN 978-3-658-36222-5 (eBook)
https://doi.org/10.1007/978-3-658-36222-5

Die Deutsche Nationalbibliothek verzeichnet diese Publikation in der Deutschen Nationalbibliografie; detaillierte bibliografische Daten sind im Internet über http://dnb.d-nb.de abrufbar.

Springer Gabler
© Der/die Herausgeber bzw. der/die Autor(en), exklusiv lizenziert an Springer Fachmedien Wiesbaden GmbH, ein Teil von Springer Nature 2022
Das Werk einschließlich aller seiner Teile ist urheberrechtlich geschützt. Jede Verwertung, die nicht ausdrücklich vom Urheberrechtsgesetz zugelassen ist, bedarf der vorherigen Zustimmung des Verlags. Das gilt insbesondere für Vervielfältigungen, Bearbeitungen, Übersetzungen, Mikroverfilmungen und die Einspeicherung und Verarbeitung in elektronischen Systemen.
Die Wiedergabe von allgemein beschreibenden Bezeichnungen, Marken, Unternehmensnamen etc. in diesem Werk bedeutet nicht, dass diese frei durch jedermann benutzt werden dürfen. Die Berechtigung zur Benutzung unterliegt, auch ohne gesonderten Hinweis hierzu, den Regeln des Markenrechts. Die Rechte des jeweiligen Zeicheninhabers sind zu beachten.
Der Verlag, die Autoren und die Herausgeber gehen davon aus, dass die Angaben und Informationen in diesem Werk zum Zeitpunkt der Veröffentlichung vollständig und korrekt sind. Weder der Verlag, noch die Autoren oder die Herausgeber übernehmen, ausdrücklich oder implizit, Gewähr für den Inhalt des Werkes, etwaige Fehler oder Äußerungen. Der Verlag bleibt im Hinblick auf geografische Zuordnungen und Gebietsbezeichnungen in veröffentlichten Karten und Institutionsadressen neutral.

Lektorat/Planung: Margit Schlomski
Springer Gabler ist ein Imprint der eingetragenen Gesellschaft Springer Fachmedien Wiesbaden GmbH und ist ein Teil von Springer Nature.
Die Anschrift der Gesellschaft ist: Abraham-Lincoln-Str. 46, 65189 Wiesbaden, Germany

# Vorwort

Dieses Buch entstand, nachdem mich im Herbst 2019 Ulrich Duchrow gefragt hatte, ob ich gemeinsam mit ihm ein theologisch-ökonomisches Seminar für Theologiestudentinnen und -studenten zum Thema „Gerechtigkeit" gestalten wolle. Diese Einladung nahm ich gerne an, weil ich mich in den Jahren vorher als Arzt ausführlich mit Gerechtigkeitsfragen beschäftigt hatte. In der Medizin soll niemand sterben, weil er sich eine Behandlung nicht leisten kann. Daher ist der Preis als Rationierungsinstrument außer Kraft gesetzt; die Versorgung wird gesteuert, und das wichtigste theoretische Kriterium für diese Steuerung ist ihre Gerechtigkeit. Dazu hatte ich gerade ein Modell entwickelt, das die bekanntesten Gerechtigkeitstheorien integriert, die sonst unverbunden nebeneinanderstehen – und den Eindruck erwecken, „Gerechtigkeit" sei beliebig. Das Modell hatte ich bis dahin noch nicht veröffentlicht, und es schien mir eine gute Gelegenheit, es zunächst mit Studierenden zu diskutieren.

Als wir den Reader zum geplanten Seminar zusammenstellten, fiel mir auf, dass nicht nur ein solches integrierendes Modell in der Literatur fehlte; obendrein fanden wir auch keine Veröffentlichungen, in denen naturwissenschaftliche Ansätze zur Erforschung von „Gerechtigkeit" zusammengestellt und verglichen wurden. Als Mediziner fühlte ich mich in diesem Punkt zusätzlich herausgefordert.

Daraus entstand dieses Manuskript. Es soll die Lücken in der Literatur schließen, um Studierenden und interessierten Laien ein vollständiges Bild über das Thema „Gerechtigkeit" zu bieten.

An dieser Stelle danke ich herzlich meinen lieben Kollegen, die mich bei der Arbeit sehr engagiert unterstützt haben: zuerst Ulrich Duchrow, auf dessen Idee hin das Manuskript entstand, und der mir als höchst belesener und kreativer Ideengeber und Diskussionspartner zur Verfügung stand; Christoph Fleischmann, der frühe Fassungen mit unglaublicher Sorgfalt, Präzision und Scharfsicht gelesen und korrigiert hat; Konrad Obermann, der mich mit einer ganzen Reihe von Verbesserungsideen versorgte; und last not least Johann Braun, dessen Rechtsphilosophie ich viele Einsichten verdanke und der meine Überlegungen in großer Geduld und ausführlich kommentierte.

Für Fehler bin ich allein verantwortlich. Verbesserungsvorschläge jeder Art nehme ich gerne entgegen.

PS.: während der Drucklegung des Buches marschierten russische Truppen in die Ukraine ein. Möge es sein Scherflein dazu beitragen, den Krieg schnell und gerecht zu beenden.

Lohmar, Deutschland                                    Christian Thielscher
Anfang 2022

# Inhaltsverzeichnis

1 Einleitung .... 1

**Teil I Wirtschaft und ökonomische Theorien**

2 Der Begriff der „Wirtschaft" .... 7

3 **Die neoklassische Theorie** .... 9
   3.1 Neoklassische Märkte sind effizient und – ohne es zu wollen – „gerecht" .... 11
   3.2 Die Ausbreitung von Märkten auf die Rechtspflege und Medizin .... 19
   3.3 Die neoklassischen Annahmen sind empirisch falsch .... 24
   3.4 Komplexere Märkte .... 31
   3.5 Exkurs zur Terminologie von Neoliberalismus, Ordoliberalismus, „sozialer Marktwirtschaft" und zur Frage, wer recht hat .... 62
   3.6 Auf dem Weg zu einem realitätsnahen Modell der Wirtschaft .... 64
   Literatur .... 80

| 4 | Die marxistische Wirtschaftstheorie | 83 |
|---|---|---|
| | Literatur | 96 |

| 5 | Ein Lösungsvorschlag – wie wir Wirtschaft inhaltsreich beschreiben und „erklären" können | 97 |
|---|---|---|
| | Literatur | 107 |

## Teil II  Gerechtigkeit

| 6 | Die bisherige Unbestimmtheit des Gerechtigkeitsbegriffs | 111 |
|---|---|---|
| | Literatur | 121 |

| 7 | Ein Modell der Gerechtigkeit | 123 |
|---|---|---|
| | 7.1  Die Begriffe „Moral" und „Gerechtigkeit" | 123 |
| | 7.2  Ein Modell mit vier Elementen | 127 |
| | Literatur | 139 |

| 8 | Medizinische Verfahren zur Untersuchung des Gerechtigkeitsempfindens | 141 |
|---|---|---|
| | 8.1  Bildgebende Verfahren | 142 |
| | 8.2  Primatenstudien | 152 |
| | 8.3  Gerechtigkeitsempfinden in der frühkindlichen Entwicklung | 159 |
| | Literatur | 163 |

| 9 | Philosophische Untersuchungen zur „Gerechtigkeit" | 165 |
|---|---|---|
| | Literatur | 193 |

| 10 | Ein finaler Stresstest für das Modell | 195 |
|---|---|---|
| | Literatur | 199 |

## Teil III Anwendungen

**11 Die Struktur des Gerechtigkeitsbegriffs** — 203
- 11.1 Gibt es „Gerechtigkeit"? — 203
- 11.2 Die Bestimmtheit der Gerechtigkeit — 204
- 11.3 Gleichheit und Gerechtigkeit — 205
- 11.4 Andere logische Probleme — 206
- 11.5 Die „Neiddebatte" — 206
- Literatur — 206

**12 Wirtschaftliche Gerechtigkeitsfragen** — 207
- 12.1 Bedarf — 209
  - 12.1.1 Lebensmittelversorgung und die Frage, warum es Menschen gibt, die hungern — 210
  - 12.1.2 Klimawandel — 219
- 12.2 Leistung — 221
  - 12.2.1 Leistungslose Einkommen aus Vermögen — 221
  - 12.2.2 Gehälter – gibt es einen gerechten Lohn? — 232
  - 12.2.3 Sozialleistungen – Beispiel Kindergeld — 238
  - 12.2.4 Responsivität – Sind Demokratien immer repräsentativ? — 240
  - 12.2.5 Wissenschaft und Leistung — 240
  - 12.2.6 Ausgleich von Behinderungen — 244
- 12.3 Vertrag — 245
- Literatur — 245

**13 Aporien** — 249
- 13.1 Das Trolleyproblem — 249
- 13.2 Vertreibung — 259
- 13.3 Abtreibung — 260
- Literatur — 265

**14 Zusammenfassung und Ausblick** — 267

# 1
# Einleitung

Es gibt unglaublich viele und unglaublich schwerwiegende Ungerechtigkeiten. Acht Millionen Menschen verhungern jedes Jahr. Milliarden Menschen können ihre Möglichkeiten und Fähigkeiten nicht ausleben. Gleichzeitig werden Einzelne mit unsozialem Verhalten märchenhaft reich.

Viele Menschen spüren, dass etwas in der globalen Wirtschaft und ihren Gesellschaften schiefläuft, aber es fällt ihnen schwer, ihr Unbehagen zu artikulieren. Und, vor allem, kann man überhaupt sagen, was „gerecht" ist? Gibt es nicht viel zu viele verschiedene Vorstellungen von „Gerechtigkeit"? Ist Gerechtigkeit letztlich eine beliebige Meinung?

In diesem Buch versuche ich ein Verständnis von „Gerechtigkeit" zu entwickeln, das mehr ist als bloße Annahme, sondern das sich auf neue naturwissenschaftliche Erkenntnisse stützt. Dadurch gelingt der Nachweis, dass „Gerechtigkeit" nicht nur evolutionsbiologisch sehr alt ist und in unserem Gehirn „fest verdrahtet" ist, sondern, dass man auch inhaltlich bestimmen kann, was „gerecht" ist.

Das ist wichtig, weil das Ausmaß an Ungerechtigkeit schwankt. Ein Blick in die historische Geografie zeigt, dass es in manchen Regionen schon sehr viel ungerechter zuging als heute, z. B. in frühen Sklavenhaltergesellschaften in Europa. Das bedeutet auch, dass man für mehr Gerechtigkeit sorgen kann, denn Ungerechtigkeit ist (häufig) menschengemacht.

Um zeigen zu können, wie Gerechtigkeit richtig verstanden wird, ist leider ein kleiner Umweg erforderlich. Wenn man Gerechtigkeitsfragen beurteilen will, muss man sich zunächst mit „Wirtschaft" beschäftigen, und zwar aus mindestens vier Gründen:

- *Erstens* hat Gerechtigkeit (auch) mit Güterverteilung zu tun, und die Produktion und Verteilung von Gütern und Dienstleistungen findet wesentlich in der „Wirtschaft" statt. Die Wirtschaft ist demnach wichtig für Gerechtigkeitsüberlegungen, und daher ist es hilfreich, wenn man sie versteht.
- *Zweitens* kommen viele einflussreiche Theorien zur Gerechtigkeit aus der ökonomischen Theorie. Diese ökonomische Theorie „färbt", wie ich zeigen werde, auch Überlegungen zur Gerechtigkeit ein; das eine ist ohne das andere kaum verstehbar.
- *Drittens* hängt das, was man unter „Wirtschaft" versteht, davon ab, mit welcher Theorie man sie untersucht (dazu später mehr).
- *Viertens* beeinflusst die jeweils herrschende ökonomische Theorie maßgeblich die Wirtschafts-, Steuer- und Verteilungspolitik; wenn man die Annahmen der Wirtschaftswissenschaften nicht kennt, versteht man ihre Empfehlungen an die Politik nicht. Außerdem beeinflusst die „Ökonomie" zunehmend auch andere, ehemals nicht „wirtschaftliche" Lebensbereiche, z. B. in Form der „Ökonomisierung des Gesundheits- und Sozialwesens"; dadurch wirken ökonomische Vorstellungen auch dort auf Gerechtigkeitsthemen ein.

*Im ersten Teil* des Buches gehe ich daher der Frage nach, was unter „Wirtschaft" zu verstehen ist, welche Rolle Wirtschaftswissenschaften dabei spielen und welchen Einfluss dies auf Gerechtigkeitstheorien hat. Dabei wird sich zeigen, dass Teile der herrschenden Wirtschaftstheorie defekt sind und dass sie möglicherweise dazu dienen, ungerechte Verteilungen zu erhalten. Ich werde außerdem einen Ansatz zur Entwicklung einer brauchbaren ökonomischen Theorie vorschlagen.

*Der zweite Teil* des Buches widmet sich dann der eigentlichen Frage, was unter „Gerechtigkeit" zu verstehen ist. Dazu stelle ich ein Modell vor, das die Kernelemente der Gerechtigkeit präzise beschreibt. Ich werde zeigen, dass es in früheren Gerechtigkeitstheorien angelegt, aber nicht deutlich sichtbar war, und vor allem werde ich herleiten, dass es sich auch mit naturwissenschaftlichen Befunden untermauern lässt. Diesen Teil werden auch erfahrene Leser als neu empfinden.

Schließlich, *im dritten Teil*, wende ich das vorgestellte Modell an, um typische (und bisher ungelöste) Gerechtigkeitsfragen exemplarisch zu klären.

Im gesamten Buch fokussiere ich auf die präzise Darstellung der Gerechtigkeit. Auf Fragen zu ihrer politischen Umsetzung und/oder der Effizienz von Umsetzungsprozessen gehe ich nur in ausgewählten Fällen ein. Denn, wenn man einmal festgestellt hat, wie gerecht zu entscheiden ist, ist in aller Regel auch der Umsetzungsprozess zumindest in Umrissen erkennbar.

# Teil I

## Wirtschaft und ökonomische Theorien

# 2

# Der Begriff der „Wirtschaft"

Auf den ersten Blick ist „Wirtschaft" einfach zu verstehen: Es geht um Waren und ihre Verteilung. Schon bei einfachem Nachfragen zeigen sich allerdings Probleme mit dieser Definition: Wer bestimmt eigentlich darüber, was für wen produziert wird: nur die Kunden und Hersteller oder auch der Wirtschaftsminister oder Verbraucherschützer? Warenverteilung hat neben anderem mit Steuern und Transferleistungen zu tun – also mit Politik. Aber wie ist der Zusammenhang zwischen Politik und Wirtschaft genau zu beurteilen? Kann man „Wirtschaft" untersuchen, ohne die Gesellschaft zu betrachten, in der sie stattfindet? Hängen Ökonomie, Recht, Politik, Soziologie und Psychologie vielleicht so eng zusammen, dass man sie gar nicht getrennt voneinander verstehen kann?

Der Begriff der „Wirtschaft" ist tatsächlich gar nicht leicht zu bestimmen. Dabei handelt es sich nicht nur um ein terminologisches Problem, sondern um Inhalte. Genau gesagt wird sich zeigen, dass verschiedene Theorien ganz unterschiedliche Vorstellungen von „Wirtschaft" entwickelt haben. Anders gesagt: Das, was man unter „Wirtschaft" versteht, hängt davon ab, mit welcher Theorie man sie betrachtet.

Medizin und Ökonomie unterscheiden sich in vielerlei Hinsicht; so auch darin, dass in der Medizin „Krankheit" und „Krankheitsbeschreibung" weitgehend zusammenfallen. „Diabetes mellitus" *ist* das, was im Lehrbuch steht. – Das ist in der Ökonomie anders. Die „Wirtschaft" der neoklassischen Theorie *ist* eine andere als die der anderen wissenschaftlichen Theorien (z. B. der marxistischen). Daher unterscheiden sich nicht nur diese Theorien, sondern die von ihnen wahrgenommenen Wirtschaften als solche.

Deshalb gibt es, um zu einem präzisen Verständnis der „Wirtschaft" und der „Gerechtigkeit" in ihr zu kommen, nur den Weg, die bestehenden Wirtschaftstheorien zu untersuchen. Ich werde zwei der wirkmächtigsten Theorien mitsamt ihrer jeweiligen „Wirtschaft" betrachten, nämlich die neoklassische und die marxistische. Dabei wird auch deutlich, wo sie ergänzt bzw. korrigiert werden müssen; das ermöglicht, als Ergebnis davon einen dritten, quasimedizinischen Weg vorzuschlagen, der eine viel präzisere Beschreibung der Wirtschaft liefert. Beispielsweise lassen sich so einige jahrhundertealte Streitfragen der Wirtschaftswissenschaften lösen (s. Kap. 5).

# 3

# Die neoklassische Theorie

Der Fokus dieses Kapitels liegt auf dem neoklassischen Verständnis von Wirtschaft, weil die Neoklassik die heutige Volkswirtschaftslehre beinahe vollständig beherrscht (Neumann, 2002). Die Neoklassik regiert nicht nur in den Hörsälen, sondern auch in der realen „Wirtschaft", weil die ehemaligen Wirtschaftsstudenten ihre neoklassischen Annahmen in ihren Beruf mitnehmen. Die ökonomische Theorie steuert einerseits maßgeblich die Wirtschaftspolitik, und andererseits besetzen neoklassisch geprägte Wirtschaftswissenschaftler etwa die Hälfte aller Führungspositionen in größeren bis großen Unternehmen (die andere Hälfte nehmen Juristen, Ingenieure und Absolventen anderer Fakultäten ein). Insgesamt beeinflusst somit die Neoklassik das Leben der meisten Menschen enorm.

**Der Kern der neoklassischen Theorie im Überblick**
Im Folgenden werde ich zeigen, dass für die neoklassische Theorie gilt:

- Neoklassische Modellmärkte sind von selbst effizient (d. h., es wird nichts verschwendet), frei von jedem Machtmissbrauch und vollkommen gerecht in dem Sinne, dass jeder Marktteilnehmer exakt das erhält, was er möchte und was ihm zusteht. Das lässt sich sogar mathematisch beweisen.

- Auch umgekehrt gilt: Die neoklassische Theorie *kann* weder Macht noch Gerechtigkeit untersuchen, weil beide darin nicht vorkommen. Macht existiert nicht, weil sie sofort niederkonkurriert wird, und soziale Gerechtigkeit ist im Modell tatsächlich ein sinnloser Begriff, weil jeder immer seines eigenen Glückes Schmied ist.
- Weil es im Modell keinen Grund für Gerechtigkeitsüberlegungen gibt, lehnen Neoklassiker jeden staatlichen Eingriff in wirtschaftliche Vorgänge ab.
- Das neoklassische Wirtschaftsmodell gilt annahmegemäß immer und überall; es ist unabhängig von sonstigen Regeln des Zusammenlebens. Das heißt auch, dass man „wirtschaftliche" Vorgänge analysieren kann, ohne andere Aspekte berücksichtigen zu müssen (etwa: soziale, rechtliche oder psychologische Gegebenheiten). Neoklassiker leiten daraus auch ab, dass ihre Theorie frei von „Wertung", d. h. nur einem abstrakten Wissenschaftsideal verpflichtet und selbst vorurteilsfrei sei.
- Neoklassische Theorien sind oft mathematisch anspruchsvoll; sie muten eher wie physikalische Formeln an. Neoklassiker sehen darin einen ihrer wesentlichen Vorteile; Kritiker vermuten, dass sich die Theorie so davor schützt, verstanden und verworfen zu werden.
- Einige Neoklassiker fordern außerdem und in sich logisch schlüssig, Einrichtungen der Rechtspflege (v. a. Gerichte, Polizei) aus der staatlichen Verantwortung zu nehmen und zu privatisieren.
- Aus diesem Grund ist die Neoklassik sehr nützlich für kapitalstarke Personen und Organisationen, die im Markt erfolgreich sind; letztere haben ein Interesse, sie zu fördern.

Aber:

- Damit die Aussagen der Neoklassik gelten (insbesondere über die Effizienz und Gerechtigkeit von Märkten), muss sie extreme Annahmen treffen. Diese Annahmen sind nachweisbar empirisch falsch.
- Grundsätzlich ist es möglich, die falschen neoklassischen Annahmen durch realitätsnahe zu ersetzen, aber dann fällt die Theorie in sich zu-

sammen: Märkte sind nicht mehr notwendig effizient und schon gar nicht gerecht; eine Aussage darüber, ob Märkte oder politische Regulierung zu besseren Ergebnissen führen, ist nicht mehr möglich.

## 3.1 Neoklassische Märkte sind effizient und – ohne es zu wollen – „gerecht"

Um die Neoklassik zu verstehen, gibt es zwei Wege: Man kann sich in ihre formale Struktur einarbeiten; die ist aber im ursprünglichen Wortsinn „esoterisch", d. h. nur für (mathematisch) Eingeweihte nachvollziehbar. Auch sind manche ihrer Begriffe und Methoden nicht besonders laienfreundlich (z. B. die Konzepte der „Indifferenzkurven" oder der „Grenzrate der Substitution"). Wer diesen Weg beschreiten möchte, dem muss ich ein mikroökonomisches Lehrbuch empfehlen.[1]

Andererseits sind die Zusammenhänge, wenn man sie klar darstellt, gar nicht so schwierig. Ich verwende dafür im Folgenden ein Modell, das zwar sehr vereinfacht ist, aber dennoch erlaubt, die wichtigsten Ergebnisse der neoklassischen Volkswirtschaftslehre zu verstehen und ihre Möglichkeiten und Grenzen zu erkennen. Nach und nach werde ich das Modell erweitern, um komplexere Zusammenhänge aufzuzeigen, und schließlich erläutern, wie man zu einem funktionierenden Totalmodell der Wirtschaft kommt. Das Modell liest sich nicht so spannend wie ein Krimi; wer sich nur für die Ergebnisse (und nicht für ihre Herleitung) interessiert, kann den folgenden Abschnitt über das Modell überlesen. Allerdings versteht man dann die neoklassische Argumentation, ihre Grenzen, aber auch ihre manchmal verblüffenden Ergebnisse nur oberflächlich.

**Das Grundmodell**

In der ersten Version des Modells gibt es nur ein Gut (Brot) und Geld, aber noch kein Vermögen. Auch fehlen Rechtswesen, Polizei, Kultur, Schule, Wissenschaft, Medizin, Kirchen, Banken, Versicherungen,

---

[1] Einen sehr knappen, aber verständlichen Einstieg findet man in: Thielscher C. Wirtschaftswissenschaften verstehen. Springer Gabler 2020.

Krankenkassen, Erbschaften, Sportvereine, und vieles mehr. Es ist ein bisschen, als ob man Anatomie mit einer Spielzeugpuppe betreibt. Aber gerade deswegen erlaubt das Modell, einige interessante Einsichten zu entwickeln; und es lässt sich später leicht erweitern.

In dieser „Modellgesellschaft" leben zwei Bäcker und 98 Bäckergesellen. Jeder von ihnen ist verheiratet, hat zwei Kinder und einen berenteten Vater oder eine Mutter; das macht insgesamt 500 Menschen. Die Lebensarbeitszeit ist so bemessen, dass immer genau gleich viel Mitarbeiter nachrücken und ausscheiden, geboren werden und sterben. Auch haben alle das gleiche Arbeitsleid und konsumieren gleich viele Brote.

Der Einfachheit halber nehmen wir an, dass die Bäcker eine hohe „Wertschöpfungstiefe" aufweisen, also zugleich auch Getreide anbauen, ernten und mahlen. So erzeugen sie jeden Tag 500 Brote, von denen sie 10 für sich und ihre Familien zurückbehalten. Die anderen verkaufen sie für € 0,2/Stück. Die Löhne betragen € 1/Tag. Die Bäcker zahlen also € 98 an Löhnen an ihre Gesellen. Die Gesellen kaufen für ihre € 98 insgesamt 490 Brote.

Das System bleibt annahmegemäß außerdem insofern stabil, als die Infrastruktur der Bäckerei (mitsamt Bauernhof und Mühle) von den Mitarbeitern aufrechterhalten wird. Alles andere, was die Bewohner benötigen, erzeugen sie selbst (Wasser etc.). Jeder Geselle arbeitet genau acht Stunden täglich und möchte auch genau fünf Brote erhalten.

Schließlich nehmen wir an, dass alle Modellmenschen als Marktteilnehmer nur an sich (und ihre Familien) denken. Das heißt, sie versuchen immer, für sich möglichst viel herauszuholen, und sind dabei weder neidisch noch altruistisch – d. h., es ist ihnen gleich, welche Auswirkungen ihr Handeln auf andere hat; sie achten nur auf sich selbst. Im ökonomischen Sprachgebrauch betrachten wir also *„Homines oeconomicos"* (Einzahl: „Homo oeconomicus", der „ökonomische Mensch"). Außerdem verfügen alle Marktteilnehmer über alle Marktinformationen (d. h., sie kennen alle heutigen und zukünftigen Preise und alle Produktionsbedingungen), alle Märkte arbeiten unendlich schnell und kostenlos, und es gibt keine „natürlichen Monopole" (sie treten auf, wenn größere Unternehmen billiger oder besser produzieren können als kleinere Kon-

# 3 Die neoklassische Theorie

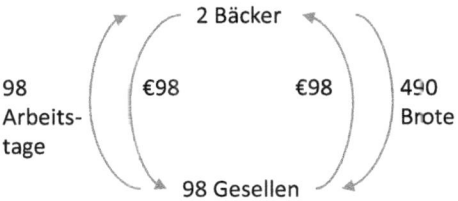

**Abb. 3.1** Güter- und Geldkreislauf

kurrenten; die jeweils kleineren Unternehmen werden daher vom Markt verdrängt, bis nur noch ein Monopolist übrig ist). Man erhält so einen Güterkreislauf und einen entgegengerichteten Geldkreislauf (s. Abb. 3.1). Im linken Schenkel des Kreislaufs zahlen die Bäcker € 98 für 98 Arbeitstage; im rechten zahlen die Gesellen € 98 für 490 Brote.

Das lässt sich auch als Tabelle übersichtlich darstellen:

|   |   | Brote | | | | Arbeitskraft | | | |
|---|---|---|---|---|---|---|---|---|---|
|   |   | Kaufen | | Verkaufen | | Kaufen | | Verkaufen | |
|   |   | Stück | Bezahlen | Stück | Erhalten | Stück | Bezahlen | Stück | Erhalten |
| 2 | Bäcker |   |   | 490 | 98 | 98 | 98 |   |   |
| 98 | Bäckergesellen | 490 | 98 |   |   |   |   | 98 | 98 |
|   |   | 490 | 98 | 490 | 98 | 98 | 98 | 98 | 98 |

Unser Modell befindet sich, wie man sieht, im Gleichgewicht. Wir können nun untersuchen, welche Eigenschaften das Modell noch aufweist. Zum Beispiel kann man sich fragen, ob das skizzierte Gleichgewicht das einzig mögliche ist oder ob es noch andere gibt.

**Wie viele Gleichgewichte gibt es?**
Ist also das gewählte Gleichgewicht das einzig mögliche? Nein, es gibt unendlich viele andere denkbare Gleichgewichte. Wenn man z. B. annimmt, dass der Brotpreis € 0,25 (statt € 0,20) beträgt, können die Bäcker mehr Brot für sich behalten, nämlich 108 Stück (statt 10). Den Rest (392 Stück) verkaufen sie für 392 * € 0,25 = € 98, und auch hier ist das System im Gleichgewicht; allerdings erhalten die Gesellen nur noch je 4 (statt 5) Brote für ihren Lohn.

| | | Brote | | | | Arbeitskraft | | | |
|---|---|---|---|---|---|---|---|---|---|
| | | Kauft | | Verkauft | | Kauft | | Verkauft | |
| | | Stück | Bezahlt | Stück | Erhält | Stück | Bezahlt | Stück | Erhält |
| 2 | Bäcker | | | 392 | 98 | 98 | 98 | | |
| 98 | Bäckergesellen | 392 | 98 | | | | | 98 | 98 |
| 100 | | 392 | 98 | 392 | 98 | 98 | 98 | 98 | 98 |

Ist eines dieser Gleichgewichte am „besten"? Nach neoklassischer Theorie stellt sich tatsächlich ein bestimmtes Gleichgewicht ein, z. B. das erste (in dem alle, Bäcker oder Gesellen, je 5 Brote erhalten), und zwar durch den Wettbewerb bei gleichzeitiger totaler Transparenz der Märkte. Die Argumentation läuft ungefähr so: Im Gleichgewicht müssen Arbeitsleid und Arbeitswert genau gleich verteilt sein, denn sonst würden die benachteiligten Marktteilnehmer (die „zu viel" arbeiten) mit den bevorzugten um deren Tätigkeit konkurrieren, worauf die Marktpreise sich anpassen.

Das kann man am Vergleich der beiden Modellgleichgewichte erläutern. Im Gleichgewicht 1 bekam jeder Mitarbeiter (einschließlich der Bäcker) je 5 Brote, im Gleichgewicht 2 bekommen die Bäcker je 54, und alle anderen je 4.

Wenn nun das Arbeitsleid der Bäcker und Gesellen genau gleich wäre, dann würden sich im Zustand 2 (der dann kein Gleichgewicht ist) einige Gesellen entscheiden, selbst eine Bäckerei zu gründen; denn es gibt im neoklassischen Markt keine Markteintrittsbarrieren. Damit sie Kunden anlocken, bieten sie ihre Brote billiger an, wodurch der Brotpreis sinkt; schließlich wird wieder der erste Zustand erreicht, nur gibt es mehr Bäcker und weniger Gesellen.

Es könnte auch umgekehrt sein: Wenn der Beruf des Bäckers nämlich im Verhältnis zu den Tätigkeiten der Gesellen so aufreibend ist, dass er mit 54 Broten pro Tag gerade richtig vergütet wird, dann wäre Gleichgewicht 2 „richtig" und Zustand 1 „falsch". Wenn sich nun unter diesen Bedingungen die Welt im falschen Zustand 1 befände, dann würde sie sich von selbst in Richtung Gleichgewicht 2 entwickeln; denn dann würden beide Bäcker ihren Job quittieren, was dazu führte, dass es zu wenig Bäcker gäbe, worauf deren Gehalt (vermittelt über den Brotpreis) so lange steigen würde, bis er wieder „richtig" wäre.

So kommt schließlich das neoklassische Modell zum Ergebnis, dass auch der Unternehmer (hier: die Bäcker) nur seinen Unternehmerlohn bezieht, der wiederum genau seinem Arbeitsleid entspricht. Dieser verblüffende Mechanismus von Markt und Wettbewerb hat Ökonomen immer wieder fasziniert. Adam Smith nannte dies die „unsichtbare Hand". Gemeint ist „Gottes Hand", die auf wunderbare Weise dazu führt, dass alles „passt" – wenn man nur die Märkte machen lässt.

**Vollkommene Märkte, Macht und Gerechtigkeit**
Vollkommene Märkte sind zugleich vollkommen „gerecht" – jeder bekommt genau das, was ihm gemessen an seinem Arbeitsleid zusteht –, und sie sind frei von Machtmissbrauch, weil jeder, der andere übervorteilt, sofort niederkonkurriert wird. Der vollkommene Markt ist dabei zugleich Entmachtungsinstrument und selbst machtfrei; er ist im besten Sinne anarchistisch. Da es gar keine Ungerechtigkeit geben *kann*, macht auch der Begriff „Gerechtigkeit" im neoklassischen Modell keinen Sinn. „Gerechtigkeit" existiert einfach nicht in der neoklassischen Theorie, und zwar nicht, weil sie übersehen würde, sondern weil es sie nicht gibt – sie ist innerhalb der Theorie ein sinnloser Begriff (so wie „Diabetes" in der Mathematik).

Damit löst der vollkommene Markt einen uralten Menschheitstraum ein, nämlich gerechte Politik zu betreiben. Schon die Pharaonen begründeten ihre Herrschaft damit, dass sie den Schwachen vor dem Starken schützten. Im zweiten Teil des Buches werde ich das Verhältnis von menschlichem Verhalten, Macht und Gerechtigkeit näher analysieren. An dieser Stelle reicht es, festzuhalten, dass vollkommene Märkte zugleich ideale politische Systeme sind und dass die neoklassische Theorie Überlegungen zur Gerechtigkeit weder braucht (der Markt ist ja gerecht) noch anstellen *kann* (weil es keine Macht gibt, daher auch keinen Machthaber, der ungerecht handeln könnte und daher per Gerechtigkeit kontrolliert werden müsste).

Der Markt „kann" aber noch mehr: Das Bedürfnis der Bäcker, ihre Gewinne zu maximieren, und der Wunsch nach guten und kostengünstigen Produkten der Konsumenten laufen genau parallel. Es gibt keine täuschende Werbung, und die Produzenten haben auch keine

„Hintergedanken" bei der Herstellung (z. B. keine Verpackung, die mehr verspricht, als der Inhalt hält). Es wird niemals ein Käufer „hereingelegt".

Nicht nur die Welt des Handels ist ideal, sondern auch die der Arbeit. In einer neoklassischen Welt müsste z. B. ein mittelloser Inder, dessen Familie gerade verhungert, nur zu seiner Bank gehen und könnte ohne Weiteres einen Autokonzern gründen, wenn er nur wollte (und bereit wäre, das Arbeitsleid des Konzernchefs auf sich zu nehmen). Selbst, wenn ihm die Bank den Kredit zu Unrecht verweigerte, würde er einfach zur nächsten Bank gehen. Und wenn alle Banken ihn hinauswerfen, gründet er selbst eine Bank (oder sammelt das erforderliche Kapital bei privaten Investoren ein, die ihre Gelder von der Bank abziehen – was die Banken niederkonkurriert, die ihm kein Geld geliehen haben). Daraus, dass er das alles nicht tut, schließt die neoklassische Theorie, dass er freiwillig hungert. Oder anders herum gesagt: Wenn in der Realität Leute verhungern, obwohl sie lieber nicht verhungern würden, dann liegt das neoklassisch nur daran, dass die Märkte in ihrer Arbeit behindert werden (z. B., indem der Staat eingreift).

Gehälter sind in einer neoklassischen Welt nicht nur „gerecht" (im Sinne von: arbeitsentsprechend), sondern auch „richtig". Da jeder das verdient, was ihm zusteht, ist das Gehalt ein sehr gutes Maß für die „Qualität" eines Menschen, die hier einfach genau seinem Marktwert entspricht: Das geraunte *„This guy's worth 500 million"* macht dann Sinn. – Der Chef einer weltweiten Personalvermittlung riet einmal angehenden Topmanagern, die nach Vorstandspositionen suchten, ihre Fähigkeiten zuerst in gemeinnützigen Organisationen zu trainieren und dann in profitorientierte Unternehmen zu wechseln. Es war für ihn selbstverständlich, dass die dortigen Manager aufgrund ihrer höheren Bezahlung auch besser sein müssen.

Mit diesem Wissen versteht man die Hasstiraden des Nobelpreisträgers von Hayek gegen den Begriff der „sozialen Gerechtigkeit" (s. Kap. 3), denn neoklassische (d. h., kostenlose und unendlich schnelle) Märkte *sind* ja automatisch „gerecht".

In vollkommenen Märkten gibt es außerdem keinen Grund für eine wohlfahrtsstaatliche, steuerbasierte Umverteilung. Hier gilt die Aussage, dass damit ein ungerechtfertigter Zwang auf Wohlhabende ausgeübt wird; denn jeder bekommt ja das, was er möchte (und verhungert gegebenenfalls freiwillig). In einer solchen Welt sollte Wohltätigkeit ausschließlich freiwillig erfolgen.

**Das Prinzip der Effizienz, näher betrachtet**
Neoklassische Märkte sind nicht nur „gerecht", sondern auch effizient. Die Neoklassik verwendet ein sehr präzise definiertes Maß für die Effizienz, nämlich das Pareto-Kriterium (benannt nach dem italienischen Ökonomen Vilfredo Pareto). Es lautet:

„Handle so, dass niemand besser gestellt werden kann, ohne einen anderen schlechter zu stellen." Oder einfacher formuliert: „Handle so, dass du nichts verschwendest."

Ein ganz einfaches Beispiel: Sie haben 100 Euro, die Sie auf zwei Konsumenten verteilen können. Ist die Aufteilung 40/40 paretooptimal? Nein, denn es bleiben 20 Euro ungenutzt. Sie könnten stattdessen z. B. einem Konsumenten 60 Euro geben und ihn dadurch besser stellen; der andere bleibt bei 40 und steht sich nicht schlechter.

Ist die Verteilung 55/45 paretooptimal? Ja, denn wenn Sie nun einem der Konsumenten mehr geben wollten, müssten Sie dem anderen etwas wegnehmen – und das ist bei einer Pareto-Verbesserung nicht erlaubt.

Ist die Verteilung 0/100 paretooptimal? Ja, denn auch hier müssten Sie, wenn Sie dem ersten Konsumenten mehr geben wollten, dem anderen etwas wegnehmen. Das Pareto-Kriterium ist ein reines Effizienzkriterium, das nichts über eine gerechte Verteilung aussagt.

Man muss hier sauber differenzieren: Im neoklassischen Modell gibt es ja keine ungerechten Zustände, weil jeder das bekommt, was er sich erarbeiten möchte. Es gibt auch keine Person, die etwas verteilt – das geschieht ausschließlich durch den „Markt". Man braucht daher auch kein Maß für „Gerechtigkeit".

Außerhalb des Modells (z. B. in der realen Welt) kann das ganz anders sein. Man kann dort Menschen paretooptimal verhungern lassen (und das geschieht ja in der Realität auch). Allerdings ist das Pareto-Kriterium, wohlgemerkt, nicht per se ungerecht; in der Regel gibt es (in der Realität) sehr viele paretooptimale Zustände, unter denen sich gerechte ebenso wie ungerechte befinden (zum Begriff der Gerechtigkeit später mehr).

Einer der Höhepunkte der neoklassischen Theorieentwicklung war der von Arrow und Debreu mit mathematischer Präzision geführte Nachweis, dass *jedes* Marktgleichgewicht ein Pareto-Optimum ist;[2] dies ist zugleich der „erste Hauptsatz der Wohlfahrtstheorie". In der Modellwelt gibt es also gar keinen Grund, Güter anders als über den Markt zu verteilen. – Der Beweis steht und fällt allerdings, um es vorwegzunehmen, mit den neoklassischen Annahmen, die weiter unten diskutiert werden (sie sind tatsächlich empirisch falsch). Der Beweis gilt daher nur für die Modellwelt, nicht für die Realität. Genau genommen kann man keine Verbindung zwischen Modell und realer Welt herstellen: Man ist entweder „hier" oder „dort".

Das Pareto-Kriterium ist also ein Verfahren, um Güterverteilungen zu bewerten. Das ist deswegen nützlich, weil man damit z. B. untersuchen kann, ob bestimmte Verteilungsverfahren (kapitalistisch, kommunistisch …) erwünschte Eigenschaften haben oder nicht. – Es ist außerordentlich schwierig, ein solches Verfahren zu finden, das unumstritten ist. So wäre es z. B. sicher wünschenswert, wenn (in der Realität) die Güterverteilung „gerecht" wäre, aber die Bestimmung dessen, was „gerecht" ist und was nicht, führte bisher (ich versuche, das mit diesem Buch zu ändern) häufig zu unterschiedlichen Ansichten. Das Pareto-Kriterium hat den Vorteil, dass es von vielen Autoren akzeptiert wird, denn nichts zu verschwenden erscheint den meisten Menschen als ein plausibles Kriterium.

Auch das Pareto-Kriterium hat allerdings Grenzen. Stellen Sie sich vor, Sie verdienen 2000 Euro im Monat, genau wie Ihre Freunde. Eine gute Fee erscheint und bietet Ihnen an, Ihr Einkommen auf 2050 Euro zu erhöhen und das Ihrer Freunde auf 50.000 Euro. Würden Sie das wollen? Viele Menschen entscheiden sich dagegen, obwohl es sich um eine Pareto-Verbesserung handelt, weil sie befürchten, dann ihre Freunde zu verlieren. – Im Folgenden soll aber der allgemeine Fall angenommen werden, dass eine Pareto-Verbesserung wünschenswert ist.

In einem neoklassischen Markt, der auch Arbeitsleid berücksichtigt (wie unser Brotmodell), stellt sich genau *ein* Pareto-Optimum ein, näm-

---

[2] Wenn das Gleichgewicht existiert, was z. B. aufgrund von sog. Randlösungen scheitern könnte. Das sind aber sehr spezielle mathematische Fragen, die nichts an der Grundaussage ändern.

lich dasjenige, das den Wünschen der Marktteilnehmer am besten entspricht. Das Pareto-Kriterium lässt sich darüber hinaus mit unterschiedlichen Variablen einsetzen, je nachdem, was genau man im Modell berücksichtigt – z. B. nur die Güterverteilung, Arbeitsleid, Zeitaufwand, u. v. m.

## 3.2 Die Ausbreitung von Märkten auf die Rechtspflege und Medizin

Im neoklassischen Modell, das die moderne VWL beherrscht, sind Märkte effizient (und „gerecht", weil jeder das bekommt, was ihm zusteht, wobei der Begriff der „Gerechtigkeit" selbst nicht vorkommt).
Daraus leiten Neoklassiker auch Antworten auf *reale* wirtschaftliche Fragen ab. Zum Beispiel schrieb Milton Friedman, Nobelpreisträger für Wirtschaftswissenschaften, die einzige (!) soziale Verpflichtung von Unternehmen bestehe darin, Gewinne zu machen (und nicht zumindest auch darin, angemessene Löhne zu zahlen, die Umwelt zu schonen usw.). Die Logik hinter dieser Aussage funktioniert ganz neoklassisch: Damit eine Firma Gewinne macht, muss sie im Wettbewerb bestehen, also Produkte herstellen, die besser sind als andere, denn dafür kann sie höhere Preise fordern. Und das ist schließlich das, was die Bevölkerung will: bessere Produkte.
Mancher Leser wird einwenden, dass das Unternehmen vielleicht nur deshalb Gewinne macht, weil es einen Standortvorteil hat, Mitarbeiter ausbeutet, oder Preisintransparenz erzeugt und dadurch zu hohe Preise verlangt, Wettbewerber unfair behandelt, die Umwelt verschmutzt usw. Friedman würde dazu sagen, dass der Markt all das von selbst regelt. Ausgebeutete Mitarbeiter würden z. B. die Firma verlassen, wodurch ihre Mitarbeiter knapp würden, und dann würde deren Preis steigen.
Noch deutlicher wird David Friedman, der Sohn von Milton Friedman und selbst Professor für Rechtswissenschaft an der Santa Clara University School of Law in Kalifornien, wenn er fordert, Gerichte und Polizei zu privatisieren. Er argumentiert dabei ganz analog zu unserem Brotmodell (Friedman, 2020):

„Nehmen wir also an, dass es zu einem späteren Zeitpunkt keine Regierungspolizei mehr gibt, sondern private Schutzbehörden. Diese Agenturen verkaufen ihre Serviceleistung, nämlich den Schutz ihrer Kunden vor Straftaten. Vielleicht garantieren sie auch eine finanzielle Leistung, indem sie ihre Kunden gegen Verluste aus kriminellen Handlungen versichern.

Wie könnten solche Schutzagenturen diesen Schutz gewährleisten? Dies wäre eine wirtschaftliche Entscheidung, abhängig von den Kosten und der Wirksamkeit verschiedener Alternativen. Auf der einen Seite könnten sie sich auf passive Abwehrkräfte beschränken und aufwendige Schlösser und Alarme installieren. Oder sie ergreifen überhaupt keine vorbeugenden Maßnahmen, sondern unternehmen große Anstrengungen, um Kriminelle zu jagen, die sich der Verbrechen gegen ihre Klienten schuldig gemacht haben. Sie könnten Fußpatrouillen oder Streifenwagen unterhalten, wie unsere derzeitige Regierungspolizei, oder sie könnten sich auf elektronische Ersatzprodukte verlassen. In jedem Fall würden sie ihren Kunden einen Service verkaufen und hätten einen starken Anreiz, eine möglichst hohe Servicequalität zu möglichst geringen Kosten anzubieten.

Es ist anzunehmen, dass die Servicequalität höher und die Kosten niedriger wären als mit dem gegenwärtigen staatlichen Schutzsystem.

Zwangsläufig würden Konflikte zwischen einer Schutzbehörde und einer anderen entstehen. Wie könnten sie gelöst werden? Ich komme eines Nachts nach Hause und vermisse meinen Fernseher. Ich rufe sofort meine Schutzbehörde Tannahelp Inc. an, um den Diebstahl zu melden. Sie schicken einen Agenten. Er überprüft die automatische Kamera, die Tannahelp als Teil ihres Dienstes in meinem Wohnzimmer installiert hat, und entdeckt ein Bild von einem Joe Bock, der den Fernseher aus der Tür schleppt. Der Tannahelp-Agent kontaktiert Joe, teilt ihm mit, dass Tannahelp Grund zu der Annahme hat, dass er im Besitz meines Fernsehgeräts ist, und schlägt vor, ihn zurückzugeben, zusammen mit zusätzlichen 10 Dollar, um Tannahelps Zeit und Schwierigkeiten bei der Suche nach Joe zu bezahlen.

Joe antwortet, dass er meinen Fernseher in seinem Leben noch nie gesehen hat, und fordert den Tannahelp-Agenten auf, zur Hölle zu fahren. Der Agent weist darauf hin, dass Tannahelp, bis er überzeugt ist, dass ein Fehler vorliegt, davon ausgehen muss, dass der Fernseher mein Eigentum ist. Sechs Tannahelp-Mitarbeiter, alle groß und kräftig, stehen am nächsten Morgen vor Joes Tür, um den Fernseher abzuholen. Als Antwort informiert Joe den Agenten, dass er auch eine Schutzbehörde, Dawn Defense, hat und dass sein Vertrag mit ihnen zweifellos erfordert, dass sie ihn schützen, wenn sechs Idioten versuchen, in sein Haus einzubrechen und seinen Fernseher zu stehlen.

Die Bühne scheint bereit zu sein für einen schönen kleinen Krieg zwischen Tannahelp und Dawn Defense. Es ist genau diese Möglichkeit, die einige Libertäre, die keine Anarchisten sind, dazu veranlasst hat, die Möglichkeit konkurrierender Freemarket-Schutzagenturen abzulehnen. Aber Kriege sind sehr teuer, und Tannahelp und Dawn Defense sind beide gewinnorientierte Unternehmen, die mehr daran interessiert sind, Geld zu sparen, als das Gesicht zu wahren. Ich denke, der Rest der Geschichte wäre weniger gewalttätig ...

Der Tannahelp-Agent ruft seine Gegenüber bei Dawn Defense an. ‚Wir haben ein Problem ...' Nachdem er die Situation erklärt hat, weist er darauf hin, dass es einen Kampf geben wird, wenn Tannahelp sechs Männer und Dawn acht schickt. Jemand könnte sogar verletzt werden. Wer auch gewinnt, bis der Konflikt vorbei ist, wird er für beide Seiten teuer. Möglicherweise müssen sie sogar anfangen, ihren Mitarbeitern höhere Löhne zu zahlen, um das Risiko auszugleichen. Dann werden beide Firmen gezwungen sein, ihre Preise zu erhöhen. In diesem Fall wird Murbard Ltd., eine aggressive neue Firma, die versucht hat, sich in der Region zu etablieren, ihre Preise unterbieten und ihre Kunden stehlen. Es muss eine bessere Lösung geben.

Der Mann von Tannahelp schlägt vor, dass die bessere Lösung das Schiedsverfahren ist. Sie werden den Streit um mein Fernsehgerät an eine seriöse lokale Schiedsfirma weiterleiten. Wenn der Schiedsrichter entscheidet, dass Joe unschuldig ist, erklärt sich Tannahelp bereit, Joe und Dawn Defense eine Entschädigung zu zahlen, um ihre Zeit und Schwierigkeiten auszugleichen. Wenn er für schuldig befunden wird, akzeptiert Dawn Defense das Urteil. Da es sich bei dem Fernseher nicht um Joes handelt, sind sie nicht verpflichtet, ihn zu schützen, wenn die Männer von Tannahelp kommen, um ihn zu beschlagnahmen.

Was ich beschrieben habe, ist eine sehr provisorische Regelung. In der Praxis würden Schutzagenturen, sobald anarchokapitalistische Institutionen gut etabliert sind, solche Schwierigkeiten antizipieren und Verträge im Voraus abschließen, bevor bestimmte Konflikte auftreten, und den Schiedsrichter angeben, der sie regeln würde.

Wer würde in einer solchen anarchistischen Gesellschaft die Gesetze erlassen? Auf welcher Grundlage würde der Privatschiedsrichter entscheiden, welche Handlungen strafbar sind und wie ihre Strafen aussehen sollen? Die Antwort ist, dass Rechtssysteme auf dem freien Markt profitorientiert produziert würden, so wie heute Bücher und BHs produziert werden. Es könnte einen Wettbewerb zwischen verschiedenen Rechtsmarken geben, ebenso wie es einen Wettbewerb zwischen verschiedenen Automarken gibt.

In einer solchen Gesellschaft kann es viele Gerichte und sogar viele Rechtssysteme geben. Jedes Paar von Schutzagenturen vereinbart im Voraus, welches Gericht es im Konfliktfall einsetzen wird. Somit werden die Gesetze, nach denen ein bestimmter Fall entschieden wird, implizit durch vorherige Vereinbarung zwischen den Schutzagenturen, deren Kunden an dem Fall beteiligt sind, festgelegt. Grundsätzlich könnte es für jedes Paar von Schutzagenturen ein anderes Gericht und ein anderes Gesetz geben. In der Praxis würden es wahrscheinlich viele Agenturen für zweckmäßig halten, dieselben Gerichte zu bevormunden, und viele Gerichte könnten es für zweckmäßig halten, identische oder nahezu identische Rechtssysteme zu verabschieden, um die Angelegenheiten für ihre Kunden zu vereinfachen."

Natürlich liegt das Problem auf der Hand, dass sich in einem solchen System Reiche eine größere und bessere Privatpolizei leisten können als Arme, die daher jeder Willkür der Reichen schutzlos ausgeliefert sind. Friedman würde antworten, dass die Armen ja freiwillig arm sind – sie könnten, wenn sie wollten, einer anderen Tätigkeit nachgehen, die besser vergütet wird (aber eben auch mehr Arbeitsleid erzeugt). Da sie das nicht tun, sind sie freiwillig arm und schutzlos, und das ist (neoklassisch) völlig in Ordnung. Im Extrem kann man sich in solchen Märkten – legal – das Recht kaufen, andere zu töten; und auf globaler Ebene passiert das ja auch – Millionen Menschen haben keine Chance, auch nur zu überleben, und etwaige Gegenwehr wird militärisch unterdrückt.

Da Märkte im neoklassischen Modell Güter optimal verteilen, liegt es nahe, auch Lebensbereiche marktlich zu organisieren, die bisher anders gesteuert wurden. Das betrifft neben der Rechtspflege z. B. die Medizin oder die Sozialversicherung.

Im Gesundheitswesen wird aktuell viel über die „Ökonomisierung der Medizin" diskutiert, die sich in der Privatisierung von Krankenhäusern und Pflegeheimen sowie der zunehmenden Steuerung ihrer Organisationen nach betriebswirtschaftlichen Kriterien zeigt. Heilberufler erleben dies häufig als unerwünschte Fremdbestimmung ihrer Tätigkeit und fürchten, dass statt des Patienten nunmehr der Profit der Kapitalgeber zum Hauptziel ihrer Arbeit würde. Neoklassiker erhoffen sich ein Aufbrechen verkrusteter Strukturen, das zur Effizienzsteigerung und mehr Kundenorientierung führt.

Nobelpreisträger Gary Becker hat schließlich die neoklassische Analyse auf praktisch jeden Aspekt des Lebens angewendet und z. B. den Kinderwunsch so modelliert wie die Anschaffung anderer langlebiger Haushaltsgüter (etwa Gefrierschränke): Eltern wägen demnach ab, ob der Nutzen, den sie durch Kinder haben, die Kosten überwiegt. Sowohl Kosten als auch Nutzen werden dabei möglichst monetär bewertet. Wenn beispielsweise die Kosten für den Schulbesuch steigen, also die Kosten aus Sicht der Eltern steigen, werden – so Becker – wahrscheinlich weniger Kinder gezeugt.

Das dürfte zwar im Verhalten realer Eltern eine gewisse Rolle spielen, aber kaum ihr gesamtes Verhalten abbilden. Entsprechend heftige Kritik hat dieser Ansatz auch bei nichtneoklassischen Ökonomen hervorgerufen; Kurt W. Rothschild (1981) schreibt z. B. zur Ausbreitung neoklassischer Modelle: „Es ist typisch für die Kopplung von formaler Generalität mit materieller Inhaltsleere im Entscheidungsmodell der Gleichgewichtstheorie, daß es nicht nur zur ‚Abwehr' konkurrierender ökonomischer Ansätze verwendet wird, sondern daß man den ‚ökonomischen' Denkstil ohne weiteres ‚imperialistisch' auf andere Bereiche ausdehnen kann. Die weitverbreitete ‚ökonomische' Theorie der Politik und Werke der Chicago-Schule über Ehe, Verbrechen etc. zeigen, wie relativ mühelos sich verschiedenste Tatbestände in den traditionellen Optimierungsansatz ‚übersetzen' lassen, ohne daß wesentliche neue Einsichten gewonnen würden. Eher versperrt man sich den Weg zu neuen Erkenntnissen durch das Festhalten an relativ primitiven Denkschablonen."

Wichtig ist, zu erkennen, dass die neoklassische Theorie neue Märkte für Kapitalanleger erschließt. Wenn sie ihr Kapital (auch) in Krankenhäusern, Pflegeheimen anlegen oder nach der Umstellung einer umlageauf eine kapitalgedeckte Rentenversicherung das angelegte Kapital verwalten, ergeben sich neue Möglichkeiten der Renditesteigerung. Auch dies dürfte erklären, dass kapitalkräftige Personen und Organisationen der Neoklassik freundlich gesonnen sind.

Die neoklassische Theorie ist darüber hinaus auch gut für das Selbstbild erfolgreicher Menschen: Da jeder genau das erhält, was er verdient, beruht ihr Erfolg nicht etwa auf Glück, Erbschaft oder anderen Umwelteinflüssen, sondern bloß auf ihrer persönlichen Überlegenheit.

## 3.3 Die neoklassischen Annahmen sind empirisch falsch

Im Modell sind, wie gesehen, Märkte effizient und „gerecht". Das gilt allerdings nur unter den Modellannahmen, die nicht aus der Realität, sondern aus bloßer Spekulation gewonnen wurden. Unterzieht man sie einer genauen Prüfung, so halten sie nicht stand. Es sind im Wesentlichen vier Themenfelder, in denen die Neoklassik auf unzutreffenden Annahmen aufbaut:

*Erstens* verhalten sich Konsumenten offensichtlich anders als in typischen neoklassischen Modellen: Es ist nicht ausschließlich der Konsum von Gütern, den sie anstreben, und sie handeln dabei nicht nur ich-bezogen. Homines oecomici im neoklassischen Modell sind weder altruistisch noch neidisch; das stimmt für reale Menschen einfach nicht.

Wirkliche Menschen verfolgen auch einen (wie immer gearteten) Sinn; und sie versuchen, sich an Regeln zu halten, die sie für richtig erachten (etwa: anderen Menschen zu helfen, wenn sie in Not sind). Auch sind sie grundsätzlich kooperationsbereit; Konkurrenz ist ein wichtiger, aber nicht der einzige Modus ihrer Zusammenarbeit.

Insofern bildet der „Homo oeconomicus" einen Teil, aber nicht alle Verhaltensmöglichkeiten realer Menschen ab. Das wurde inzwischen für eine ganze Reihe von Transaktionen empirisch nachgewiesen, auch für finanzielle (Neoklassiker berufen sich gerne darauf, dass der Homo oeconomicus nicht innerhalb der Familie, wohl aber im Wirtschaftsleben vorkomme).

Von den vielen Beispielen dafür, dass die Modellannahme des Homo oeconomicus empirisch falsch ist, stelle ich eines vor: das „Ultimatumspiel".

Im Spiel bekommt Spieler A 10 virtuelle Euro. Er darf sie beliebig auf A und B aufteilen, muss B aber mindestens 1 Euro abgeben. Er informiert B über seinen Vorschlag zur Aufteilung. B kann diese Aufteilung annehmen – dann erhält jeder der beiden Spieler den entsprechenden Betrag – oder ablehnen; dann erhält keiner etwas.

Homines oeconomici würden sich immer 9:1 für A trennen; denn B steht sich besser, wenn er 1 Euro bekommt, als wenn er ablehnt und leer ausgeht; und daher hat A auch keinen Grund, ihm mehr zu geben als einen Euro.

In der Realität verhalten sich die meisten Menschen anders. Die häufigste Aufteilung ist 5/5, akzeptiert. Reale Entscheider lehnen Angebote unter 3 Euro häufig ab. Einige Studien zeigen übrigens, dass Ökonomiestudenten sich ihrem Homo-oeconomicus-Modell annähern, also sowohl unfairer aufteilen (in der Rolle des Anbieters), als auch unfairere Angebote akzeptieren (Entscheider) als andere Studierende; das Studium hat also Wirkung (wie so vieles, so ist auch dieses Ergebnis unter Wissenschaftlern umstritten).

Indem die Neoklassik den Hominem oeconomicum als quasiphysikalischen Maximierungsautomaten modelliert, verschafft sie sich einen enormen handwerklichen Vorteil, nämlich den, wirtschaftliche Vorgänge mathematisch analysieren zu können. Dieser Vorteil ist aber sehr teuer erkauft, denn zugleich ist es ihr unmöglich, psychologische Vorgänge in der Wirtschaft verstehen zu können; das betrifft auch so zentrale und wichtige Dinge wie „Geld" – denn Geld funktioniert ja nur, wenn alle Beteiligten *glauben*, dass die in Geld ausgedrückten abstrakten Versprechen auch eingehalten werden. Ist das nicht der Fall, kann ein Brot Millionen Mark kosten (wie in der Hyperinflation nach dem Ersten Weltkrieg).

Ganz ähnlich missversteht die herkömmliche Ökonomie Unternehmen als quasiphysikalische Geschehnisse, obwohl sie sich doch in einem erkennbaren historischen, technischen, sozialen und psychologischen Umfeld bewegen. Gänzlich absurd ist es daher, dass es in gängigen BWL-Lehrbüchern über Hunderte von Seiten um das „Management" von Arbeit geht, aber die „Arbeit" als solche mit keinem Wort reflektiert wird – als ob es ganz selbstverständlich wäre, was „Arbeit" immer war, immer ist und immer sein wird. Dabei ist doch offensichtlich, dass die „Arbeit" eines antiken freien Bauern etwas anderes war (und auch anders von ihm gesehen wurde) als die komplett fremdbestimmte

„Arbeit" eines Fabrikarbeiters im 19. Jahrhundert, die wieder anders ist als die „Arbeit" einer heutigen Krankenschwester, eines Kranführers oder eines IT-Beraters.

*Zweitens* unterstellen neoklassische Annahmen in der Regel, dass Markttransaktionen (z. B. das Handeln von Waren) kostenlos sind; ohne diese Annahme gilt nicht mehr unbedingt, dass Märkte paretooptimal sind. Auch dies wird heftig kritisiert (Richter & Furubotn, 2003):

> „Obwohl das nicht immer ausdrücklich erwähnt wird, nimmt das neoklassische Modell unweigerlich Transaktionskosten von Null an. Auf den ersten Blick mag eine solche Vereinfachung sowohl harmlos als auch analytisch höchst nützlich aussehen. Doch dieser Schein trügt. Die Vorstellung kostenloser Transaktionen hat tiefgreifende Folgen für die mikroökonomische Theorie und führt zu einem Modell, das nur schwer als in sich schlüssig zu deuten ist. In der dünnen Luft einer Welt ohne Transaktionskosten können Entscheidungssubjekte annahmegemäß gewünschte Informationen augenblicklich und kostenlos erhalten und verarbeiten. Sie sind mit vollkommener Voraussicht begabt und daher in der Lage, vollständige Verträge abzufassen – Verträge, die mit absoluter Genauigkeit kontrolliert und durchgesetzt werden können. Mit anderen Worten: Das neoklassische Denken unterstellt, daß das Wirtschaftsleben in einem bemerkenswert spezialisierten Umfeld, weit entfernt von der Realität stattfindet. Abstraktion kann nützlich sein, aber es besteht guter Grund, den neoklassischen Ansatz als übermäßig abstrakt anzusehen und als ungeeignet für die Behandlung vieler Probleme, die gegenwärtig die Theoretiker und die praktischen Politiker bewegen."

Beispielsweise gibt es in einem neoklassischen Modell keinen Grund für die Entstehung größerer Unternehmen. In einem solchen Modell könnte jedes „Unternehmen" von einem einzelnen Mitarbeiter betrieben werden, der ein einziges Gut bearbeitet, und zwar nur einen einzigen Produktionsschritt weit. Alle weiteren Produktionsschritte würden über den Markt vermittelt, der ja annahmegemäß vollkommen ist, d. h., transaktionskostenfrei arbeitet. Die Frage ist dann, wie bedeutsam Transaktionskosten sind. Die meisten Autoren, die versucht haben, ihren Anteil zu messen, kommen auf mindestens 50 % der gesamten Produktion (zu den Transaktionskosten gehören weite Bereiche der Justiz, des

## 3 Die neoklassische Theorie

Rechnungswesens, der Administration, jede Art von Schlüsseln etc.). Anders gesagt: In neoklassischen Modellen fehlt die Hälfte der Wirtschaft. Im neoklassischen Modell sind „Märkte" nicht nur transaktionskostenfrei, sondern auch seltsam unkörperlich und ahistorisch. Sie sind nur ein abstraktes Instrument zum Austausch von Gütern und haben keinen Einfluss auf das Wirtschaftsgeschehen. Auch das ist offensichtlich empirisch falsch: Reale „Märkte" von Lebensmitteldiscountern über Absatzkanäle für Autos bis zu Finanzmärkten funktionieren je ganz unterschiedlich, wirken aber selbstverständlich auf Güter und ihre Preise ein. Es wird sich noch öfter zeigen, dass es kaum möglich ist, eine ausreichende Wirtschaftstheorie zu erstellen, ohne die Anatomie der Wirtschaft zu untersuchen. Der Begriff der Anatomie, ebenso wie der der Physiologie, bezieht sich dabei auf das methodische Vorgehen: Wirtschaftswissenschaft sollte den Gegenstand, mit dem sie sich beschäftigt, korrekt beschreiben können, insbesondere seine Struktur und die Funktionsweise seiner Elemente.

Natürlich verfügt auch nicht, wie die Neoklassik annimmt, jeder Marktteilnehmer jederzeit über alle Informationen. Im Gegenteil, Informationen haben selbst einen Wert. Neoklassische Modelle können diese Annahme geringfügig aufweichen, aber nur innerhalb eines sehr begrenzten Spielraums, weil sonst die Aussagen der Wohlfahrtstheorie nicht mehr gelten (s. u.).

Der *dritte* Ansatzpunkt der Kritik beruht darauf, dass neoklassische Ansätze die meisten Rahmenbedingungen der Wirtschaft als gegeben betrachten: rechtliche Regelungen, Konventionen, Berufsethos usw., also Regeln des wirtschaftlichen Verhaltens, die man zusammenfassend als „Institutionen" bezeichnet (was vom alltäglichen Institutionenbegriff abweicht!). Typischerweise wird in neoklassischen Modellen nicht eine bestimmte historische Situation eines Wirtschaftssystems beschrieben, sondern ein mathematisches Modell gelöst.

Es ist beispielsweise ein beliebter Kurzschluss, anzunehmen, dass „Markt" und „Wettbewerb" immer zusammenhängen oder dass – wie manche Anarchokapitalisten meinen – sämtliche Lebensbereiche Markt und Wettbewerb unterworfen werden sollten. Verträge sind marktintern, beenden aber gerade zumindest für einige Zeit den Wettbewerb, weil die Partner sich aneinander binden (und sich gemeinsam den Weisungen

Dritter unterwerfen, nämlich der Gerichte). Im Lebensbereich der Familie ist Wettbewerb hochgradig unerwünscht; eine Ehefrau soll gerade nicht darauf setzen, dass mehrere Männer im Wettbewerb stehen. In der Realität kann man die Frage, welche Form der Regulierung von Kooperation am besten wirkt, nicht auf einen Satz reduzieren („Wettbewerb regelt alles").

*Viertens* fällt es typischen neoklassischen Modellen schwer, dynamische Prozesse zu beschreiben. Wenn nämlich Märkte, die neoklassisch zum Gleichgewicht streben, ein solches Gleichgewicht erreicht haben, hört jede Bewegung auf.

**Warum gibt die Neoklassik ihre falschen Annahmen nicht einfach auf?**

Zwar wäre es grundsätzlich leicht, alle falschen Annahmen zu korrigieren. Neoklassiker beharren aber ganz bewusst auf ihren Fehlern, und zwar aus zwei Gründen:

**Grund eins** Die Wohlfahrtstheorie gilt nur in der neoklassischen Welt mitsamt ihren fehlerhaften Annahmen. Korrigiert man sie, dann gilt nicht mehr, dass Märkte immer paretooptimal sind. Das macht man sich leicht an einem Beispiel klar: Sobald die Transaktionskosten im Markt höher sind als die Kosten eines anderen Verteilungsverfahrens, ist der Markt nicht die beste Wahl.

Ähnlich gilt der Arrow/Debreu-Nachweis, dass Märkte paretooptimal sind, nur für Homines oeconomicos. Wenn Konsumenten altruistisch und/oder neidisch sind, dann treten ökonomisch gesprochen „Externalitäten" auf, und dann gilt die Wohlfahrtstheorie nicht mehr. Externalität meint, dass die Handlung eines Marktteilnehmers auf einen Nichtbeteiligten wirkt, der nicht für seinen Schaden kompensiert wird (bzw. für seinen Vorteil zahlt); der Begriff wird weiter unter näher erläutert.

Die Aussage: „Jedes Konkurrenzmarktgleichgewicht ist ein Pareto-Optimum" klingt bedeutsam, bedeutet aber genau genommen nur: „Lässt man Konsumenten miteinander tauschen, solange sie wollen, und kostet der Tauschvorgang nichts, und laufen alle Tauschvorgänge extrem schnell ab, dann tauschen sie so lange, bis sie den relativen Wert der Güter gleich bewerten. (Einfach gesagt: Wenn ich dringend Brot brauche und zu viel Wein habe, für mich also aktuell Brot mehr wert ist als Wein, und bei einem anderen ist es genau umgekehrt, dann tauschen wir.) Nach allen Tauschvorgängen ist offensichtlich ein weiterer (freiwilliger) Tausch, der mindestens einen besser stellt, ohne den anderen schlechter zu stellen, nicht mehr möglich – und daher befindet sich das System im Pareto-Optimum."

Hier liegt zugleich die Grenze der Möglichkeiten der neoklassischen Theorie. *Mit* den Annahmen über Homines oeconomicos und vollkommene Märkte gilt, dass diese Märkte immer Pareto-Optima erzeugen. Wenn man eine dieser Annahmen aufgibt, weiß man nicht, ob der Markt aus gesellschaftlicher Sicht (pareto-)optimal ist oder ob man mit einer anderen (z. B. politischen) Verteilungsregel mehr Wohlfahrt erzeugt. Aus diesem Grund *kann* die Volkswirtschaftslehre schlecht zu realistischen Annahmen übergehen, jedenfalls, solange die Sätze der Wohlfahrtstheorie gelten sollen. Sie kann z. B. weder soziologische Erkenntnisse noch die Psychologie realer Menschen in ihr Modell integrieren, weil dann die Wohlfahrtstheorie nicht mehr funktioniert. Reale Vorgänge sind für die Neoklassik unerreichbar.

In der realen Medizin z. B. entscheidet aktuell nicht der Markt, welche Leistungen zur Verfügung gestellt werden, sondern ein im Kern politisch gesteuertes Verfahren (in Deutschland die Sozialversicherung in Abstimmung mit Patienten- und Ärzteverbänden).

In einer neoklassischen Welt wäre es besser, wenn jeder Patient das kauft, was er sich leisten möchte – entweder unmittelbar beim Arzt, oder er schließt eine Versicherung ab, von der jeder wüsste, was sie kostet, je nachdem, welche Leistungen („Dialyse im Falle eines Nierenversagens") sie abdeckt. In der Realität ist in Europa beim Gesundheitswesen der Markt außer Kraft gesetzt, und jeder Patient bekommt das, was er braucht.

**Grund zwei** Neoklassische Wissenschaftler sträuben sich auch gegen eine Annäherung an die Realität, weil sie glauben, dass sie dann nicht mehr „Wirtschaftswissenschaft" betreiben, sondern – falls sie z. B. reale Menschen in ihrem ökonomischen Handeln betrachten – Sozialpsychologie.

R. Coase forderte (Coase, 1998), bei wirtschaftswissenschaftlichen Analysen den rechtlichen Rahmen, soziale, technische und kulturelle Einflüsse und ihre jeweiligen Verflechtungen zu berücksichtigen, und fuhr fort: „This change will not come about, in my view, as a result of a frontal assault on mainstream economics. It will come as a result of economists in branches or subsections of economics adopting a different approach, as indeed is already happening. When the majority of economists have changed, mainstream economists will acknowledge the importance of examining the economic system in this way and will claim that they knew it all along." Dieser von Coase erhoffte Wandel hat allerdings bisher nicht stattgefunden, wie ein Blick in aktuelle VWL-Bücher zeigt.

Es gibt noch weitere Annahmen, die erfüllt sein müssen, damit neoklassische Märkte immer paretooptimal sind. Zum Beispiel darf es keine Markteintritts- und Marktaustrittsbarrieren geben. Im Brotmodell kann jeder, wenn er will, sofort vom Gesellen zum Bäcker werden und umgekehrt. Alle „Umbaukosten" müssen zumindest langfristig vernachlässigbar sein, d. h., man kann eine (durch bessere Konkurrenz überflüssig gewordene) Bäckerei irgendwie anders verwerten. Es darf keine öffentlichen Güter geben (das sind Güter wie die öffentliche Sicherheit oder ein öffentlicher Park); und es dürfen keine Externalitäten auftreten.

**Kann man darauf hoffen, dass Märkte von selbst zum Optimum streben?**
Da es in der Realität offensichtlich noch Unterversorgung und Ungerechtigkeit gibt, also das neoklassische marktwirtschaftliche Paradies noch nicht erreicht ist, könnte man darauf hoffen, dass Märkte das Pareto-Optimum erreichen, indem man sie einfach „freilässt".

Etwa so argumentiert ja D. Friedman: Das Rechtssystem ist derzeit nicht optimal, aber wenn man Gerichte und Polizei privatisiert, wird alles gut – der Markt regelt es schon. Wenn danach jemand unterdrückt wird, dann geschieht das freiwillig (er könnte ja mehr und härter arbeiten und sich eine bessere polizeiliche Versorgung kaufen).

Aber was veranlasst ihn zu dieser Annahme? Vielleicht ist die Firma Tannahelp so gut im Erpressen von Schutzgeldern, dass sie Wettbewerb längerfristig vermeiden kann? J. M. Keynes meinte dazu: „In the long run we're all dead." Das heißt, es kann passieren, dass zu viel Schaden entsteht, bis der Markt von selbst die richtige Lösung gefunden hat (wenn er es überhaupt tut).

Und selbst, wenn das gelingen könnte: Die reine Marktlösung wird immer daran scheitern, dass Märkte Transaktionskosten aufweisen, dass es Eintritts- und Austrittsbarrieren und vielfältige andere Gründe für Marktversagen gibt und dass Menschen keine Homini oeconomici sind.

## 3.4 Komplexere Märkte

Bisher wurde ein sehr simples Marktmodell betrachtet – ohne Vermögen, ohne Zins etc. Ändert sich etwas Wichtiges, wenn man das Modell anreichert?

**Störungen und Stabilität des Gleichgewichts: Steigerung der Produktivität**

Wie stabil ist ein Gleichgewicht (wir gehen wieder von Gleichgewicht 1 aus), und was passiert, wenn eine „Störung" von außen kommt?

Untersuchen wir, was passiert, wenn einem der Bäcker ein Verfahren einfällt, mit 40 (statt 49) Gesellen genauso viel Brot zu erzeugen wie bisher. Wir nehmen zunächst an, dass diese Neuerung als solche keine Kosten verursacht (in Form neuer Maschinen, Beratungsgebühren o. Ä.). Wie reagiert das System?

Der Bäcker kann 9 Gesellen entlassen und die eingesparten Löhne behalten (€ 9). Dieser Zustand ist allerdings instabil. Erstens wird der andere Bäcker sofort dieselbe Maßnahme ergreifen (alle Informationen sind öffentlich, und in unserem System gibt es keine Patente). Außerdem gibt es nun zu viele Brote (die 18 arbeitslosen Gesellen können keine Brote kaufen) und zu viel Arbeitsangebot. Dadurch sinken die Preise für Brot und für Arbeit.

Vor allem aber wird mindestens einer der arbeitslosen Gesellen nun selbst eine Bäckerei gründen und z. B. die übrigen arbeitslosen Gesellen einstellen. Um seine Brote absetzen zu können, wird er auf den Überschuss verzichten, den die anderen Bäcker (noch) haben, und seine Brote billiger anbieten. Dadurch werden wieder 500 Brote gekauft, allerdings zu einem niedrigeren Preis. Auch wird er zunächst etwas niedrigere Löhne zahlen. Da nun wieder alle Brote gekauft werden und Vollbeschäftigung herrscht, werden sich Löhne und Brotpreise anpassen. Nehmen wir an, beide steigen wieder auf ihren Ausgangswert. Wir erhalten den Ausgangszustand, allerdings bei höherer Produktivität.

Die Gesellschaftsmitglieder können nun entweder ihre Arbeitszeit reduzieren (und weiterhin je 5 Brote kaufen) oder ihre Arbeitszeit beibehalten und mehr Brot essen (oder irgendetwas anderes mit dem überschüssigen Brot anstellen) oder eine Kombination daraus. Welcher Zustand der richtige ist, hängt davon ab, ob die Beschäftigten die besseren Produktionsbedingungen dazu nutzen wollen, weniger zu arbeiten oder mehr zu essen.

Nehmen wir an, sie reduzieren ihre Arbeitszeit. Daraus ergibt sich folgender Modellzustand:

| | | Brote | | | | Arbeitskraft | | | |
| | | Kaufen | | Verkaufen | | Kaufen | | Verkaufen | |
| | | Stück | Bezahlen | Stück | Erhalten | Stück | Bezahlen | Stück | Erhalten |
| 3 | Bäcker | | | 485 | 97 | 97 | 97 | | |
| 97 | Bäckergesellen | 485 | 97 | | | | | 97 | 97 |
| 100 | | 485 | 97 | 485 | 97 | 97 | 97 | 97 | 97 |

Als Resultat gibt es einen Bäcker mehr und einen Gesellen weniger; es werden weiterhin 500 Brote produziert und konsumiert. Alle Beteiligten arbeiten weniger; das sieht man nicht an der Tabelle, ergibt sich aber daraus, dass die Gesellen ihre Arbeitszeit reduziert haben. „Eigentlich" arbeiten die drei Bäcker momentan noch zu viel, aber auch das regelt der Konkurrenzmechanismus (sie geben Arbeit an die Gesellen ab).

Die Produktivitätssteigerung hat sich also in eine gesamtgesellschaftliche Verbesserung der Wohlfahrt übersetzt: Bei gleichem Konsum wird weniger gearbeitet.

Im Modell führt eine Produktivitätssteigerung also zur Reduktion von Arbeitszeit, und zwar für alle (oder zum Mehrkonsum oder einer Kombination von beidem). J. M. Keynes glaubte, dass zu unserer Zeit (Anfang des 21. Jahrhunderts) nur noch drei Stunden pro Tag gearbeitet würde. In seinen „Economic Possibilities for our Grandchildren" schrieb er (Keynes, 1930):

„Wir leiden gerade unter einem schlimmen Anfall an Wirtschaftspessimismus. Es ist üblich zu hören, dass die Epoche des enormen wirtschaftlichen Fortschritts, die das 19. Jahrhundert kennzeichnete, vorbei ist, dass sich die rasche Verbesserung des Lebensstandards jetzt verlangsamen wird – jedenfalls in Großbritannien, und dass ein Rückgang des Wohlstands wahrscheinlicher ist als eine Verbesserung in dem Jahrzehnt, das vor uns liegt.

Ich glaube, dass dies eine völlig falsche Interpretation dessen ist, was mit uns passiert. Wir leiden nicht unter den Rheumaerkrankungen des Alters, sondern unter den Wachstumsschmerzen überschneller Veränderungen, unter der Schmerzhaftigkeit der Anpassung zwischen einer Wirtschaftsperiode und einer anderen [„Transformationskrise" in marxistischer Terminologie, d. V.]. Die Steigerung der technischen Effizienz hat schneller stattgefunden, als wir das Problem der Arbeitsabsorption bewältigen können. Die Verbesserung des Lebensstandards war etwas zu schnell. Das Bank- und Währungssystem der Welt hat verhindert, dass der Zinssatz so schnell sinkt, wie es das Gleichgewicht erfordert ...

Das Kapitalwachstum betrug das Hundertfache dessen, was jedes frühere Zeitalter erlebt hatte. Und von nun an müssen wir nicht mehr mit einem so starken Bevölkerungswachstum rechnen. Wenn sich das Kapital beispielsweise um 2 Prozent pro Jahr erhöht, hat sich die Kapitalausstattung der Welt in zwanzig Jahren um die Hälfte und in hundert Jahren um das Siebeneinhalbfache erhöht. Denken Sie an materielle Dinge – Häuser, Transportmittel und dergleichen. Gleichzeitig wurden in den letzten zehn Jahren die technischen Verbesserungen bei Herstellung und Transport stärker als je zuvor in der Geschichte vorangetrieben. In den Vereinigten Staaten war die Fabrikproduktion pro Kopf 1925 um 40 Prozent höher als 1919. In Europa werden wir durch vorübergehende Hindernisse zurückgehalten, aber dennoch kann man mit Sicherheit sagen, dass die technische Effizienz um mehr als 1 Prozent pro Jahr steigt. Es gibt Hinweise darauf, dass die revolutionären technischen Veränderungen, von denen die Industrie bislang hauptsächlich betroffen war, bald die Landwirtschaft erreichen könnten. Wir stehen möglicherweise kurz vor Verbesserungen der Effizienz der Lebensmittelproduktion, die bereits in den Bereichen Bergbau, Herstellung und Transport erzielt wurden. In einigen

> Jahren – ich meine in unseren eigenen Leben – können wir möglicherweise alle Aufgaben der Landwirtschaft, des Bergbaus und der Produktion mit einem Viertel der menschlichen Anstrengungen ausführen, an die wir uns gewöhnt haben …
> Für viele Zeitalter wird der alte Adam so stark in uns sein, dass jeder etwas arbeiten muss, um zufrieden zu sein. Wir werden mehr für uns tun, als es heutzutage bei den Reichen üblich ist, nur zu froh, kleine Aufgaben und Aufgaben und Routinen zu haben. Aber darüber hinaus werden wir uns bemühen, das Brot dünn auf Butter zu verteilen – damit die dort noch zu erledigende Arbeit so weit wie möglich geteilt wird. Dreistündige Schichten oder eine fünfzehnstündige Woche können das Problem für eine Weile aufschieben. Drei Stunden am Tag reichen aus, um den alten Adam in den meisten von uns zu befriedigen!"

Nebenbei bemerkt sieht man noch etwas anderes. Es ist in neoklassischen Modellen ganz gleich, ob es 2 Bäcker und 98 Gesellen, 20 Bäcker und 80 Gesellen, oder 100 Bauern-, Müller- und Back-Ich-AGs gibt (die untereinander Verträge schließen, z. B. über den Tausch von Korn gegen Mehl).

Darauf, dass daran irgendetwas nicht stimmen kann, hat besonders R. Coase hingewiesen (Coase, 1984): „To argue [against what most economists have done] is essentially that the theory floats in the air. It's like exploring the bloodstream without the body. Companies have no substance. Markets exist without laws." Ich werde diese Kritik später noch entfalten.

## (Nur) in vollkommenen Märkten fallen Eigen- und Gemeinwohl zusammen

Ein wichtiger Nebenbefund, der oben nur durchschimmerte, ist noch zu betonen. Im Marktsystem konnte der Bäcker, der (vorübergehend) € 9 einsparte, das Geld nicht für sich behalten, sondern wurde durch den Marktmechanismus gezwungen, die Produktivitätssteigerung sofort wieder in die Gesamtgesellschaft zurückzuführen.

Wenn Märkte nicht unendlich schnell arbeiten, könnte im Modell dagegen Folgendes passieren: Einer der Bäcker führt die produktionssteigernde Änderung ein und versucht, mehr Brote zu verkaufen, indem er 9 Gesellen entlässt und einen kleinen Teil der Einsparung an die Käufer weitergibt (d. h., sein Brot geringfügig billiger anbietet). Darauf muss der andere Bäcker sofort reagieren und entlässt ebenfalls 9 Gesellen. Wie es dann mit dem Brotmarkt weitergeht, hängt davon ab, wo sich der Brotpreis in unvollkommenen Märkten einpendelt.

Eine Möglichkeit besteht darin, dass keiner der arbeitslosen Gesellen genügend Kredit erhält, um rechtzeitig eine eigene Bäckerei zu gründen. Die 18 Gesellen verhungern also. Die anderen Gesellen arbeiten weiter wie bisher, und die Bäcker erzielen € 18 Gewinn.

Entscheidend ist nun, dass die Nachfrage der 18 verhungerten Gesellen auch in anderen Märkten fehlt (vielleicht haben sie ursprünglich nicht nur Brot, sondern auch Gemüse, Schulbücher und Kinokarten gekauft). Die Hersteller dieser Waren können jetzt ihre überschüssigen Produkte nicht mehr absetzen (es sei denn, die Bäcker würden ihren Gewinn einsetzen, um exakt diese Waren zu kaufen – was eher unwahrscheinlich ist). Möglicherweise werden einige der Gemüse-, Schulbuch- und Kinofilmproduzenten insolvent und entlassen ihrerseits Mitarbeiter. Das wirkt dann vielleicht auf die Korn-, Mehl- und Brotproduzenten zurück usf.

Am Ende des Prozesses kann es passieren, dass Arbeitslose verhungern, während die Brotfabrik neben ihnen ungenutzt vergammelt. – In der Realität kommen solche Krisen immer wieder vor (und kosten dann echte Menschenleben), etwa beim schlesischen Weberaufstand von 1844 oder – zusammen mit anderen Ursachen – bei der Weltwirtschaftskrise der 1930er-Jahre, die wesentlich zum Aufstieg des Faschismus beigetragen hat.

Auch in unserem Minimodell wurde der ganze Prozess angestoßen von einer an sich nützlichen Verbesserung. Wenn die Märkte unendlich schnell wären, hätte dies unweigerlich eine gesellschaftliche Verbesserung bewirkt. Sind sie unvollkommen, können (nicht: müssen) *sehr* unerwünschte Dinge passieren.

Das liegt nicht etwa am bösen Willen der Einzelnen (auch nicht der Reichen). Der neoklassische Markt lässt keine Wahlfreiheit, im realen Markt hängt es von den jeweiligen Umständen ab. Die Bäcker im Modell z. B. müssen sich gegenseitig unterbieten, weil sie sonst aus dem Modellmarkt ausscheiden.

In der Realität können sich Marktteilnehmer meist nicht abstimmen, weil der Wirtschaftsprozess über anonyme Märkte geregelt ist – man kennt die anderen Handelnden in globalisierten Märkten nicht – und obendrein sind (Preis-)Absprachen auch häufig verboten. Das ist ja gerade der Zweck des Preismechanismus, dass er eben – wie eine unsichtbare Hand – ohne Kenntnis oder Mitwirkungsmöglichkeit der Teilnehmer das Geschehen regelt. Auch die Gesellen können nicht anders, als ihre Arbeitskraft möglichst günstig anzubieten. Indem also jeder das tut, was er tun *muss*, führt das reale System (manchmal) in eine Katastrophe.

In unendlich schnellen, neoklassisch vollkommenen Märkten sind betriebswirtschaftliche und volkswirtschaftliche Optimalität deckungsgleich. Was der Einzelne in der Verfolgung seines eigenen Vorteils tut, ist immer auch automatisch optimal für die Gesamtgesellschaft.

Bei realen Märkten gilt das nicht mehr. Dort kann sich der anonyme, geldgesteuerte Marktmechanismus gegen die Marktteilnehmer wenden und sie zerstören (wenn z. B. der Pensionsfonds, in den ein Arbeiter eingezahlt hat, zur Renditesteigerung von seinem Arbeitgeber verlangt, den Arbeitsplatz des Arbeiters wegzurationalisieren). Auch der Unternehmer kann nicht anders, er muss jede mögliche Produktivitätssteigerung umsetzen, selbst, wenn das – unter ungünstigen Umständen – zur Wirtschaftskrise führt.

**Ist es ungerecht, wenn jemand verhungert?**
Es mag den meisten Lesern selbstverständlich erscheinen, dass es ungerecht ist, wenn Menschen unnötig verhungern (wie die freigesetzten Gesellen im obigen Beispiel). Das kann man aber in der neoklassischen Theorie nicht einfach voraussetzen. Entscheidend ist, dass es darin die kantianische Unterscheidung zwischen „Würde" und „Wert" nicht gibt. Nach Kant haben Menschen Würde und Dinge Wert; letztere sind austauschbar, erstere nicht.

Der Utilitarismus kennt diese Unterscheidung ebenso wenig wie die Neoklassik. J. Bentham bezeichnete die Idee der Menschenrechte als „Unsinn auf Stelzen". Da es keine Würde gibt, können Menschen überflüssig sein – wertlos. Am deutlichsten hat das T. Malthus formuliert (s. u.).

## 3 Die neoklassische Theorie

Dieser Zusammenhang gilt auch umgekehrt: Märkte vernichten Würde. In einer israelischen Untersuchung wurden Kinder, die Spenden für einen wohltätigen Zweck sammelten, in drei Gruppen eingeteilt: Eine Gruppe bekam „nur" Dank, eine Gruppe einen kleinen und die dritte Gruppe einen größeren Anteil am gesammelten Geld. Die erste Gruppe sammelte am meisten; sie setzte sich für einen guten Zweck ein, während die anderen Kinder einen Job erledigten.

Ökonomen haben, um der Überbevölkerung Herr zu werden, vorgeschlagen, handelbare Rechte auf Kinder zu verteilen. Arme könnten dann auf Kinder verzichten und ihre Rechte an Reiche verkaufen. Dieses System, das ganz analog zu $CO_2$-Verschmutzungsrechten funktioniert, würde die Wohlfahrt in einer neoklassischen Welt steigern, weil diejenigen, denen Kinder am wichtigsten sind, auch die meisten bekommen dürfen (sie arbeiten härter, um das Geld zu verdienen, mit dem sie den anderen das Recht auf Nachwuchs abkaufen). Die meisten Nichtökonomen finden die Vorstellung eher abstoßend, dass grundlegende Rechte (wie das auf eigene Kinder) auf Märkten gehandelt werden.

Auch Sklaverei ist neoklassisch eine Wohlfahrtsverbesserung. Nehmen wir an, Person A möchte lieber 1 Million Euro besitzen als ihre Bürgerrechte; und Person B findet es toll, einen Sklaven zu haben, und zahlt dafür gerne zwei Millionen. Warum, fragt der Neoklassiker, sollten die beiden nicht auf dem Sklavenmarkt einig werden? Beiden geht es doch hinterher besser.

Wenn es nur Märkte und Eigentum gibt, dann haben Menschen keine Würde. Und umgekehrt: Wenn Menschen keine Würde haben, sind sie handelbar wie Pizzastücke.

### Ein Modell mit Vermögen; Monopole

Bisher gab es im Modell weder Vermögenswerte noch Investitionen; das soll jetzt geändert werden. Der Einfachheit halber nehmen wir an, dass im Grundmodell nur vernachlässigbares Vermögen besteht (die Anlagen sind alt und wertlos, und selbst dieses „Vermögen" ist gleichmäßig unter alle Gesellschaftsmitglieder verteilt); das erleichtert die folgenden Untersuchungen.

Nehmen wir an, einer der Gesellen kommt auf die Idee, eine Maschine zu bauen, die € 10.000 kostet und dafür 10.000 Brote pro Jahr zusätzlich erzeugt. Die Anschaffungskosten von € 10.000 entsprechen 50.000 Broten oder 500 Broten pro Bäcker bzw. Geselle.

Nehmen wir an, die Anschaffung wird per Kredit finanziert. Bei einem Zinssatz von 4 % (§ 246 BGB: „Ist eine Schuld nach Gesetz oder Rechtsgeschäft zu verzinsen, so sind vier vom Hundert für das Jahr zu entrichten, sofern nicht ein anderes bestimmt ist") müssten dafür jährlich € 400 oder 2000 Brote aufgewendet werden. Da die Gesellschaft durch die Maschine 10.000 Brote zusätzlich erhält, ist sie eine gute Investition. Durch die vollständige Konkurrenz wird dieser Vorteil genau gleichmäßig auf die Gesellschaft aufgeteilt: Wenn nämlich einer der Marktteilnehmer versuchen würde, den Überschuss für sich zu behalten, würde sofort der nächste dieselbe Maschine bauen und etwas weniger für sich behalten – usw. Da es keine Markteintritts- und Marktaustrittsbarrieren gibt, würden sich alle so lange niederkonkurrieren, bis der gesamte Wohlfahrtseffekt in der Gesellschaft ankommt. Obendrein pegelt sich der Zins von selbst richtig ein; nämlich so, dass Konsumverzicht heute (um Geld anlegen zu können) und zukünftiger Extrakonsum (aus dem Zinsertrag) sich genau entsprechen.

Eine andere Möglichkeit, um die Maschine anzuschaffen, besteht darin, vorübergehend die Arbeitszeit für alle zu verlängern und in dieser Zeit die Maschine zu bauen, und wieder würden alle genau gleich beitragen und von der Investition profitieren.

Schließlich könnte der „Erfinder" der Maschine auch Aktien ausgeben, die die anderen kaufen würden, und auch hier kämen der Aktienkurs, das Arbeitsleid bei der Erstellung der Maschine und die gemeinsame Nutzung der Maschine „richtig" heraus.

Das heißt, dass Kapitalbildung und allgemeine Wohlfahrt neoklassisch parallel laufen. Auch in der Realität können Investitionen sehr nützlich sein, denn es gilt: Je besser die zur Verfügung stehenden Maschinen, die Infrastruktur usw., also das „Kapital", umso mehr kann jeder in seiner Arbeitszeit herstellen. Mit „Kapital" sind in unserem Brotmodell zunächst einfach alle Vermögenswerte gemeint. Wie sich gleich zeigt, muss man in der Realität verschiedene Kapitalarten unterscheiden.

Aber bei unvollkommenen Märkten können betriebswirtschaftliches Kalkül und allgemeine Wohlfahrt auseinanderfallen, beispielsweise durch Monopole und Externalitäten.

## 3 Die neoklassische Theorie

Nehmen wir an, ein Investor entscheidet sich, beide Bäckereien zu kaufen. Er hat damit das Monopol auf die Brotproduktion und könnte den Brotpreis heraufsetzen, z. B. auf € 1 pro Brot. In einem neoklassischen Markt würde er das nicht lange durchhalten, weil sofort einer der Gesellen eine eigene Bäckerei eröffnen würde. Falls aber in der Realität keiner der Gesellen das notwendige Startkapital dafür erhält (z. B., weil er keine Sicherheiten vorweisen kann), dann entsteht folgender Marktzustand:

|   |   | Brote | | | | Arbeitskraft | | | |
|---|---|---|---|---|---|---|---|---|---|
|   |   | Kaufen | | Verkauft | | Kauft | | Verkaufen | |
|   |   | Stück | Bezahlen | Stück | Erhält | Stück | Bezahlt | Stück | Erhalten |
| 1 | Bäcker |   |   | 99 | 99 | 99 | 99 |   |   |
| 99 | Bäckergesellen | 99 | 99 |   |   |   |   | 99 | 99 |
|   |   | 99 | 99 | 99 | 99 | 99 | 99 | 99 | 99 |

Auch dieses System ist, was die Geldflüsse betrifft, im Gleichgewicht. Der Monopolbäcker zahlt weiterhin jedem Gesellen € 1 Lohn pro Tag. Er erzeugt 500 Brote, verkauft davon aber nur noch 99 an die Gesellen (da die Gesellen sich für ihren Lohn ja nur noch eins kaufen können), und behält 401 Brote. Davon verzehrt er (mit seiner Familie) 5 und verkauft 396 ins Ausland (oder stellt sonst etwas damit an).

Wie viel der Bäcker überhaupt produziert, hängt davon ab, wie viele Brote er verkaufen kann. Wenn das Ausland z. B. nur 84 Brote abnimmt, dann stellt er nur 21 Gesellen ein, die (mit ihm zusammen) 110 Brote erzeugen. Davon verkauft er 21 an die Gesellen, verzehrt selbst 5 und verkauft den Rest. Die anderen 72 Gesellen haben dann nicht mehr ein Brot pro Tag, sondern gar keins.

Wie es mit der Gesellschaft weitergeht, hängt davon ab, was der Bäcker mit seinem Überschuss anstellt. Angenommen, er ist ein großer Opernfreund und baut die Carnegie Hall, weil er sich selbst unsterblich machen will: Dann kann es sein, dass die arbeitslosen Gesellen beim Bau und Betrieb der Halle Arbeit finden, vielleicht sogar zu einem besseren Lohn. Große Vermögen müssen also nicht unbedingt eine Gesellschaft zerstören (freilich kann es sein, dass die Gesellen doch lieber Brot essen als Wagner hören würden; große Vermögen führen zumindest dazu, dass die gesellschaftlichen Wertvorstellungen stark von Einzelnen beeinflusst werden).

Wenn aber der Bäcker das eingenommene Geld nicht in den Wirtschaftskreislauf zurückführt (z. B., weil er im Ausland nicht genügend Abnehmer für das überschüssige Brot findet), dann wird es dunkel in der Modellgesellschaft, denn eine solche „kaputte" Wirtschaft kann sich nicht von selbst erholen. Die (bis zu) 99 Gesellen, die mit einem Brot pro Tag vor sich hinvegetieren, können vielleicht nicht einmal mehr ausreichend Nahrung kaufen, bestimmt aber keine anderen Produkte. Es lohnt sich daher für andere Kapitalbesitzer nicht, in die Produktion von irgendwelchen Sachgütern zu investieren. Diese Wirtschaft kann daher auch nicht wieder von selbst in Schwung kommen.

Im Extremfall kann nur noch der Bäcker irgendwelche anderen Güter kaufen; und wenn er schon alles kauft, was er gebrauchen kann, dann bleibt er auf seinem restlichen Geld sitzen – im wahrsten Sinne des Wortes. Ein reicher IT-Produzent sagte dazu einmal: „Jenseits der ersten Milliarde ändert sich der Lebensstil nicht mehr wirklich."

Das Geld, das der reiche Bäcker nicht ausgeben kann, erzeugt keine Arbeit und kommt bei niemandem an; es entsteht also Massenelend, dessen Ausmaß exakt dem „herumliegenden" Kapital entspricht. Und auch in der Realität funktionieren ja ganze Staaten der sogenannten Dritten Welt so wie das Modell vom reichen Monopolbäcker: Es gibt eine sehr dünne Oberschicht an Superreichen und sehr viele Arme. Die von manchen Apologeten des „freien Marktes" (d. h. hier: eines Marktes, der zwar unvollkommen ist, in den aber dennoch niemand eingreift) behaupteten „Trickle-down"-Effekte (dass die Luxusgüter, die der reiche Bäcker kauft, ja von jemandem produziert werden, das Geld also von oben nach unten regnet), helfen nicht wirklich.

Das kann man als wichtige Einsicht auch andersherum sehen: Investitionen in Produkte und Dienstleistungen lohnen sich genau dann, wenn es auch Käufer gibt.

Könnte der Bäcker seine überschüssigen Monopolbrote freiwillig an die Arbeitslosen verteilen? Selbstverständlich, allerdings nicht in einem neoklassischen Modell. Denn der Homo oeconomicus denkt ja nur an sich selbst (und vielleicht an seine Familie).

## 3 Die neoklassische Theorie 41

Diese Probleme wurden natürlich immer schon in der ökonomischen Theorie gesehen. Bereits die „klassisch" genannten Autoren wiesen darauf hin, dass Arbeiter gegenüber reichen Kapitalbesitzern schlechte Karten haben: Denn sie haben nur begrenzte Zeit, um ihre Arbeitszeit zu verkaufen (sie müssen ja ihre Nahrung irgendwie beschaffen), während die andere Seite warten kann. Auch lernt jeder Wirtschaftsstudent, dass Monopole wohlfahrtsschädlich sind.

Der Punkt, auf den ich hinweisen möchte, ist ein anderer: In einem neoklassischen Modell sind solche Zustände instabil. Dem reichen Monopolbäcker würde ja sofort Konkurrenz erwachsen, und dadurch würde der Brotpreis sinken. Es würde sich von selbst wieder das Ausgangsgleichgewicht einstellen.

In der Realität ist das freilich anders, weil Märkte eben nicht unendlich schnell und auch nicht kostenlos arbeiten. Tatsächlich können sich Menschen, die über Macht in Form von Abstammung (Adel), Geld, Informationsvorsprüngen etc. verfügen, lange an der Macht halten, indem sie andere von diesen Machtquellen fernhalten. Daraus entsteht ein Teufelskreis: Macht behindert die Märkte bei ihrer neoklassischen Konkurrenzarbeit; und aus dem Marktversagen entsteht Macht.

Daraus schließen Neoklassiker, dass man eben die Märkte entfesseln muss (weil sie annehmen, dass Märkte von selbst Macht beseitigen); während Nichtneoklassiker meinen, dass man in manche Märkte eingreifen muss (weil sie in der Realität nicht kostenlos und nicht unendlich schnell sind).

Im Monopolzustand des Brotmarktes konnte der Monopolist seine Macht durchsetzen, weil die Finanzierung der Konkurrenz nicht funktionierte. In der Realität erleben wir in den letzten Jahren eine atemberaubende Konzentration finanzieller Mittel. So wird aktuell der Bestand des Weltfinanzvermögens auf das Vierfache des Weltbruttosozialproduktes geschätzt (auf jeden Dollar an Gütern und Dienstleistungen, die auf der Welt pro Jahr produziert werden, kommen also 4 Dollar Finanzvermögen). Allein die Firma Blackrock, erst wenige Jahrzehnte alt, verwaltet (2021) ca. 8 Billionen Dollar; das ist rund zweimal so viel wie das deutsche Bruttosozialprodukt. Der Chief Executive Officer (CEO) von Blackrock könnte also ganz Deutschland zwei Jahre für sich arbeiten und z. B. ausschließlich lila Kuckucksuhren herstellen lassen. Er könnte auch Belgien kaufen – ganz Belgien, wohlgemerkt. Tatsächlich wird er inzwischen wie ein Staatsgast empfangen. Das ist an sich weder gut noch schlecht, nur wird die Firma Blackrock nicht demokratisch kontrolliert (wie Belgien), sondern von ihren Aktionären. Die größten darunter sind selbst Banken, Versicherungen und andere Finanzinstitute. Und deren größter Aktionär wiederum ist: genau, Blackrock. Das heißt, hier ist eine kleine Gruppe von Finanzunternehmen entstanden, die sich nur noch gegenseitig kontrollieren (also gar nicht), aber ihrerseits enorme Macht gegenüber der restlichen Welt besitzen.

Gewinne werden immer mehr im Finanzbereich (und weniger in der Produktion) erzielt; ehemalige Produktionsunternehmen übernehmen daher zunehmend selbst Finanzfunktionen. Gleichzeitig bestimmen sogenannte aktive Investoren stärker als früher die Unternehmenspolitik; manche im Sinne der Wertsteigerung der Firma, manche aber auch in zerstörerischer Weise. Letztere zerschlagen z. B. Firmen, um ihre Einzelteile gewinnbringend zu verkaufen (z. B. Grundstücke, die in der Unternehmensbilanz abgeschrieben, daher unterbewertet waren); oder sie kaufen Anteile einer Firma, veranlassen diese, eigene (Firmen-)Aktien zurückzukaufen, was den Aktienkurs steigert, und stoßen dann ihre Anteile mit Gewinn ab (wonach der Kurs wieder sinkt). Manche Investoren kaufen Firmen und zwingen sie dann, ihnen ein zinsloses Darlehen in Höhe des Kaufpreises zu gewähren; netto haben sie die Firma kostenlos erhalten, sie mussten nur einmal den Kaufpreis „zeigen". (Wie man sich leicht klarmacht, wäre all das in neoklassischen Märkten nicht möglich.)

Es gibt außerdem in realen Märkten „leere" Vermögen und vermögensloses Geld. Wenn z. B. ein Staat sich über Anleihen finanziert und das Geld für Konsumzwecke verbraucht, dann haben danach die Besitzer der Anleihen ein „Vermögen", dem aber gar keine Sachwerte mehr gegenüberstehen.

In realen Märkten können durchaus Vermögen und Geld aus dem „Nichts" entstehen. Bei Vermögen kennt das jeder: Eine Preissteigerung bei Aktien (und anderen Wertpapieren) erzeugt zusätzliches Vermögen bei deren Besitzern auch dann, wenn dem Preisanstieg (den man bei anderen Produkten Inflation nennen könnte) gar keine Zunahme der Sachwerte entspricht.

Für Ökonomen selbstverständlich, für Nichtökonomen oft verblüffend ist der Umstand, dass Geschäftsbanken Geld „schöpfen" (also erzeugen) können. Das passiert nämlich immer dann, wenn eine Bank einem Kunden einen Kredit gewährt. Die Bank hinterlegt den Kredit nur mit Sicherheiten in der Größenordnung von wenigen Prozent. Nehmen wir an, jemand borgt sich bei einer Bank € 100. Die Bank muss dafür nur € 4 „haben" (nicht, wie manche glauben, € 100). Durch den Kredit entstehen also € 96 an neuem Geld (auf dem Konto des Kreditnehmers). Freilich entspricht diesen € 96 eine Forderung der Bank an den Kreditnehmer.

Umgekehrt „verschwindet" dieses Geld wieder, wenn er den Kredit zurückzahlt.

Das alles kann auf die Marktteilnehmer zurückwirken. Hier ein Beispiel:[3] Angenommen, Sie gründen eine Bank. € 4 Millionen bezahlen Sie selbst ein; weitere € 96 Millionen leihen Sie bei der Zentralbank und anderen Banken zu einem Zinssatz von 4 %. Sie können jetzt also insgesamt € 100 Millionen anlegen.

Zwei Anlagemöglichkeiten stehen zur Auswahl:

- Bei Variante A erhält die Bank todsichere 4 %.
- Bei Variante B erhält sie 5 %,[4] aber mit 1%iger Wahrscheinlichkeit verliert sie alles.

Auf den ersten Blick sehen die Erwartungswerte beider Anlagen gleich aus: Sie liefern im Durchschnitt 4 %.

Bei näherem Hinsehen gilt das aber nicht: Bei Variante A erhalten Sie für € 100 Millionen Anlagevermögen € 4 Millionen Zinsen; davon führen Sie € 3,84 Millionen an diejenigen ab, von denen Sie Geld geborgt haben, und erhalten selbst € 0,16 Millionen. Alle bekommen also 4 %.

Bei Variante B erhält die Bank in 99 % der Fälle € 5 Millionen, führt davon € 3,84 Millionen an ihre eigenen Kreditgeber ab und behält € 1,16 Millionen. Das entspricht aus Sicht des Bankgründers (der ja € 4 Millionen eingezahlt hatte) einer Verzinsung von fast 30 %. Für den Bank-

---

[3] Ähnlich in: Sinn H. W. Casino-Kapitalismus. Ullstein 2009.
[4] Genau genommen 5,050505 …%.

eigentümer ist das ein sehr gutes Geschäft, selbst dann, wenn man das geringe Risiko des Totalausfalls abzieht (in der Realität würden Banken mehrere solcher Anlagen wählen, also das Risiko streuen, und/oder den Ausfall versichern). So wird verständlich, wie Banken eine *Eigenkapital*verzinsung von 25 % erreichen können.

Diejenigen, die der Bank Geld geliehen hatten, würden lieber in Variante 1 investieren, denn sie ist risikofrei und liefert (ihnen) dieselbe Verzinsung wie Variante 2. – Freilich würde ein Eigenkapitalgeber, der 30 % Verzinsung erzielt, in einem neoklassischen Markt sofort auf 4 % herunterkonkurriert. Aber in der Realität zwingt das System den Bankmanager, der an seine Eigenkapitalgeber berichtet, nur deren Interessen zu verfolgen (also das Risiko zu wählen), während die Fremdkapitalgeber (96 %!) benachteiligt werden.

**Stagnation: Keynesianische vs. neoklassische Deutung**
Betrachten wir noch einmal den Zustand des Modells, in dem die zwei Bäcker ihre Brote für je € 0,25 verkaufen. In diesem Zustand kaufen die Gesellen je 4 Brote pro Tag, also insgesamt 392; die übrigen 108 konsumieren die beiden Bäcker (oder verkaufen sie ins Ausland).

Nehmen wir an, dass wiederum eine produktivitätssteigernde Maßnahme umgesetzt wird, die dazu führt, dass die Bäcker je 10 Gesellen entlassen (bei gleicher Brotproduktion). Die insgesamt 20 arbeitslosen Gesellen werden in der Realität von der Arbeitslosenversicherung aufgefangen.

Die herrschende (wachstumsorientierte) Deutung dieses Vorgangs ist so: Damit die Bäcker mehr Gesellen einstellen können, müssen sie in neue Maschinen investieren und ihre Produktion ausweiten. Das geht aber nur, wenn sie mehr Brote verkaufen; und dafür wiederum müssen die Brote billiger werden. Man nennt das eine „angebotsseitige Argumentation". Im Moment (2020er-Jahre) beherrscht diese Deutung die europäische, insbesondere auch die deutsche Wirtschaftspolitik. Das führt dazu, dass Gewinnsteuern gesenkt werden, um Unternehmer zum Investieren zu veranlassen. Aufgrund der sinkenden Steuern muss der Staat sparen und kürzt u. a. die Sozialausgaben, was allerdings die Nachfrage weiter reduziert.

Keynesianer würden den Vorgang anders deuten: Die Brote, die die Bäcker ins Ausland verkaufen (oder sonst wie verwerten), führen zwar dazu, dass sie Vermögen aufbauen. Dieses Geld geben sie aber allenfalls zu einem kleinen Teil wieder für andere Güter aus. Deswegen fehlt Nachfrage und die Arbeitslosen finden keine Beschäftigung.

Besser wäre es daher, wenn der Staat einspringt und „irgendetwas" Nützliches produziert, z. B. eine neue Windkraftanlage; er stellt die Arbeitslosen an und zahlt ihnen je 1 Euro/Tag, also insgesamt 20 Euro. Dafür, wie der Staat diese 20 Euro aufbringt, gibt es verschiedene Möglichkeiten: Er kann z. B. Kredite aufnehmen, neues Geld schaffen oder Steuern erheben. Wenn er Kredite aufnimmt, kann er sie später aus dem Verkauf der Windkraftanlage zurückzahlen. – Das klingt etwas nach „Kapital aus dem Nichts", aber tatsächlich schaffen die vorher Arbeitslosen ja einen Wert, der (hoffentlich bzw. im Idealfall mindestens) ihren Löhnen entspricht. Da diese Wirtschaftspolitik auf der Nachfrageseite ansetzt, nennt man sie auch nachfrageorientiert.

Wer hat nun Recht?

Das hängt vom Markt ab. In vollkommenen Märkten ist die Sache klar: Dort stimmen die angebotsorientierten Aussagen. Denn dort regulieren sich Nachfrage und Angebot von selbst richtig ein (wie oben gesehen: es kann ja jeder Bäckereien eröffnen und schließen usf.).

In realen Märkten können beide recht haben, aber in der Regel stimmt die keynesianische Deutung – u. a. dann, wenn Märkte nicht unendlich schnell sind. Das gilt etwa für die meisten entwickelten Länder seit den 1980er-Jahren. Durch die Akkumulation von Kapital bleibt die Nachfrage immer mehr hinter dem Angebot zurück. In der Bundesrepublik besitzen um 2020 die 50 reichsten Menschen genauso viel wie die ärmeren 40 Millionen der Bevölkerung. 50 Menschen konsumieren aber keine 40 Millionen Brote (und auch von den übrigen Gütern verbrauchen sie nicht genug, damit alle Arbeit finden).

Diese Situation verschärft sich von selbst: Arbeitsloseneinkommen sind niedriger als die von Arbeitenden, und die Nachfrage fällt weiter, wenn Kapital sich konzentriert; der Staat muss sparen, und die Nachfrage sinkt. Obendrein wird weniger investiert, weil niemand zusätzliche Produkte benötigt.

Hier ist es offenbar ganz falsch, eine angebotsseitige Wirtschaftspolitik zu betreiben: Denn die Unternehmer können ja ohnehin nicht investieren (es gibt nicht genug Nachfrage), ob man ihre Gewinnsteuern senkt oder nicht.

Einschränkend muss man aber sagen, dass ein komplexes System wie die deutsche Wirtschaft nicht auf eine einzelne Variable (Angebot vs. Nachfrage) zurückgeführt werden kann. Man müsste die einzelnen Teilmärkte viel genauer verstehen. Das erläutere ich am Ende des Kapitels.

**Andere Gründe für Marktversagen**
Monopole sind nicht der einzige Grund für Marktversagen. Auch eine nicht unendlich schnelle Reaktion der Märkte kann in eine Katastrophe führen. Ein sehr anschauliches Beispiel ist das Problem der Hühnerkeulen. In Europa glauben manche Konsumenten, dass Hühnerbrustfleisch gesünder wäre als Keulenfleisch. Da Hühner aber nun einmal aus einem festen Verhältnis Brust zu Keulen bestehen, bleiben im Markt Keulen übrig. Die kann der Hersteller bei Discountern verramschen, verbrennen oder in Gegenden transportieren, in denen es den Konsumenten gleich ist, welchen Teil vom Huhn sie essen. Das ist z. B. in manchen Regionen Afrikas der Fall. Also werden die Keulen eingefroren und dort zum Beinahe-Selbstkostenpreis verkauft. – Mit diesem Preis können allerdings die dortigen Kleinbauern nicht mithalten und geben reihenweise auf, was wiederum dazu führt, dass auch die Futtermittelhersteller zusammenbrechen. Der Versuch der betroffenen Regierungen, ihre Produzenten durch Zölle zu schützen, wird vom Westen und seinen Institutionen (und, zur Not, seinem Militär) im Namen freien Handels unterbunden.

Im neoklassischen System ist das alles gar kein Problem, im Gegenteil. Das von D. Ricardo stammende Theorem der komparativen Vorteile beweist, dass alle Beteiligten sich besser stehen, wenn jedes Land das herstellt, was es am besten kann. Angenommen, zwei Länder könnten jeweils maximal entweder die angegebene Menge Tuch oder Wein produzieren (oder die Produktion proportional anpassen):

| Maximal mögliche Produktionsmenge | Wein | Tuch |
|---|---|---|
| Portugal | 100 | 60 |
| England | 110 | 100 |

Portugal könnte also z. B.

- entweder 100 Wein und kein Tuch,
- oder 50 Wein und 30 Tuch,
- oder keinen Wein und 60 Tuch herstellen; England analog.

Wie man sieht, produziert England von beiden Waren mehr; trotzdem lohnt es sich zu tauschen. Angenommen, im Ausgangszustand produziert: Portugal 50 Wein und 30 Tuch; England 55 Wein und 50 Tuch. In Summe sind das 105 Wein und 80 Tuch.

Wenn Portugal nur Wein produzierte, könnte England z. B. 11 Wein und 90 Tuch herstellen; in Summe wären dies 111 Wein und 90 Tuch. Den Überschuss können die Länder untereinander aufteilen.

Das Beispiel ist nicht willkürlich gewählt. Im Rahmen der Methuen-Verträge handelten Portugal und England Wein und Tuche weitgehend zollfrei. Allerdings sind heute die meisten Autoren der Meinung, dass diese Verträge nachteilig für Portugal waren: Während englische Tuche die portugiesische Industrie zerstörten, hatte es relativ wenige Einkünfte aus dem Weinexport.

Zurück zum Hühnermarkt: In neoklassischen Märkten könnten die freigesetzten afrikanischen Hühner- und Futtermittelproduzenten irgendetwas anderes herstellen und verkaufen. Netto stehen sich dann alle besser. – In der Realität scheitern sie (wie sollen sie so schnell lernen, andere aufnahmebereite Märkte zu finden?) und hungern.

Auch hier zeigt sich wieder das Muster: In einem optimal funktionierenden Markt ist das Theorem des komparativen Vorteils richtig. Es gilt aber in der Realität häufig nicht, z. B., wenn die Märkte zu langsam sind und/oder Marktteilnehmer unterschiedlich mächtig sind.

Ein anderes Problem, das in echten Märkten auftreten kann, sind Externalitäten. In einem Markt dient der Preis dazu, Knappheit anzuzeigen. Indem Konsumenten Waren zu einem bestimmten Preis kaufen (oder eben nicht kaufen), erfahren die Produzenten deren Zahlungsbereitschaft; und umgekehrt können die Produzenten auf den Beschaffungsmärkten für Rohstoffe und Arbeit feststellen, was die Herstellung der Waren kostet. Nebenbei hat der Preis die sehr nützliche Eigenschaft, dass sich niemand einen Vorteil verschaffen kann, indem er seine wahre Zahlungsbereitschaft verschleiert. Das alles setzt aber voraus, dass die Kosten und der Nutzen vollständig „eingepreist" sind. Falls das nicht der Fall ist, arbeiten Preis und Markt nicht mehr richtig.

Das wird meistens an folgendem Beispiel erläutert: Eine Stahlfabrik liegt an einem Fluss. Sie leitet ihre Abwässer in den Fluss, woraufhin Fische sterben. Dieser Schaden, der sich für die Fischer in einer Kostenerhöhung ihrer Produkte – der Fische – niederschlägt, geht nicht in den Stahlpreis der Fabrik ein.

Offensichtlich ist dies gesellschaftlich unerwünscht, wenn der Schaden an der Umwelt höher ist als die Kostensenkung der Stahlproduktion. Wichtig ist, dass betriebswirtschaftliches und volkswirtschaftliches Kalkül auseinanderfallen: Das einzelne Stahlwerk hat keine Wahl – es *muss* die Umwelt verschmutzen, um im Wettbewerb bestehen zu können, schadet damit aber zugleich der ganzen Gesellschaft. Ein solcher Effekt kann eine erhebliche Rolle in der aktuellen Klimadiskussion spielen. Es kann dann sein, dass Märkte die Produktion nicht gut steuern. Komplizierter ist der Fall, wenn Schaden und Nutzen genau gleich groß sind (oder der Schaden geringer ist). Aber auch dann arbeiten die Preise nicht mehr richtig.[5]

Es gibt auch positive Externalitäten, z. B. bei Impfungen (die Nichtgeimpften profitieren davon, wenn andere sich impfen lassen, ohne es ihnen zu vergüten).

Eine sehr relevante Externalität tritt beim Erben auf: Zwar halten sich beim Erblasser Konsumverzicht und der Nutzen, etwas vererben zu können, neoklassisch genau die Waage; aber der Erbe erhält die Erbschaft häufig ohne entsprechende Gegenleistung. Wie man sich leicht am Brotmodell klarmacht, gilt mit Erbschaft nicht mehr, dass alle Gesellschaftsmitglieder dasselbe Arbeitsleid aufweisen – die Nichterben können ja nicht mit den Erben um die Erbschaft konkurrieren. Oder, anders for-

---

[5] Auch hierfür findet man eine formale Herleitung in jedem Lehrbuch der Mikroökonomie oder in Thielscher, 2020.

muliert: Wenn es Erbschaften gibt, gilt nicht mehr, dass Märkte gerecht und effizient sind. (Vielleicht schweigen sich deshalb neoklassische Lehrbücher über das Erben aus). – Dass dies in der Realität relevant ist, zeigen Untersuchungen wie die von T. Piketty, denen zufolge typischerweise 90 % des Gesamtvermögens vererbt werden.

Die deutsche Nachkriegsgesellschaft war eine Ausnahme, denn dort wurden rund 50 % des Vermögens erarbeitet. „Nach dem Krieg sind alle gleich", wie der Historiker W. Scheidel gezeigt hat. Diesen beiden Zuständen entsprechen unterschiedliche Gesellschaftsmodelle: einerseits eine sehr unterschiedliche Vermögensverteilung, die sich immer weiter aufkonzentriert und dabei zunehmende soziale Spannungen erzeugt, oder eine Gesellschaft, in der man, wenn man fleißig ist und immer brav arbeitet, am Ende des Lebens sein Häuschen abbezahlt hat.

Wie häufig Externalitäten in der Realität vorkommen und wie stark sie die Märkte verzerren, wurde bisher nicht untersucht. Aber es hilft ja nichts, wenn man nur weiß, dass es Externalitäten gibt. Das ist so ähnlich wie beim Begriff der Entzündung in der Medizin: Jeder Student weiß, dass eine Entzündung mit „dolor", „calor", „rubor" und „tumor" einhergeht (Schmerz, Erwärmung, Rötung und Schwellung). Aber das nützt dem Patienten gar nichts – der möchte wissen, was seine spezifische Entzündung verursacht und wie man sie wegbekommt. Und genau so muss man von einer funktionstüchtigen Wirtschaftstheorie erwarten, dass sie verschiedene Arten von Externalitäten differenzieren und behandeln kann.

Mit all dem soll selbstverständlich nicht gesagt werden, dass politische Lösungen immer besser wären als Märkte. Es gibt Märkte, die sehr gut funktionieren, und solche, die massenhaft Menschen umbringen. Es ist sehr wichtig, zwischen beiden differenzieren zu können. „Wissenschaftler", die einfach ungeprüft unterstellen, dass Märkte immer unendlich schnell und kostenlos und ohne jede Externalitäten arbeiten und deshalb alles richtig machen, verbreiten mörderischen Unsinn.

## Zins und Zinseszins

Ein weiteres Problem, das mit Vermögen zusammenhängt, ist die kontinuierliche Verzinsung. Wir hatten oben das Beispiel, dass eine Maschine angeschafft wird, um die Produktion zu erhöhen. Das war im Modell sehr nützlich.

Wenn allerdings Geldvermögen über längere Zeit mit Zins und Zinseszins anwächst, können Ungleichgewichte entstehen. Bekannt ist das Beispiel des „Josefspfennigs". Hätte Josef bei Jesu Geburt nur 1 Cent zu 4 % Zinsen angelegt, so wären daraus bis heute $1{,}04^{2020}$ Cent = $2{,}6 * 10^{32}$ Euro entstanden. Aktuell kostet ein Kilo Gold rund 50.000 Euro. Mit dem verzinsten Josefspfennig könnte man also $5{,}1 * 10^{29}$ Kilo Gold kaufen. Zum Vergleich: Die Masse der Erde beträgt rund $6{,}0 * 10^{24}$ kg. Aus dem Josefspfennig sind also 100.000 Goldkugeln geworden, von denen jede so viel wiegt wie die Erde. Das macht natürlich wenig „Sinn".

Es kann daher auch in ganzen Volkswirtschaften keine langen und stabilen Wachstumsphasen geben. Wenn die Wirtschaft seit Jesu Geburt „nur" mit 1 % jährlich gewachsen wäre, so müssten wir heute 536 Millionen Mal so viel konsumieren wie die Römer.

Das klappt selbst dann nicht, wenn man berücksichtigt, dass es heute Güter und Dienstleistungen gibt, die damals noch nicht vorhanden waren, z. B. Flugzeuge. Aber selbst wenn man den ganzen Tag im Flieger verbringt, kann man vielleicht 25 Millionen Meter zurücklegen – geteilt durch 500 Millionen sind das gerade mal 5 Zentimeter an Strecke, und die schaffte auch ein Römer am Tag (ganz abgesehen davon, dass man während des Fluges ca. eine halbe Milliarde Brote verzehren müsste).

Vor diesem Hintergrund sind es daher auch nicht einfach veraltete Vorstellungen, wenn alle monotheistischen Religionen bei Zins (und Zinseszins) zur Vorsicht mahnen. Auch die im islamischen Recht vorgenommene Trennung zwischen (verbotenem) Zins und (erlaubter) Gewinnbeteiligung verdient nicht die herablassende Haltung des aufgeklärten Besserwissers, mit der ihr neoklassische Ökonomen typischerweise begegnen.

Vorübergehend allerdings kann eine Produktivitätssteigerung, die auf verzinstem Kapital basiert, funktionieren. Die Zeit nach dem Zweiten Weltkrieg war ein Beispiel dafür, denn Vollbeschäftigung, gute Kapitalverzinsung, verbesserte Produktion und allgemeine Wohlfahrt fielen zusammen. Eine Zeit lang können auch technische Verbesserungen Kapitalvermehrung finanzieren. Aber irgendwann überholen die Zinseszinseffekte die Produktivitätssteigerung, und ab dann kommt es zur kontinuierlichen Kapitalvermehrung („Kapital" ist hier der Wert von Sachanlagen). – Es wird oft gesagt, der Kapitalismus hätte die Wohlfahrtssteigerung der letzten Jahrhunderte „entfesselt". Das stimmt so nicht: Erstens gab es zwischendurch ausgesprochene Elendsphasen (z. B. in Wirtschaftskrisen). Zweitens ist es eher umgekehrt: Produktionssteigerungen ermöglichen die Finanzierung von Kapitalzuwächsen. Und drittens besteht der „Kapitalismus" nicht nur aus finanziellen Vorgängen, sondern wirkt auf die Gesellschaft zurück (indem z. B. jede Tätigkeit finanziell bewertet wird).

Natürlich ist technischer Fortschritt nicht der einzige Mechanismus, um – eine Zeit lang – Zinsen und Zinseszinsen zu finanzieren. Auch kann Vermögen entstehen, wenn der finanzielle Wert von Anlagevermögen zunimmt (z. B. durch Preissteigerung bei Aktien).

Ob es um Geld, Zins, Vermögen, Produktion oder Mitarbeiter geht, die neoklassische Logik ist immer dieselbe. In einem vollkommenen Markt gibt es kein Problem, weil die Konkurrenz Machtmissbrauch beseitigt. Beim Josefspfennig würde der neoklassische Markt rechtzeitig dafür sorgen, dass der Zins gegen null geht, und zwar für alle – während die erwirtschafteten realen aktuellen Zinsen sehr unterschiedlich sind.

**Arbeitsteilung und die Größe von Märkten**
Märkte erlauben den Warentausch und damit Spezialisierung. Wenn jeder alles selbst produzieren muss – vom Getreide bis zum Benzin –, wird er nicht besonders effizient sein. A. Smith meinte, die Arbeitsteilung sei der wichtigste Grund des Fortschritts überhaupt.

Wenn dem so ist, dann sind Märkte umso besser, je größer sie sind (weil sie mehr Marktteilnehmer haben und sich daher der einzelne stärker spezialisieren kann). Das trifft für neoklassische Märte zu, aber nicht immer für unvollkommene Märkte. Zum Beispiel betrug der Wert sogenannter Derivate (Wetten auf Wertpapiere, die eine Versicherungsfunktion haben, aber auch zum Zocken missbraucht werden können) vor der Finanzkrise ein Mehrfaches des Weltbruttosozialproduktes. Vielen Nichtexperten kam das merkwürdig vor, aber von Ökonomen wurde angemerkt, dass größere Märkte (immer) besser seien als kleine und die vielen Derivate speziellere und daher nützlichere Finanzinstrumente zur Verfügung stellten. Wenig später, in der Finanzkrise, implodierte ein Teil dieser Werte.

## Das Einpreisen der Zukunft und andere Modellerweiterungen

Oben wurde im Modell kurz das Problem von Patenten gestreift. Im Basismodell gibt es keine Patente, daher fließt jede Produktionsverbesserung sofort der Gesellschaft zu. Ist es deswegen besser, keine Patente zu gewähren?

Die neoklassische Theorie integriert Patente, indem sie annimmt, dass Marktteilnehmer auch darüber entscheiden, ob sie zugunsten zukünftiger Verbesserungen auf einen Teil ihrer heutigen Einkommen verzichten wollen. – Der Erfinder eines Patentes, so ist die Annahme, investiert viel Arbeitsleid in die Entwicklung des Patentes. Das macht er nur, wenn er eine Vergütung erhält. Die Gesellschaft hat in der Zukunft Vorteile aus seiner Arbeit; sie ist daher bereit, ihm ein Patent zu gewähren, d. h., vorübergehend „zu viel" für das von ihm entwickelte Produkt zu bezahlen. Die Märkte sorgen dann dafür, dass das Geld, das dem Patentinhaber zufließt, genau seinem Arbeitsleid entspricht und dass der Nettoeffekt der Erfindung, also die allgemeine Wohlfahrtssteigerung, für alle Gesellschaftsmitglieder genau gleich ist.

Auf dieselbe Weise kann man Versicherungen in das Modell einführen. Da die Beschäftigten im Basismodell keinerlei Absicherung z. B. gegen Krankheit haben, sind sie bereit, eine Versicherung zu erwerben, die sie davor schützt. Zwar kostet die Versicherung etwas (es muss ja einen Versicherer geben, der selbst einen Unternehmerlohn benötigt). Aber die Versicherten zahlen lieber insgesamt geringfügig mehr und erhalten dafür Sicherheit.

Nehmen wir also einmal an, jeder Arbeiter hat ein jährliches Risiko von 0,01 %, einen (vernichtenden) Schaden von 100.000 Euro zu erleiden. Der Erwartungswert des Verlustes ist 0,01 % * 100.000 = 10 Euro. Die meisten Menschen würden es vorziehen, z. B. 11 Euro jährlich an einen Versicherer zu bezahlen und dafür von diesem Risiko befreit zu sein (so ist es in der Realität z. B. bei einer Haftpflichtversicherung). Sie zahlen also etwas mehr, als ihr rechnerisch durchschnittlicher Schaden beträgt, und sind dafür das Risiko los. Von ihrer Überzahlung lebt der Versicherer. Die Märkte sorgen dafür, dass die Prämien genau richtig und fair sind.

## 3 Die neoklassische Theorie

Ganz ähnlich kann man jedes beliebige andere Thema in das Modell integrieren, z. B. ein Rechtssystem (das dazu dient, Verträge durchsetzen zu können), Schulen (die durch zusätzliches Arbeitsleid der Ausbildung später zu besseren Einkünften befähigen) usw. Immer sorgen die Märkte dafür, dass alles „richtig" ist.

Es gibt sogar einen gewissen Spielraum für Abweichungen von den Annahmen des Grundmodells. Zum Beispiel kann man annehmen, dass es Informationskosten gibt, also nicht alle heutigen und zukünftigen Preise und Produkteigenschaften kostenlos bekannt sind. Die Modelllösung läuft darauf hinaus, dass jeder Marktteilnehmer dann genau die Informationskosten aufbringt, die für ihn richtig sind.

Mit dem „Brotmodell" kann man auch weitere Änderungen ausprobieren, z. B., was passiert, wenn

- die Bevölkerung zu- oder abnimmt,
- die Präferenzen sich verändern (z. B., die Gesellen lieber mehr arbeiten und mehr konsumieren),
- die Demografie sich ändert (es z. B. mehr Rentner gibt),
- die Gehälter steigen oder fallen (weil z. B. im Ausland billiger produziert wird).

Allerdings bringt das keine wirklich neuen Einsichten mehr. Nur der erste Punkt dieser kleinen Liste soll noch etwas genauer untersucht werden.

### „Überflüssige" Menschen

Es gibt *einen* Modellbestandteil, der sich nicht immer von selbst seine Nachfrage schafft und von dem es daher „zu viel" geben kann: Menschen.

Eines der wichtigsten Werke der politischen Ökonomie (heute Volkswirtschaftslehre genannt) überhaupt, das 1798 erschien, seinen Verfasser mit einem Schlag berühmt machte und dazu führte, dass er 1805 den allerersten Lehrstuhl für politische Ökonomie erhielt, ist R. Malthus' *Essay on the Principle of Population*. Darin beschreibt der anglikanische Geistliche das (empirisch falsche) Bevölkerungs-„Gesetz", wonach sich die Zahl der Menschen alle 25 Jahre verdoppelt, also geometrisch ansteigt – 1, 2, 4, 8, 16 usw., während die Nahrungsmittelmenge nur arithmetisch wächst: 1, 2, 3, 4, 5 usw. Es ist leicht zu sehen, dass unter dieser Voraussetzung – egal, mit welcher Menschenzahl bzw. Nahrungsmittelversorgung man startet – irgendwann mehr Menschen leben, als versorgt werden könnten. In diesem Fall müssen die „überschüssigen" Menschen sterben.

Aus diesem „Naturgesetz" zieht Malthus sehr weitreichende ökonomische und politische Konsequenzen. Insbesondere sei es vollkommen zwecklos, Arme zu unterstützen: Sterben müssen sie ohnehin, also lässt man besser die Natur ihr Werk verrichten, z. B., indem die Armen verhungern, Seuchen zum Opfer fallen oder in Kriegen sterben.

Hier ein kurzer Auszug aus der letzten von Malthus selbst redigierten Auflage von 1826, in der er begründet, dass man auch Kinder, die nicht von ihren Eltern versorgt werden können, am besten gleich sterben lässt (Malthus, 1826):

> „[Wir sind], wie mir scheint, durch Gerechtigkeit und Ehre verpflichtet, das Recht der Armen auf Unterhalt in aller Form in Abrede zu stellen.
>
> Zu dem Zwecke möchte ich ein Gesetz des Inhaltes vorschlagen, daß kein eheliches Kind, das nach Verlauf eines Jahres, und kein uneheliches, das nach Verlauf von zwei Jahren vom Datum des Gesetzes ab geboren wird, jemals einen Anspruch auf Gemeindeunterstützung haben solle.
>
> Um dieses Gesetz allgemeiner zur Kenntnis zu bringen und es dem Bewußtsein der unteren Volksklassen tiefer einzuprägen, müßte jeder Pfarrgeistliche nach dem Aufgebot eine kurze Denkschrift verlesen über die strenge Verpflichtung eines jeden Menschen, seine eigenen Kinder zu unterhalten; über die Ungehörigkeit, ja Immoralität, zu heiraten, ohne die Aussicht, sie unterhalten zu können; über die Übel, die den Armen selbst aus dem Versuche erwachsen wären, sie durch öffentliche Einrichtungen in Ausübung einer Pflicht zu unterstützen, die ausschließlich den Eltern obliegen sollte; und darüber, daß sich am Ende die absolute Notwendigkeit gezeigt hätte, alle derartigen Institutionen fallen zu lassen, weil sie Wirkungen hätten, welche den beabsichtigten völlig entgegengesetzt wären.
>
> Dies würde als offene, deutliche und bestimmte Warnung wirken, die niemand gut mißverstehen könnte, und die, ohne einzelne Personen hart zu drücken, mit einem Male die heranwachsende Generation von jener elenden und hilflosen Abhängigkeit von der Regierung und den Reichen

befreien würde, deren moralische und physische Konsequenzen fast unberechenbar sind.

Wenn nun jemand, nachdem die von mir vorgeschlagene Warnung erteilt worden, und das System der Armengesetze [die bis dahin Arme unterstützten, d. V.] mit Rücksicht auf die heranwachsende Generation aufgehoben wäre, heiraten wollte, ohne die Aussicht darauf, eine Familie ernähren zu können, so müßte es ihm vollkommen frei stehen, dies zu tun. Obwohl in diesem Falle zu heiraten, meiner Meinung nach eine unsittliche Handlung ist, so ist es doch keine, welche die Gesellschaft mit Recht verhindern oder bestrafen könnte, weil die durch die Naturgesetze dafür vorgesehene Strafe direkt und mit aller Strenge jenen trifft, der die Tat begeht, und durch ihn, nur entfernter und schwächer, die Gesellschaft. Wenn die Natur an unserer Statt regieren und strafen will, so ist es ein recht erbärmlicher Ehrgeiz, ihr die Rute entwinden zu wollen und uns als Büttel verhaßt zu machen. Er sollte daher der Strafe der Natur, der Strafe der Not überlassen werden. Er hat angesichts der klarsten und bestimmtesten Warnung gefehlt, und darf niemanden anklagen als sich selbst, wenn er die Folgen seines Fehltrittes verspürt. Jede Gemeindeunterstützung sollte ihm verweigert werden, und er müßte auf die unsichere Wohltätigkeit einzelner angewiesen sein.

Er müßte lernen, daß die Naturgesetze, welche Gottes Gesetze sind, ihn und seine Familie zum Leiden verurteilt hätten, weil er ihren wiederholten Ermahnungen keine Folge geleistet; daß er kein Recht hätte, von der Gesellschaft auch nur den kleinsten Bissen mehr zu fordern, als was seine Arbeit füglich zu erstehen vermöchte, und daß, wenn er und seine Familie davor geschützt wären, die natürlichen Folgen seiner Unvorsichtigkeit zu fühlen, er dies dem Mitleid eines gütigen Wohltäters schuldete, dem er deshalb durch die stärksten Bande der Dankbarkeit verbunden sein müßte. Verführe man nach diesem Systeme, so brauchte man nicht zu befürchten, daß die Zahl derer, welche äußersten Mangel leiden, Vermögen und Willen der Wohltätigen zu helfen überschreiten würde. Der Kreis zur Ausübung der Privatwohltätigkeit würde wahrscheinlich nicht größer sein als jetzt, und die Hauptschwierigkeit läge darin, die Barmherzigkeit davon abzuhalten, die Notleidenden so unterschiedslos zu unterstützen, daß dadurch Indolenz und Sorglosigkeit bei anderen gefördert würde.

Was die unehelichen Kinder betrifft, so dürften sie, nachdem die geeignete Warnung erteilt worden ist, keinen Anspruch auf Gemeindeunterstützung haben, sondern sollten einzig und allein der Privatwohltätigkeit überlassen bleiben.

> Wenn die Eltern ihr Kind aussetzen, müssen sie für dieses Verbrechen zur Rechenschaft gezogen werden.
> Das Kind ist, relativ genommen, für die Gesellschaft von geringem Werte, da seine Stelle sofort durch andere ersetzt werden wird. Sein Hauptwert besteht darin, daß es Gegenstand eines der köstlichsten Triebe der menschlichen Natur, nämlich der Elternliebe ist. Wenn aber dieser Wert von jenen gering geschätzt wird, die allein imstande sind, ihn zu empfinden, so kann man nicht verlangen, daß die Gesellschaft an ihre Statt trete; sie hat zum Schutze des Kindes nichts weiter zu tun, als für das Verbrechen der Aussetzung oder absichtlich schlechten Behandlung jene zu bestrafen, deren Pflicht es ist, für dasselbe zu sorgen. Gegenwärtig wird das Kind unter die Obhut der Gemeinde genommen, und stirbt in der Regel, wenigstens in London, im ersten Jahre."

Diese Mischung aus vorgeblicher (Natur-)Wissenschaftlichkeit, Bigotterie und Rücksichtslosigkeit ist heute schwer zu ertragen. Fairerweise muss man aber sagen, dass die Denkfigur: „Wer verhungert, ist selbst schuld" auch in unserer Zeit weit verbreitet ist. – Dass Malthus so erfolgreich war, ist nicht zuletzt historisch bedingt. Die elisabethanischen Poor Laws, die eine – wenn auch unzureichende – Versorgung der Armen vorschrieben, wurden von den so Besteuerten zunehmend als unerträglich empfunden. Malthus lieferte den vermeintlich wissenschaftlichen Beweis, dass diese Gesetze abgeschafft werden mussten.

Wie grauenhaft die Lage vieler, nicht mehr unterstützter Arbeiter im England der frühen Industrialisierung war, hat Friedrich Engels (1973) sehr anschaulich beschrieben – bei aller berechtigten Kritik an seiner Arbeitsweise, die selbstverständlich nicht heutigen Standards der soziologischen Feldforschung entspricht.

> „Montag, den 15. Januar 1844 wurden zwei Knaben vor das Polizeigericht von Worship Street, London, gebracht, weil sie aus Hunger einen halbgekochten Kuhfuß von einem Laden gestohlen und sogleich verzehrt hatten. Der Polizeirichter sah sich veranlaßt, weiter nachzuforschen, und erhielt von den Polizeidienern bald folgende Aufklärung: Die Mutter dieser Knaben war die Witwe eines alten Soldaten und späteren Polizeidieners, der es seit dem Tode ihres Mannes mit ihren neun Kindern sehr schlecht ergangen war. Sie wohnte Nr. 2, Pool's Place, Quaker Street, Spitalfields,

im größten Elende. Als der Polizeidiener zu ihr kam, fand er sie mit sechs ihrer Kinder in einem kleinen Hinterstübchen buchstäblich zusammengedrängt, ohne Möbel, ausgenommen zwei alte Binsenstühle ohne Boden, einen kleinen Tisch mit zwei zerbrochenen Beinen, eine zerbrochene Tasse und eine kleine Schüssel. Auf dem Herde kaum ein Funken Feuer, und in der Ecke so viel alte Lumpen, als eine Frau in ihre Schürze nehmen konnte, die aber der ganzen Familie zum Bette dienten. Zur Decke hatten sie nichts als ihre ärmliche Kleidung. Die arme Frau erzählte ihm, daß sie voriges Jahr ihr Bett habe verkaufen müssen, um Nahrung zu erhalten; ihre Bettücher habe sie dem Viktualienhändler als Unterpfand für einige Lebensmittel dagelassen, und sie habe überhaupt alles verkaufen müssen, um nur Brot zu bekommen ...

In Liverpool war 1840 die durchschnittliche Lebensdauer der höheren Klassen (gentry, professional men etc.) 35, der Geschäftsleute und bessergestellten Handwerker 22 Jahre, der Arbeiter, Tagelöhner und der dienenden Klasse überhaupt nur 15 Jahre. Die Parlamentsberichte enthalten noch eine Menge ähnlicher Tatsachen.

Die Sterblichkeitslisten werden hauptsächlich durch die vielen Todesfälle unter den kleinen Kindern der Arbeiterklasse so hoch gesteigert. Der zarte Körper eines Kindes widersteht den ungünstigen Einflüssen einer niedrigen Lebenslage am wenigsten; die Vernachlässigung, der es oft ausgesetzt ist, wenn beide Eltern arbeiten oder einer von beiden tot ist, rächt sich sehr bald, und so darf man sich nicht wundern, wenn z. B. in Manchester, laut dem letzterwähnten Bericht, über 57 Prozent der Arbeiterkinder vor dem fünften Jahre sterben ... Außer ... verschiedenen Krankheiten, die die notwendige Folge der jetzigen Vernachlässigung und Unterdrückung der ärmeren Klasse sind, gibt es aber noch andere Einflüsse, die zur Vermehrung der Sterblichkeit unter kleinen Kindern beitragen. In vielen Familien arbeitet die Frau so gut wie der Mann außer dem Hause, und die Folge davon ist die gänzliche Vernachlässigung der Kinder, die entweder eingeschlossen oder zum Verwahren ausgemietet werden. Da ist es denn kein Wunder, wenn Hunderte von solchen Kindern durch allerlei Unglücksfälle das Leben verlieren. Nirgends werden so viel Kinder überfahren und überritten, nirgends fallen so viele zu Tode, ertrinken oder verbrennen als in den großen Städten Englands. Namentlich sind Todesfälle infolge von Brandwunden oder Übergießung mit heißem Wasser häufig."

Vor Malthus hatte schon J. Locke (1690), der Vordenker der englischen Aufklärung, bürgerliche Freiheit mit dem Recht auf Eigentum in Verbindung gebracht und den Hauptzweck des Staates darin gesehen, Eigentum zu schützen. Sieht man es so, dann ist auch der Gedanke Malthus' folgerichtig, dass Eigentumslose kein Recht auf Leben haben und dass für die Staatsmacht das Recht auf Eigentum das Recht auf Leben sticht (dazu ausführlich: Duchrow & Hinkelammert, 2005).

In besonders reiner Form vertreten Anarchokapitalisten (wie D. Friedman oder H.-H. Hoppe, Professor für Volkswirtschaftslehre an der University of Nevada in Las Vegas) diese Idee. Demnach sollen alleine der freie Markt, freiwillige Übereinkunft und Verträge die Gesellschaft steuern. Wie der klassische Liberalismus, so fokussiert auch der Anarchokapitalismus auf das Recht auf Eigentum. Allerdings wird es nicht wie im Liberalismus vom Nachtwächterstaat geschützt – der sonst kaum Funktionen hat –, sondern selbst vom Markt (d. h. aufgrund von Verträgen, z. B. über Schutzgelder). In dieser Sicht ist der Staat ein illegitimes politisches System, das Gesellschaftsmitglieder in ihrer Freiheit beschränkt, unrechtmäßig Gewalt gegen sie ausübt und durch Steuererhebung beraubt. Ihrer Meinung nach profitieren diejenigen vom Staat, die den größten Einfluss auf ihn haben, auf Kosten derjenigen mit weniger Einfluss. (Diese Idee ist so neu nicht: Schon Kallikles argumentiert vor über 2000 Jahren so in einem Dialog Platons. Ich komme darauf im Kapitel über Gerechtigkeit zurück. Zumindest wird sehr deutlich, dass vor allem Eigentümer von solchen Theorien profitieren. Diese Einsicht wird später noch wichtig.)

**Der Einfluss des Marktes auf die Gesellschaft**
Zwei wichtige Punkte sollen noch am Brotmodell angesprochen werden. Es ist uns allen beinahe selbstverständlich, dass alles Handeln außerhalb der Familie geldgesteuert abläuft: Den Arbeitslohn erhält man für seine Arbeit, Güter für Geld usw. Dabei wird gerne übersehen, dass es auch in unserer Gesellschaft Bereiche gibt, die anders funktionieren (man denke an Sportwettbewerbe, bei denen man sich Medaillen nicht kaufen kann, oder die Medizin). Auch gab und gibt es Gesellschaftsformen, in denen

das Geld sehr viel weniger das Leben steuert. Im Mittelalter haben Theologen über Zinsen geurteilt, heute ist es umgekehrt – auch kirchliche Aktivitäten werden (finanziell) bewertet.

Wenn aber alle annehmen, dass geldgesteuerte Märkte das „normale", vielleicht sogar beste Instrument zur Interaktion zwischen Menschen bzw. Mensch und Umwelt sind, dann wirkt das auf die Gesellschaft selbst zurück. Handlungen werden vornehmlich finanziell bewertet; auch Menschen erhalten einen finanziellen „Wert" (und nicht Wertschätzung). „Sinn" besteht dann vor allem darin, möglichst viel Geld zu akkumulieren oder – als Arbeitnehmer – sich möglichst teuer zu verkaufen. Das klingt nicht zufällig nach Prostitution.

Im Kapitalismus springen Mechanismen an, die das gesamte Leben der Gesellschaftsmitglieder wesentlich steuern, z. B. bei der Arbeit, beim Konsum, aber auch bei der Sicht auf sich selbst; etwa, wenn jeder sich selbst auf einen fremden Zweck hin optimieren muss. Sehr anschaulich hat das U. Bröckling (2000, S. 154 ff.) beschrieben:

„Erfolg, Wohlstand, Zufriedenheit und was der Fluchtpunkte subjektiver Optimierungsanstrengungen mehr sind lassen sich nicht zuletzt deshalb nur relational bestimmen, weil die Individuen sich als Wettbewerber auf den sich ständig verändernden Arbeits- und Aufmerksamkeitsmärkten gegenüberstehen. Jeder Vergleich gerät so zum Ausscheidungskampf, der über Auf- oder Abstieg entscheidet. Um mithalten zu können, ist es nötig, seine Ressourcen zu erkennen, zu nutzen und auszubauen, sich strategische Ziele zu setzen, diese zu operationalisieren und das Erreichte zu überprüfen, initiativ zu werden, statt nur zu reagieren, sich überzeugend zu präsentieren, sich flexibel auf immer neue Anforderungen einzustellen und sich entsprechend zu qualifizieren – kurzum: seinen gesamten Lebenszusammenhang im Sinne betriebswirtschaftlicher Effizienz zu rationalisieren.
Der ‚Betrieb', der auf diese Weise konkurrenzfähig gemacht oder erhalten werden soll, ist die Firma ‚Ich & Co.'. Sich selbst zu managen verlangt nicht nur die gleichen Tugenden wie die Führung eines Unternehmens, sondern besteht vor allem in der Fähigkeit, sich selbst als Unternehmen zu begreifen und entsprechend zu führen. Um der programmatischen Aufforderung eines populären Selbstmanagement-Ratgebers

‚Werden Sie zum Unternehmer Ihres Lebens' nachzukommen, ist folglich das gleiche Vorgehen nötig wie bei jeder Existenzgründung: ‚Definieren Sie sich eindeutig als ein Produkt, und stellen Sie dann eine umfassende Marktforschung an. [...] Dazu müssen Sie sich als wirtschaftlich unabhängige Einheit betrachten, nicht als Teilstück, das ein Ganzes sucht, um darin zu funktionieren. Deshalb ist es enorm wichtig, daß Sie sich von einem Markt umgeben sehen, selbst wenn Sie Angestellter eines Unternehmens sind. [...] In früheren Tagen hätte diese Idee des ‚seine eigene Unternehmung sein', obwohl man von jemandem Gehalt bezog, als Gipfel der Illoyalität gegolten. Heute ist diese Einstellung einem Unternehmen eher nützlich und bietet sogar hoch motivierte Unterstützung, die Unternehmen heute weit mehr brauchen als Loyalität im traditionellen Sinn, die in Wahrheit nur die Abhängigkeit beschreibt, die aus der Unfähigkeit erwächst, selbstständig zu sein und zu denken.'

Unternehmer seiner selbst bleibt das Individuum auch, wenn es seine Anstellung verlieren sollte. Das Ich kann sich nicht entlassen; die Geschäftsführung des eigenen Lebens erlischt erst mit diesem selbst. Aus dem gleichen Grund greift die Selbstverwaltung des individuellen Humankapitals auch weit über das Berufsleben hinaus und kennt weder Feierabend noch Privatsphäre. Wie im Rahmen des TQM [Total Quality Management, d. V.] sämtliche Unternehmensaktivitäten (und nicht nur die Produktion) entsprechend den Kundenbedürfnissen optimiert werden sollen, so soll Selbstmanagement die Potenziale der ganzen Person (und nicht nur der Arbeitskraft) aktivieren. Unternehmer zu werden hängt nicht am Erwerbsstatus, sondern ist eine ‚Lebenseinstellung'. Selbstmanagement-Ratgeber vermitteln daher nicht allein Techniken effizienter Zeitplanung, Arbeitsorganisation oder Stressbewältigung, als zeitgenössische Klugheitslehren und Manuale methodischer Lebensführung entwerfen sie vielmehr ein umfassendes Leitbild neoliberaler Subjektivität – eben das des Unternehmers seiner selbst – und liefern praktische Übungen, um sich selbst entsprechend zu modellieren. Am Anfang steht dabei die Aufstellung der Aktiva und Passiva:

‚Stellen Sie sich vor, jeder Mensch besäße eine Art ‚inneres Konto' und auf diesem Konto stünden sich Stärken und Schwächen wie ‚Soll' und ‚Haben' in der Buchführung gegenüber. [...] Wer ‚Unternehmer' sein will (und damit zufriedener, erfolgreicher und gesünder leben will), der braucht – da werden Sie mir Recht geben – Stärken. Diese Stärken möchte ich als ‚psychische Grundlage des Unternehmers' bezeichnen. Aus ihnen zieht der ‚Unternehmer' seine Kraft zum Handeln.' Nicht minder wichtig ist es jedoch, auch die eigenen Schwachpunkte und ihre Ursachen zu kennen – um sie überwinden und so den inneren Kontostand verbessern zu können. Das unterscheidet den ‚Unternehmer‘ vom ‚Blender‘, der Probleme zu überspielen versucht, wie vom ‚Opfer‘, das nur klagt, sich rechtfertigt oder anderen die Schuld zuschiebt.

Dem Appell, sein Leben in die eigene Hand zu nehmen, ist die Warnung beigemischt, man habe die Konsequenzen seines Tuns und Lassens ohnehin selbst zu tragen: ‚So oder so – Sie werden für ihr Handeln, ob von Ihrem Unternehmen, Ihrem Partner oder von Ihrem Körper, zur Verantwortung gezogen – deshalb, auch wenn es schwer fällt: Tun Sie lieber das, was Sie für richtig halten. Gehen Sie Ihren Weg – nicht über ‚Leichen‘, aber mit der Gewissheit, sich damit Ihr Leben gemäß Ihren Vorstellungen zu gestalten.'

Wer den Rat nicht befolgt, muss mit dem Schlimmsten rechnen: Blender- und Opfer-Typen ‚erleiden ihr Leben und werden frühzeitiger und wahrscheinlich elender sterben als diejenigen, die sich mit ihren Problemen und Schwierigkeiten auseinandersetzen.'

Die Anrufung der Selbstverantwortung ist ohne victim blaming nicht zu haben; die frohe Botschaft, jeder sei seines Glückes Schmied, bedeutet im Umkehrschluss: An seinem Unglück ist jeder selbst schuld. Wer Erfolg hat, beweist damit ‚mentale Fitness'; wer scheitert, muss sich das auch noch als persönliches Versagen anrechnen lassen."

Unterstützt wird dieser Vorgang von der neoklassischen Theorie – Gary Beckers Theorie der Ehe wurde oben schon erwähnt.

Manchmal begegnet man Versuchen, „gutes" von „schlechtem" Kapital zu unterscheiden. Die genannten Prozesse der Überformung des Lebens durch kapitalistische Formen der Güterproduktion und -verteilung sind aber unabhängig davon, von welcher Kapitalart der Kapitalismus gerade beherrscht wird. Man kann z. B. nicht zwischen „guten Makern" (Produzenten von Sachgütern) und „bösen Takern" (Finanzunternehmen) unterscheiden; die „Taker" folgen nur der auch für „Maker" geltenden Grundlogik der Profitsteigerung.

Der zweite Punkt ist, dass Märkte für Gesellschaften sehr nützlich, aber eben auch sehr schädlich sein können. Nach den Erfahrungen der westlichen Nachkriegsgesellschaften glauben viele, dass gleichzeitige Vollbeschäftigung, gute Kapitalverzinsung und steigende Wohlfahrt den

Normalzustand darstellen (in Deutschland in Form der „sozialen Marktwirtschaft"). Das Gegenteil ist der Fall, denn tatsächlich handelte es sich dabei um eine historische Anomalie, die auf einer glücklichen Kombination verschiedener Ursachen beruhte, die in der Realität selten von selbst vorkommt, nämlich von einer relativ ausgeglichenen Vermögensverteilung und von erheblichem Nachholbedarf im Konsum.

Es wäre außerordentlich wichtig, diese Kombination als Grundlage der „sozialen Marktwirtschaft" wieder herstellen zu können (und man muss sie aktiv erzeugen, weil Kapital von selbst akkumuliert) und damit dauerhaft dem historischen Normalzustand zu entfliehen. Denn in der Geschichte gab es immer Pharaos, Könige, Finanzmagnaten usw., die den Rest der Menschheit als bloßes „Menschenmaterial" für ihre Zwecke eingesetzt haben (z. B., wenn die Bourbonen wieder einmal Krieg gegen die Habsburger führten, was zigtausende Soldaten das Leben kostete) und ihre Macht u. a. dafür nutzten, ihr Regime von Hofschranzen und Wissenschaftlern rechtfertigen zu lassen. Es wäre ein großer Fortschritt, wenn man ihre „Arbeit" in nützlichere Tätigkeiten umlenken könnte.

## 3.5 Exkurs zur Terminologie von Neoliberalismus, Ordoliberalismus, „sozialer Marktwirtschaft" und zur Frage, wer recht hat

Der faktische *neoliberale* Umbau der Gesellschaft (z. B. in Form von Privatisierung) und die Idee der „sozialen Marktwirtschaft", die sich auf *ordoliberale* Vorstellungen beruft, sind zugleich sehr wichtig und schwer zu bestimmen, insbesondere deshalb, weil die Terminologie (wie häufig in der Ökonomie) ausgesprochen unpräzise ist.

Mit dem Begriff „Neoliberalismus" werden ganz unterschiedliche Dinge bezeichnet: Wirtschaftliche Theorien oder Ideologien, politische Ideen u. a.; manchmal wird er auch als „Schimpfwort" verwendet. Von manchen Autoren werden sowohl die Freiburger Schule des Ordoliberalismus (um W. Eucken) als auch (einige) Vertreter der Chicago School of Economics (wie Milton Friedman und Gary Becker) und andere Ökonomen (wie J. Buchanan) darunter gefasst, obwohl sie sich in entscheidenden Punkten diametral widersprechen.

Der Ordoliberalismus nimmt z. B. – sehr kurz gesagt – an, dass der Staat dafür sorgen muss, dass Märkte funktionieren; denn Märkte neigen zur Selbstzerstörung (etwa in Form von Monopolbildung). Außerdem muss der Staat sozialpolitisch die Schwachen schützen.

Bei Buchanan ist es gerade umgekehrt: Der eigentliche Feind der Wohlfahrt ist die ewig wachsende staatliche Bürokratie; neoliberal ist ihm zufolge eher der Versuch, staatliche durch marktliche Ordnung zu ersetzen (bis hin zu D. Friedman, der Gerichte und Polizei privatisieren möchte).

Auch innerhalb der jeweiligen Freiburger, Chicagoer etc. Schulen bestehen massive Widersprüche. Lehrreich ist daran vor allem, dass diese Widersprüche sich deswegen nicht auflösen lassen, weil es dafür an geeigneten Instrumenten fehlt. Der bekannte Ordoliberale Alexander Rüstow forderte z. B. eine (gegenüber damaligen wie heutigen Zuständen) radikale Änderung des Erbrechts, die jedem jungen Erwachsenen das gleiche Erbe zuteilt, hielt aber gleichzeitig den Mindestlohn für „eine Kommandowirtschaft, wie sie sich der kleine Moritz vorstellt".

Eine Entscheidung darüber, ob ein solches Erbrecht gerecht ist, erfordert, zunächst eine belastbare Vorstellung darüber zu entwickeln, was „gerecht" ist; und ob ein Mindestlohn durchsetzbar ist (weil er über den Preis an die Kunden weitergegeben werden kann) oder nicht (weil er die Arbeitsplätze vernichtet, die er aufwerten soll), kann man nur bei detaillierter Betrachtung des jeweiligen Marktes entscheiden. In der Bundesrepublik hat der Mindestlohn zuletzt gut funktioniert, aber das muss nicht immer und überall so sein.

Ganz analog zum Mindestlohn muss man sich im jeweiligen historischen Umfeld anschauen, unter welchen sozioökonomischen, technischen, politischen und anderen Bedingungen „soziale Marktwirtschaft" als gelungener Interessenausgleich zwischen Kapital, Arbeit, Umwelt, Bevölkerungsgruppen usw. möglich war bzw. ist.

Solange die Anatomie und Physiologie der Märkte und ihrer Teilnehmer nicht aufgeklärt sind, bleibt ökonomische Wissenschaft auf dem Niveau von „Der Ökonom X behauptet dies", „Die Ökonomin Y sagt das", ohne entscheiden zu können, wer recht hat. Es ist faktisch beliebig, was je einzelne Experten oder ihre (in sich zerstrittenen Schulen) für richtig halten, und obendrein gibt es zu viele Themen, bei denen ökonomische Experten übereinstimmen, aber auch sich widersprechen können: Zins, Erbschaft, Gerechtigkeit, Macht, Markt, Sozialpsychologie usf.

Ein Beispiel: Die Formulierung „kapitalfreundliche Wirtschaftspolitik" sagt nicht viel, weil verschiedene Kapitaleigner gegeneinander arbeiten können – wie im oben erwähnten Beispiel, in dem Finanzinstitutionen Produktionsunternehmen zwingen, ihre Aktien zurückzukaufen (das Finanzunternehmen kauft die Aktien billig; das Produktionsunternehmen treibt durch Rückkauf den Preis hoch; das Finanzunternehmen verkauft die Aktien, streicht den Gewinn ein und der Kurs sinkt wieder, wodurch das Produktionsunternehmen auf zu teuer gekauften eigenen Aktien sitzen bleibt).

Im Grunde ist das genauso unergiebig, wie die Medizin es bis zum 18. Jahrhundert war, die ebenfalls mangels besserer Methoden aus den Werken der großen Alten vor- und nachgelesen hat, aber nie zur Wahrheit durchdrang.

Im weiteren Verlauf dieses Buches werde ich den Begriff „Neoliberalismus" verwenden für wirtschaftspolitische Vorstellungen, die auf neoklassischen ökonomischen Theorien aufbauend von der Überlegenheit des Marktes als Verteilungsinstrument ausgehen und daher beabsichtigen, die Gesellschaft nach marktwirtschaftlichen, gewinnorientierten Prinzipien zu steuern.

## 3.6 Auf dem Weg zu einem realitätsnahen Modell der Wirtschaft

Mancher Leser fragt sich vielleicht, was denn nun richtig ist: Einerseits sind neoklassische Märkte effizient und gerecht. Das spricht sehr dafür, die Steuerung des Gemeinwesens möglichst marktnah zu gestalten. Andererseits scheinen neoklassische Modelle manchmal die Realität nicht richtig abzubilden. Genau gesagt können unvollkommene Märkte geradewegs in katastrophale Zustände der Massenverelendung oder gar des Massensterbens führen. Soll die Wirtschaftspolitik trotzdem dem neoklassischen Modell folgen – in der Hoffnung, dass die Realität nicht allzu weit davon abweicht?

Zunächst ist funktionierender Wettbewerb häufig ein gut geeignetes Instrument zur Vermeidung von Machtkonzentration und -missbrauch. Wenn Märkte tatsächlich unendlich schnell und kostenlos arbeiten würden, bekäme jeder genau das, was er will und was ihm zusteht. – Allerdings gilt diese Aussage zur Gerechtigkeit nur für Märkte, in denen alle Teilnehmer (wie in unserem Modell) die gleichen Chancen haben, also niemand z. B. durch eine Erbschaft bevorzugt ist.

Und zweifellos gibt es Fälle, in denen reale Märkte sehr gut funktionieren. Das betrifft z. B. den Brotmarkt in Europa im Jahr 2020: Jeder Bewohner bekommt für wenig Geld gute Getreideprodukte (allerdings dürfte das nicht ohne staatliche Überwachung so sein). Zu anderen Zeiten und aktuell in anderen Regionen der Welt ist aber die Brotversorgung nicht zufriedenstellend, und das liegt nicht nur an staatlicher Überregulierung (in vielen Hungerregionen gibt es faktisch keine staatliche Lebensmittelbehörde).

Es ist daher erforderlich, genau zwischen funktionierenden und nicht funktionierenden Märkten (und anderen Verteilungsmechanismen, z. B. politischen Verfahren) unterscheiden zu können. Um das herleiten zu können, bietet es sich an, die Fehler der neoklassischen Analyse und die damit verbundene Sicht auf die Wirtschaft aufzulisten. Anschließend wird die marxistische Wirtschaftstheorie diskutiert (s. Kap. 4) und danach ein verbessertes Modell vorgeschlagen (Kap. 5).

**Die Grenzen der neoklassischen Theorie**
Es sind vor allem die folgenden Probleme, die es gefährlich erscheinen lassen, die Wirtschaft neoklassisch zu deuten und zu steuern: das fehlende Verständnis der Anatomie, die daraus resultierenden Fehler, das Risiko fast richtiger Modelle, die Nichtverfolgung alternativer Modelle, und die Offenheit für ideologischen Missbrauch.

## 1. Die Volkswirtschaftslehre versteht die Anatomie ihres Gegenstandes nicht genau.

Alle wesentlichen Erkenntnisse der neoklassischen Theorie werden, wie man bei der Beschäftigung mit VWL-Lehrbüchern leicht feststellt, mit Modellen wie unserem Brotmodell erläutert. Das ist etwa so, als lernten angehende Ärzte an Plüschpuppen Anatomie.

Natürlich kann man das so machen: Es erleichtert sowohl die Lehre als auch das Lernen enorm. Allerdings werden die fertigen Ärzte weder Herzklappenerkrankungen kennen (und erst recht nicht diagnostizieren oder gar behandeln können), noch eine Kataraktoperation lege artis durchführen, noch Sartane richtig dosieren können. Genau genommen vermeidet man es besser, sich von einem „Plüschpuppendoktor" behandeln zu lassen.

Es gibt einen kleinen Teil von Ökonomen, der versucht, die tatsächliche Ökonomie zutreffend zu beschreiben. Sie bezeichnen sich meist als „neue Institutionenökonomen", weil sie sich mit Institutionen beschäftigen, hier verstanden als Regeln des wirtschaftlichen Handelns. Der oben zitierte R. Coase gehört dazu. Die Kritik an der herrschenden Volkswirtschaftslehre ist alt; schon Karl Knies beschwerte sich 1853 darüber, dass die Nationalökonomie merkwürdig ahistorisch betrieben wird, sich also kaum mit realen wirtschaftlichen Vorgängen beschäftigte, sondern von vermeintlich ewiggültigen „Gesetzen" ausgeht – wie unser Brotmodell, wenn es annimmt, dass Märkte rasend schnell arbeiten.

Produktion und Verteilung, wirtschaftliches Handeln überhaupt ist nun einmal eingebettet in reale Gesellschaften. Es ist einfach Unfug, wenn man unterstellt, die An- oder Abwesenheit von Gewerkschaften hätte keinen Einfluss auf die „Wirtschaft" oder eine Sklavenhaltergesellschaft wie die römische Antike funktionierte in allen wichtigen Belangen genauso wie ein stalinistisches Regime oder eine parlamentarische Demokratie. Das heißt, eine tragfähige Anatomie der Wirtschaft muss reale Menschen in realen Branchen untersuchen und die historische Situation samt ihren technischen (z. B. Verfügbarkeit von Produktionsanlagen), sozialen (z. B. Vermögensverteilungen) und psychologischen (z. B. Annahmen der Marktteilnehmer darüber, was „richtiges" Verhalten ist) Rahmenbedingungen analysieren. Alles andere ist Plüschpuppenanatomie.

**2. Gemessen an der Realität ist die Aussagekraft neoklassischer Modelle gering.**
Neoklassische Modelle haben keine der letzten wirtschaftlichen Krise vorhergesehen. Genau genommen können sie das auch nicht, weil es ja *im Modell keine Krisen gibt*. Sie können auch keine Gerechtigkeitsüberlegungen anstellen, weil Märkte von selbst ideal gerecht sind.

Kluge Neoklassiker haben das immer gesehen und auch zugegeben. Zum Beispiel schrieb E. Sohmen (1992) dazu:

„Die gravierendsten Mißverständnisse über Sinn und Aussagekraft nationalökonomischer Modelle dürften darauf zurückzuführen sein, daß viele Betrachter von ihnen eine sehr viel direktere Anwendbarkeit auf die reale Welt erwarten, als tatsächlich möglich und beabsichtigt ist.

Auf dieser Vorstellung basiert Kritik etwa von der Art, daß die meisten Güter nicht, wie in theoretischen Modellen häufig angenommen, unendlich teilbar sind, Produktionsfunktionen daher auch nicht differenzierbar sein können, daß Unternehmen der realen Welt selten nur das eine Ziel der Gewinnmaximierung verfolgen; daß vollkommene Konkurrenz so gut wie nirgendwo anzutreffen sei und ähnliches mehr. Aus der mangelnden Übereinstimmung zwischen Modell und Realität folgern viele Kritiker, daß derartige Modellkonstruktionen über Bord geworfen werden müßten ...

Wer so argumentiert, mißdeutet den Erklärungswert der Nationalökonomie und den Sinn der von ihr verwendeten Modelle. Die Volkswirtschaftslehre ist nicht entwickelt worden, um Unternehmern die Aufgabe der Betriebsführung zu erleichtern; dieser Aufgabe widmet sich unter anderem die Betriebswirtschaftslehre. Erst recht nicht kann es ihre Absicht sein, etwa durch die von ihr entwickelte Haushaltstheorie Hausfrauen beim Einkauf und bei der Zusammenstellung von Küchenrezepten zu beraten. Die Aufmerksamkeit von Nationalökonomen ist vielmehr in erster Linie auf das Ziel der bestmöglichen Gestaltung einer ganzen Volkswirtschaft oder sogar der Weltwirtschaft insgesamt ausgerichtet. Für dieses Ziel ist die konkrete Ausgestaltung der Konsum- und Produktionspläne einzelner Wirtschaftssubjekte im Regelfall von keinem besonderen Interesse. Nur die Verhaltensweisen größerer Gruppen von Konsumenten und Produzenten werden als Daten betrachtet, die man gegebenenfalls durch Veränderung der Rahmenbedingungen, in denen die Wirtschaftssubjekte agieren, beeinflussen will, wenn dies im gesamtwirtschaftlichen Interesse angezeigt erscheint.

Der ‚homo oeconomicus' in Modellkonstruktionen der traditionellen Nationalökonomie, dessen logisch konsistente Präferenzordnung jede seiner Handlungen eindeutig bestimmt, ist ebenfalls immer wieder das Ziel herber Kritik gewesen: Die Kritiker haben vielfach übersehen, daß kein ernstzunehmender Nationalökonom damit jemals Menschen der realen Welt beschreiben wollte."

Wenn aber die VWL gar nicht den Anspruch hat, die wirtschaftliche Realität korrekt abzubilden, sondern eher eine Art Gedankenexperiment ist, dann ist es natürlich riskant, es auf reale Vorgänge anzuwenden.

Nun trifft jede Wissenschaft Annahmen über ihren Gegenstand und bildet Modelle, die mehr oder weniger weit von der Realität entfernt sind. Die Frage ist dann, ob die Modelle „funktionieren", also bei der Beschreibung und Steuerung der jeweils interessierenden Gegenstände nützlich sind. In dieser Hinsicht wird man zugeben, dass die moderne Medizin ziemlich gut in der Krankheitsbeschreibung und -behandlung ist. Die Theorie des Diabetes z. B. zeigt inzwischen eine ganz ordentliche Leistung, und Insulin wirkt auch wie gewünscht. Insbesondere hat die Medizin die Struktur ihres Gegenstandes verstanden: Die Anatomie „stimmt". (Die Praxis der Medizin, also die Ausführung der Theorie, ist freilich eine andere Geschichte, insofern sie eine Reihe von Problemen aufweist; erwähnt seien lediglich Schwierigkeiten der Qualitätsmessung und -durchsetzung, die nicht krankheitsorientierte Versorgungsplanung, die streng hierarchische Führungsstruktur in Kliniken, suboptimale Ausbildung u. a.)

Es ist aber schwer nachzuvollziehen, warum bekannte Fehlannahmen – über Homines oeconomicos, vollkommene Märkte usw. – nicht aufgegeben werden, wenn deren einziger Vorteil darin besteht, dass die Aussagen der Wohlfahrtstheorie (dass Märkte paretooptimal sind) gültig sind.

Auch wirkt die neoklassische Argumentation merkwürdig hölzern. In den 1950er-Jahren fand A. W. Phillips einen statistischen Zusammenhang zwischen Arbeitslosigkeit und Inflation: je niedriger die Arbeitslosigkeit, desto höher die Inflation. Interpretiert wurde dieser Zusammenhang so: Wenn die Arbeitslosigkeit niedrig ist, steigen die Löhne schneller, und das treibt die Produktpreise und damit die Inflation in die Höhe.

Andere Ökonomen schlossen daraus, dass man nur eine gewisse Inflation in Kauf nehmen müsse, um die Arbeitslosigkeit niedrig zu halten. In diesem Sinne soll Kanzler Schmidt 1972 gesagt haben: „Lieber fünf Prozent Inflation als fünf Prozent Arbeitslosigkeit."

Zu dieser Annahme schreibt J. Quiggin (2010):

„Die keynesianische Übernahme der Phillips-Kurve ebnete den Weg für Milton Friedmans größten intellektuellen Sieg, basierend auf einer umfassenden Analyse, die Ende der 1960er-Jahre zu einer Zeit angeboten wurde, als die Inflation, obwohl sie bereits problematisch war, weit unter den zweistelligen Raten lag, die man in den 1970er-Jahren erlebte.

In seiner berühmten Ansprache als Präsident an die American Economic Association im Jahr 1968 argumentierte Friedman, dass der angebliche Kompromiss zwischen Arbeitslosigkeit und Inflation das Produkt einer Illusion sei. So lange wie die Arbeitnehmer nicht erkannten, dass die allgemeine Inflationsrate anstieg, würden sie Lohnerhöhungen als echte Verbesserung ihres Lebensstandards betrachten und daher sowohl ihr Angebot an Arbeit, als auch ihre Nachfrage nach Waren erhöhen. Friedman argumentierte jedoch, dass die Inflationserwartungen früher oder später die Realität einholen würden. Wenn die Inflationsrate mehrere Jahre lang beispielsweise bei 5 Prozent gehalten würde, würden die Arbeitnehmer eine Inflationszulage von 5 Prozent in ihre Lohnforderungen einbauen, und die Unternehmen würden ihre eigenen Preise um 5 Prozent erhöhen, um den Anstieg der erwarteten Kosten zu berücksichtigen.

Sobald sich die Erwartungen angepasst hätten, würden die positiven Auswirkungen der Inflation verschwinden, argumentierte Friedman. Die Arbeitslosenquote würde auf das Niveau zurückkehren, das mit der Preisstabilität vereinbar ist, aber die Inflation würde hoch bleiben ... Friedman und Phelps [ein anderer neoklassischer Ökonom] schlugen vor, dass die positiven Auswirkungen der Inflation das Produkt der Illusion von Arbeitnehmern und Arbeitgebern seien. Implizit deuteten sie damit an, dass ihre keynesianischen Kollegen einer raffinierteren Form derselben Illusion unterworfen waren.

> Innerhalb weniger Jahre wurde Friedmans Urteil zumindest teilweise bestätigt. Die Interpretation der Phillips-Kurve als stabiler Kompromiss zwischen Inflation und Arbeitslosigkeit wurde in der Praxis durch das Auftreten einer Stagflation [einem Zustand hoher Inflation bei gleichzeitig schwacher Wirtschaftsentwicklung] als falsch erwiesen. Die Inflationsrate stieg stetig an und erreichte Anfang der 1970er-Jahre einen zweistelligen Wert, aber die Arbeitslosigkeit ging nicht entsprechend zurück.
>
> Die vereinfachte keynesianische Interpretation der Phillips-Kurve wurde für immer diskreditiert. Zukünftig würde niemand mehr vorschlagen, dass die politischen Entscheidungsträger einen stabilen Kompromiss zwischen Arbeitslosigkeit und Inflation nutzen könnten, außer unter besonderen Bedingungen …"

Kann man hochkomplexe, weltweite wirtschaftliche Zusammenhänge wirklich mit einem einzigen Effekt „erklären", nämlich dem Glauben „der Arbeitnehmer" an bestimmte Lohnerhöhungen?

Hier folgt eine ganz andere, ebenfalls mögliche Interpretation der Nachkriegsgeschichte. Durch den Zweiten Weltkrieg war es zu einer enormen Kapitalvernichtung gekommen, insbesondere in Europa; der Bedarf nach Waren war hoch; die Gesellschaft war hinsichtlich Vermögen und Einkommen relativ ausgeglichen. Faktisch hatten alle westlichen Staaten schon während des Krieges eine „keynesianische" Wirtschaftspolitik betrieben, also sich verschuldet, um die Kriegsanstrengungen zu finanzieren. Diese Politik hielt nach dem Krieg zunächst weiter an. Dadurch wurden zugleich Vollbeschäftigung, schnelles Wachstum und ausreichende Verzinsung des (zuvor reduzierten) Kapitals erreicht. Das wiederum stärkte die Arbeitnehmer, die daraufhin relativ hohe Lohnsteigerungen durchsetzen konnten. Als Zins- und Zinseszinseffekte zunahmen, das Vermögen ungleicher verteilt wurde und daher die Nachfrage nachließ, konnte der Staat die fehlende Nachfrage nicht mehr ausgleichen, die Inflation stieg, und das Wachstum erlahmte.

Welche Geschichte „stimmt"? Befürworter und Gegner gibt es für beide; aber niemand kann *beweisen*, dass er recht hat. Man müsste dafür die Zusammenhänge sehr viel genauer analysieren und dabei u. a. berücksichtigen, dass es so etwas wie „die Arbeitnehmer" auf globaler Ebene nicht gibt (verhalten sich wirklich alle Branchen gleich, und was ist mit

Beamten, Hilfsarbeitern, Rentnern ...?). Einem Arzt, der lange und mühsam gelernt hat, die Struktur seines Arbeitsgegenstandes (des Körpers) zu verstehen, erscheint es unglaublich riskant, mit solchen Plüschpuppenerklärungen ganze Ökonomien steuern zu wollen. Selbstverständlich hat es immer brillante Analysen zu ökonomischen Spezialthemen gegeben. Aber sie sind selten aus der neoklassischen Theorie erwachsen, sondern eher aus einer sorgfältigen empirischen Analyse des jeweils betroffenen Ausschnitts aus der tatsächlichen „Anatomie".

***3. Fast richtige Modelle können ganz falsche Schlüsse nahelegen.***
Die moderne medizinische Theorie funktioniert auch deshalb so gut, weil sie furchtbare Fehlleistungen hinter sich hat, also aus ihren Fehlern lernen konnte und das auch getan hat. Über 2000 Jahre hinweg lag sie komplett falsch, weil sie von der sogenannten Säftelehre beherrscht wurde. Akademisch ausgebildete Ärzte glaubten, dass die richtige Mischung von vier Säften – gelbe Galle, schwarze Galle, Blut und Schleim – gesund macht. Dieser – wie wir heute wissen – Quatsch war wissenschaftlich so erfolgreich, dass wir immer noch Wörter verwenden, die darauf beruhen: Der Melancholiker hat zu viel schwarze Galle („melaina chole"), der Choleriker zu viel gelbe Galle („chole"), und wer die richtige Mischung der Körpersäfte („humores") aufweist, ist gesund und daher humorvoll. – Das zeigt zugleich auch, dass eine ganz falsche Theorie durchaus Jahrtausende lang eine Wissenschaft beherrschen kann.

Aretaios von Kappadokien, der im 1. Jahrhundert n. Chr. lebte, galt bis ins 19. Jahrhundert als vorbildlich in seiner Darstellung von Krankheitsgeschichten. An seiner Untersuchung der Lungenentzündung kann man sehr schön sehen, wie ein *fast* richtiges Modell zu vollkommen falschen Empfehlungen führen kann (zit. n. Kollesch & Nickel, 2005):

„Über Lungenentzündung. Auf Grund der beiden bestimmenden Prinzipien, der Nahrung und der Atemluft, leben die Lebewesen, von ihnen ist die Atmung bei weitem entscheidender; denn wenn jemand den Atem anhält, wird er nicht lange ausreichen, vielmehr stirbt der Mensch sofort. Es gibt unzählige Organe: den Anfang bildet die Nase, als Weg dient die Luftröhre, als Raum die Lunge, der Brustkorb ist schützende Umkleidung und

Behälter der Lunge. [Soweit alles richtig, d. V.] Aber die übrigen dienen dem Lebewesen lediglich als Werkzeuge; die Lunge dagegen enthält auch die Ursache für die Anziehung; denn den Raum in der Mitte zwischen ihr nimmt ein warmes Organ ein, das Herz, der Ursprung des Lebens und der Atmung; dies vermittelt auch der Lunge das Verlangen nach der Anziehung der kalten Luft; denn es erhitzt sie; das Herz übt aber einen Zug auf sie aus. [Das stimmt nicht ganz: Der Zug stammt vom Zwerchfell, den Muskeln des Brustkorbs und der Atemhilfsmuskulatur.] Erstens erstreckt sich, wenn das Herz erkrankt ist, der Aufschub des Todes nicht über einen langen Zeitraum. Wenn aber die Lunge erkrankt ist, und zwar auf Grund einer geringfügigen Ursache, dann lebt der Patient, wenn es ihm auch infolge von Atembeschwerden schlecht geht. [Das ist richtig, aber als Beleg für die Zugfunktion des Herzens nicht geeignet.] ...

Dies ist es, was wir als Lungenentzündung bezeichnen: eine Entzündung der Lunge mit akutem Fieber, wenn ein Schweregefühl im Brustkorb damit verbunden ist; sie verläuft ohne Schmerzen, wenn nur die Lunge entzündet ist. Denn auf Grund ihrer Beschaffenheit ist sie ohne Schmerzempfindung; sie ist in ihrer Substanz locker und der Wolle ähnlich; knorpelige Bronchienäste durchziehen sie, und diese sind ohne Schmerzempfindung; Muskeln sind überhaupt nicht vorhanden, und es gibt nur kleine, feine Nerven, die für die Bewegung zuständig sind; ebendies ist die Ursache für das Fehlen einer Schmerzempfindung. Wenn aber außerdem auch eine der umgebenden Häute entzündet ist, mit denen sie an den Brustkorb herankommt, ist auch Schmerz damit verbunden. [Wenn man davon absieht, dass die Bronchien kleine Muskelfasern haben, ist alles ganz richtig beobachtet.] ...

Die Behandlung der Lungenentzündung. Die Entzündung der Lunge ist bei denjenigen, bei denen ein nur kurze Zeit dauernder Erstickungsanfall auftritt, ein hochgradig akutes und zeitlich begrenztes Leiden. [Richtig.] Die Heilmittel müssen nun entgegengesetzt sein und eine schnelle Wirkung haben. Man soll sofort die Venen am Ellenbogen durch einen Schnitt öffnen, und zwar besser beide zugleich, rechts und links, als nur aus einer größeren Blut zu entziehen, damit die Ableitung der Flüssigkeiten von jeder der beiden Regionen der Lunge her erfolgt. Doch nicht bis zur Bewußtlogkeit; denn die Bewußtlosigkeit fördert noch den Erstickungsanfall. Aber auch wenn sie nur noch wenig atmen, muß man sofort anhalten und den Blutstrom unterbrechen. Denn wenn die Ursachen aus dem Blut herrühren, nimmt der Aderlaß die Ursache selbst mit sich fort;

und wenn Schleim, Schaum oder irgendeine andere Flüssigkeit als Ursache wirken, machen die Entleerungen der Venen den Raum der Lunge für das Passieren des Atems weiter. [Das klingt plausibel, ist aber grundfalsch und dürfte über Jahrhunderte viele Patienten das Leben gekostet haben!]"

Auch das Brotmodell reagiert, wie oben gezeigt, sehr empfindlich auf geringe Unterschiede in den Annahmen. Wir hatten den Fall betrachtet, dass eine Produktionsverbesserung dazu führt, dass Bäckergesellen eingespart werden können. Im neoklassischen Modell kommt es, wie gesehen, zu einer Verringerung der Arbeitszeit für alle oder zum Mehrkonsum oder zu einer Kombination daraus, jedenfalls aber zu einer Wohlfahrtssteigerung. Falls Märkte unvollkommen sind, kann es im Gegenteil dazu passieren, dass die Entlassenen verhungern; oder der Bäcker, der den erzielten Gewinn einbehält, lässt sie irgendetwas anderes erzeugen; oder der Staat springt ein, besteuert den Bäcker und gibt das Geld an die Arbeitslosen weiter; oder der Staat interveniert, indem er sich bei den Gesellschaftsmitgliedern verschuldet und daraus die Gesellen bezahlt („deficit spending"). Das heißt, abhängig von den rechtlichen, technischen und sozialen Rahmenbedingungen kann eine Produktivitätssteigerung höchst unterschiedliche Resultate erbringen – von gesellschaftlich sehr erwünschten bis hin zu sehr unerwünschten. Ein fast richtiges Modell kann auch hier (wie bei Aretaios) Menschen das Leben kosten.

*4. Das neoklassische Modell hat eine Reihe technischer Probleme.*
Aus den falschen Annahmen neoklassischer Modelle folgt eine Reihe technischer Probleme beim Beschreiben der Wirtschaft, gewissermaßen als Symptome.

„Wirtschaft" ist in diesem Verständnis merkwürdig ahistorisch und quasinaturgesetzlich. Aber Dinge wie Geld oder Zins haben in der Realität auch eine geschichtliche und eine psychosoziale Komponente. „Geld" war schon physikalisch in der Antike etwas anderes als heute (damals gegenständlich, heute überwiegend elektronisch); auch wurde es anders verwendet als heute. Natürlich hat „Geld" verschiedene relativ stabile Funktionen, die man auch benennen kann: etwa, Gegenstände bewerten zu können, Werte aufzubewahren und es als Zahlungsmittel einzusetzen. Aber man kann nicht einfach so tun, als ob „Geld" immer und überall genau das Gleiche und gleich wichtig gewesen wäre. Beispielsweise waren in einer antiken „Wirtschaft" viele Handlungen überhaupt nicht über Geld vermittelt (etwa die Zusammenarbeit in einer Großfamilie).

„Geld" funktioniert, wie oben beschrieben, nur, wenn seine Nutzer daran „glauben" (also annehmen, dass sie das Geld, das sie erhalten, auch selbst wieder benutzen können, um etwas damit zu kaufen). Das ist offensichtlich ein psychologisch vermittelter Mechanismus. Deswegen fällt es der Neoklassik schwer, Fragen zu klären wie die, ob Geld goldgedeckt sein muss (der Wert des Dollars als weltweiter Leitwährung im Bretton-Woods-System war bis 1971 durch Goldrücklagen teilgedeckt).

Auch Zinsen sind nicht einfach vorhanden und stellen sich auch nicht nur aufgrund physikalischer Vorgänge von selbst ein; es gibt daher ganz verschiedene, sich widersprechende Zinstheorien.

Außerdem fällt es Ökonomen seltsam schwer zu definieren, was „Wirtschaft" ist. Manche meinen, es gehe um die Produktion und Verteilung von Gütern; andere definieren das „ökonomische Prinzip" als den Versuch, aus knappen Ressourcen möglichst viel herauszuholen. Wieder andere nehmen an, dass das Besondere an den Wirtschaftswissenschaften die Beschäftigung mit Geld sei. – Historiker argumentieren, dass es so etwas wie „die Ökonomie" im Mittelalter nicht *gab*; die Menschen dieser Zeit haben ihr alltägliches Handeln anders gedeutet als wir heutigen und eher unter einer theologischen oder ständischen Perspektive verstanden als einer finanziell durchtränkten (so wie wir „Wirtschaft" heute, häufig unreflektiert, verstehen).

Neoklassisch unklar ist auch die Rolle der „Zeit", etwa bei der Frage, ob sie Teil der Nutzenfunktion der Konsumenten ist (oder ob darin nur Gütermengen enthalten sind). Ähnlich schwer tut sich die Neoklassik mit Dingen wie „Inflation".

Firmen sind eben keine rein physikalischen, sondern sozialpsychologisch vermittelte Gegenstände. Was der Vorgesetzte „darf" und was nicht, ergibt sich nicht aus der unbelebten Natur. Insofern berührt es merkwürdig, dass gängige VWL- und (!) BWL-Bücher Firmen als quasiphysikalisch missverstehen, ihre historische Entwicklung übersehen und etwa das Prinzip des „shareholder value" (die Vorstellung, dass ein Unternehmen ausschließlich der Maximierung des eingesetzten Kapitals dient) in keiner Weise hinterfragen – als ob das „einfach so ist".

Die neoklassische Theorie ist blind für das Bedürfnis nach Kooperation als solcher. Auch Homines oeconomici können kooperieren, aber neoklassisch nur zur Verfolgung ihrer je einzelnen Interessen (Kant: Auch Teufel können einen Staat bilden) – nicht deswegen, weil sie es für richtig halten, zu kooperieren oder gar gerne kooperieren. Diese letztere Art von Kooperation lässt sich daher mit neoklassischen Methoden nicht untersuchen. Obendrein würde eine solche Kooperation aus Freude an der Kooperation und ihren Wirkungen auf andere Externalitäten erzeugen (wenn man sie untersuchen könnte).

Schließlich hängt damit auch die auffallende Sprachlosigkeit der herrschenden Ökonomie gegenüber realen Problemen zusammen: Führen höhere Löhne nun zu mehr Kaufkraft und daher Wachstum oder zu Jobverlust? (Und hängt das, was der jeweilige Ökonom dazu sagt, vielleicht auch davon ab, ob er für eine Gewerkschaft oder einen Unternehmerverband arbeitet?)

Wann sind Marktlösungen besser, wann die staatliche Daseinsvorsorge? Offenbar gibt es sowohl gut als auch schlecht funktionierende private Märkte und ebenso gute und schlechte öffentliche Einrichtungen. Warum ist das so?

Nun gibt es natürlich sehr kluge Ökonomen – genau so, wie es auch in der Antike kluge Ärzte gab. Es gibt auch immer wieder gute volkswirtschaftliche Bücher zu Spezialthemen. Es gibt aber keine Verbindung zwischen der neoklassischen Theorie als Wurzel und klugen Einzelanalysen als Blättern; die Blätter „hängen nicht am Baum".

### 5. Das neoklassische Modell verstellt den Blick auf eine Reihe von Gefahren, z. B. den Klimawandel.

Wenn man Wirtschaft so versteht wie die Neoklassik, dann geht in Märkten immer alles gut aus: Die Produktion ist effizient und zugleich gerecht. Das spricht nicht nur dafür, möglichst viele Bereiche des Lebens marktlich zu gestalten; es erschwert auch den Blick darauf, dass (unvollkommene) Märkte zu sehr unerwünschten Effekten führen können.

In realen Märkten können Externalitäten auftreten. Es kann dann passieren, dass Unternehmen geradezu gezwungen sind, sich so zu verhalten, dass sie ihre Gewinne optimieren, obwohl sie damit der Gesellschaft schaden. Das ist z. B. auch beim Klimawandel der Fall: Wenn Umweltschäden nicht in den Preis von Produkten eingehen, steuert der Markt die Wirtschaft in die falsche Richtung. Das betrifft z. B. den gesamten Verkehrsbereich, solange $CO_2$-Emissionen nicht oder nur unzureichend im Preis berücksichtigt sind.

Schon die ordoliberale Schule hat darauf hingewiesen, dass reale Märkte zur Entartung neigen, z. B. zur Bildung von Kartellen oder Monopolen. In solchen Fällen muss von außen eingegriffen werden. Wenn aber sich die „Erkenntnis" allgemein durchsetzt, dass Märkte „besser" sind als „Staat", dann unterbindet das genau die Regulation, die erforderlich ist, um Märkte funktionsfähig zu halten. Anarchokapitalisten sägen an dem Ast, auf dem sie (und alle anderen) sitzen.

Eine andere Gefahr besteht darin, dass Märkte auf die Marktteilnehmer zurückwirken. So gibt es Hinweise, dass Ökonomen sich sowohl unfairer verhalten, als auch mehr Unfairness akzeptieren. Möglicherweise fangen Studierende, denen immer wieder beigebracht wird, dass wir alle Homines oeconomici sind, irgendwann an, sich tatsächlich wie solche zu verhalten.

Auch das ist keine wirklich neue Erkenntnis (Leipert & Steppacher, 1987):

> „Auf der Ebene der Theoriebildung besteht die Krise der Ökonomie in deren Unfähigkeit, die brennenden Probleme der Gegenwart in Industrie- und Entwicklungsländern – Arbeitslosigkeit, Umweltgefährdung, zunehmende internationale Ungleichheiten und Verschuldungsproblematik, um nur einige zu nennen – analytisch in ihrem Zusammenhang zu erfassen und konkrete Lösungsmöglichkeiten zu deren Überwindung vorzuschlagen. Auf wirtschaftspolitischem Gebiet manifestiert sich die Krise der Ökonomie in einem erstaunlichen Mangel an Kreativität bei Lösungsvorschlägen für die anstehenden Probleme, die sich nach der Krise des Keynesianismus in den 70er-Jahren heute wieder regelmäßig auf marktkonforme Maßnahmen beschränken; Maßnahmen, die bei vielen Sozial- und Naturwissenschaftlern, aber auch bei einer breiten Öffentlichkeit, die das Weltbild der Ökonomen nicht teilt, auf Unverständnis stoßen."

**6. Ein marktnahes Verständnis von Wirtschaft ist anfällig für ideologischen Missbrauch.**
Wenn Märkte sich von selbst optimal steuern, gibt es für andere politische Systeme eigentlich keinen Platz. In der Realität wird aber nicht jeder Machtmissbrauch niederkonkurriert. Gerechtigkeit (auch gegen Machthaber) kann dann nur mit anderen Methoden durchgesetzt werden. Anders gesagt: Wer viel Macht (z. B. in Form von Kapital) hat, für den ist das neoklassische Modell im Zweifel nützlich, weil es ihn der realen Kontrolle entzieht.

Besonders anfällig ist die neoklassische Wirtschaftswissenschaft aus zwei Gründen: Erstens ist es in der Volkswirtschaftslehre praktisch unmöglich, den Wahrheitsgehalt ihrer Aussagen durch Experimente zu testen. Es ist daher viel einfacher, Lügen zu verbreiten, als in der Medizin – dort merkt der Patient schnell, ob es ihm besser geht. Zweitens hängt sie spätestens seit Leon Walras dem Irrglauben an, eine „wertneutrale Wissenschaft" zu sein. K. G. Zinn (2006) hat das sehr präzise herausgearbeitet:

„Der ideologische Gehalt der politischen Ökonomie bzw. der Wirtschaftswissenschaft, wie jene heute bezeichnet wird, lässt sich auch dann nicht eliminieren, wenn sich die ökonomische Wissenschaft rein positivistisch zu ihrem Erkenntnisgegenstand verhält; wenn sie also ‚streng objektiv' mit den von ihr untersuchten Erscheinungen verfährt, aber gerade auf die kritische Reflexion dieser ‚Erscheinungen' – etwa im Hinblick auf die Situation der Menschen unter den gegebenen Bedingungen oder den Auswirkungen der Verhältnisse auf Geist und Kultur – verzichtet. Die scheinbar wertneutrale Haltung zur gegebenen Realität versagt sich bewusst einer kritischen Auseinandersetzung mit dem Bestehenden, da solche Kritik ja explizit Werturteile voraussetzt.

Doch auch das schweigende Hinnehmen der Verhältnisse basiert auf einem Werturteil, das zudem durch die scheinbar wissenschaftlich legitimierte ‚Schweigepflicht' den Status quo als etwas völlig Selbstverständliches beschönigt. Schon die alten Römer wussten: Schweigen bedeutet Zustimmung. Die am vermeintlichen Ideal der Naturwissenschaften ausgerichtete positivistische Ökonomie will beschreiben und erklären, was ist, und nicht, was sein könnte oder gar sein sollte. Damit werden aber in der wissenschaftlichen, also geistig-theoretischen Reproduktion der Realität deren gesamte Ungerechtigkeit, Inhumanität, Lebensbegrenzung und Ausbeutung als Faktisches sanktioniert. Der Status quo wird zur Norm. Die Menschen werden dazu angehalten, sich dem Bestehenden zu fügen ... Gegenüber dem naturwissenschaftlichen Erkenntnisobjekt, der Natur, wäre es unsinnig von ‚gut' und ‚böse' zu reden, also Werturteile über sie zu fällen. Ganz anders liegt die Sache beim sozialökonomischen Erkenntnisobjekt, Wirtschaft und Gesellschaft. Hier handelt es sich um Menschenwerk. Die jeweiligen Verhältnisse sind interessenbezogen, und es gehört gerade mit zur Aufgabe der Wirtschafts- und Gesellschaftswissenschaften, über die rein positivistische Erfassung dessen, was ist, hinauszugehen und darüber zu reflektieren, wie es entstand, wie und warum es sich weiter entwickeln kann, welche Interessen vom Status quo begünstigt, welche benachteiligt werden – und welche Rolle in diesem Prozess die Wirtschafts- und Sozialwissenschaften selbst spielen. Der Sozialökonom müsste bzw. sollte sich darüber klar werden, dass sein Tun eben im Zusammenhang mit seinem Erkenntnisobjekt steht ... Wissenschaft bzw. wissenschaftliche Aussagen werden benutzt, und ob die Wissenschaft dazu explizit Stellung nimmt oder sich mit Schweigen aus der Affäre zu ziehen versucht, bedeutet in beiden Fällen, bestimmte wertende Positionen einzunehmen. Das scheinbar wertneutrale Schweigen über Unrecht und strukturelle Gewalt legitimiert faktisch diese Verhältnisse."

Schon der klassische Liberalismus war janusköpfig. Zwar hat er die Dominanz des Adels überwunden, aber nur durch die des Kapitals ersetzt. Dabei war er im doppelten Sinn repressiv:

- Besitzlose wurden von manchen Liberalen als bloßes Menschenmaterial gesehen, im besten Fall als nützliche Arbeiter, im schlechtesten als schlicht überflüssig (Malthus). So ist es ja bis heute: Wer das Pech hat, in einer Hungerregion zu leben, und kein Kapital hat, stirbt.
- Nicht nur für die Armen galt: Wer nicht arbeitet, soll kein Geld erhalten. Auch Kapitalbesitzer unterliegen – je nach Marktsituation – Zwängen; d. h., sie können ihr Kapital nicht so einsetzen, wie sie wollen, sondern müssen den Gesetzen der Kapitalvermehrung gehorchen (oder aus dem Markt ausscheiden).

Notfalls richtet sich Gewalt gegen Arme und Reiche, um das System zu schützen (wobei Arme schwerer und häufiger betroffen sind).

**7. Das neoklassische Modell verstellt den Blick auf alternative Steuerungsverfahren.**
Die marktgesteuerte Produktionsweise wirkt, wie jedes Steuerungssystem, auch auf die Mentalität der Marktteilnehmer (Foucault nennt das Gouvernementalität), d. h., sie bestimmt mit, was die Gesellschaft für „wahr" hält. Es scheint z. B. für den heutigen Leser selbstverständlich, dass Einkommen und Arbeit zusammenhängen.

Das war aber nicht immer so. In antiken oder mittelalterlichen Ökonomien spielte Geld – und damit die Vergütung von Arbeit – eine ganz andere Rolle als heute, z. B. in agrarischen Großfamilien. Man kann geradezu fragen, warum es heute „selbstverständlich" sein soll, dass man den größten Teil seiner produktiven Zeit auf Dinge verwendet, die weitgehend fremdbestimmt sind. (Ich werde auf diese Themen in zweiten Teil des Buches zurückkommen, wenn es um anthropologische Grundlagen der Gerechtigkeit geht.)

Kapitalistische Systeme üben häufig einen als fremd erlebten Zwang gegenüber ihren Mitgliedern aus: Frühformen der Fließbandarbeit waren z. B. weder erfüllend noch angenehm für die Arbeiter. Noch Otto Waalkes machte sich in den 1970ern darüber lustig: Es sei jetzt alles viel besser geworden in den Fabriken – es gebe bunte Schraubenzieher und mit Blumen bedruckte Feuerlöscher. – Diese liberale Repression lebt auch in der Sozialdemokratie und sogar im Staatssozialismus weiter (auch dort soll nicht essen, wer nicht – fremdbestimmt – arbeitet). Muss das naturgesetzlich so sein?

Durch die elektronische Datenverarbeitung bzw. Informationstechnologie wird ein Teil der Arbeit verschwinden. Schätzungen sprechen von 40 % aller Jobs, die bedroht sind. Dann muss (wie Keynes es erwartet hatte) entweder die noch vorhandene Arbeit gänzlich anderes verteilt werden, oder es droht Massenarbeitslosigkeit mit allen daran hängenden sozialen Folgen. Insgesamt ist ein neues Denken gefordert, das mit neoklassischen Modellen nicht gelingen *kann*.

Eine Aufteilung von Arbeit, die dazu führt, dass manche unter zu viel Arbeit stöhnen, während andere gar nichts zu tun haben und je nachdem, wo sie leben, sich als zweitklassig erleben oder gar verhungern, fordert nicht nur die Frage heraus, ob sich das nicht besser regeln lässt, sondern auch, ob es wirklich unausweichlich ist, dass der Sinn der Arbeit ausschließlich darin besteht, anonyme Kapitalbestände zu vermehren.

Vor diesem Hintergrund ist es ein veritabler Skandal, dass die herrschende Volkswirtschaftslehre immer noch ein sehr unvollständiges Modell benutzt, das nicht nur ein ganz falsches Verständnis ökonomischer Zusammenhänge befördert und massenhaft Lebensglück zerstört, sondern eben auch zum Sterben von Millionen Menschen mindestens beiträgt.

## Literatur

Bröckling, U. (2000). Totale Mobilmachung. Menschenführung im Qualitäts- und Selbstmanagement. In *Bröckling U. Gouvernementalität der Gegenwart* (S. 131 ff.). Suhrkamp.

Coase, R. (1984). The new institutional economics. *Zeitschrift für die gesamte Staatswissenschaft/Journal of Institutional and Theoretical Economics 140*(1), 229–231.

Coase, R. (1998). The new institutional economics. *AEA Papers and Proceedings, 88*(2), 72–74.

Duchrow, U., & Hinkelammert F. J. (2005). *Leben ist mehr als Kapital* (S. 55 ff.). Publik-Forum.

Engels, F. (1973). *Die Lage der arbeitenden Klasse in England* (S. 48, 129). dtv. (Original 1845).

Friedman, D. (2020). *Machinery of freedom*. http://daviddfriedman.com/The_Machinery_of_Freedom_.pdf. (Übersetzung durch den Autor).

Keynes, J. M. (2009). *Essays in persuasion* (S. 192 ff.). Classic House Books. (Original 1930).

Kollesch, J., & Nickel, D. (2005). *Antike Heilkunst* (S. 164 ff.). Reclam.

Leipert, C., & Steppacher, R. (1987). Die Perspektive: K. William Kapps Beitrag zu einer ökonomischen Theorie der Zukunft. In K. W. Kapp (Hrsg.), *Für eine ökosoziale Ökonomie* (S. 5). Fischer.

Locke, J. (1690). *Zwei Abhandlungen über die Regierung.* Diverse Nachdrucke. Im Original § 85.

Malthus, T. (1826). *Eine Abhandlung über das Bevölkerungsgesetz oder eine Untersuchung seiner Bedeutung für die menschliche Wohlfahrt in Vergangenheit und Zukunft, nebst einer Prüfung unserer Aussichten auf eine künftige Beseitigung oder Linderung der Übel, die es verursacht.* A. d. Engl. Original, und zwar nach der Ausgabe letzter Hand (6. Aufl. 1826), ins Deutsche übertr. von Valentine Dorn und eingeleitet von Heinrich Waentig (Bd. 1–2, 2. Aufl.). (Sammlung sozialwissenschaftlicher Meister, Bd. 6–7), Jena: Fischer [1924–1925].

Neumann, M. (2002). Neoklassik. In O. Issing (Hrsg.), *Geschichte der Nationalökonomie* (S. 271 ff.). Vahlen.

Quiggin, J. (2010). *Zombie economics* (S. 92 f.). Princeton University Press.

Richter, R., & Furubotn, E. G. (2003). *Neue Institutionenökonomik* (S. 14). J. C. B. Mohr.

Rothschild, K. W. (1981). *Einführung in die Ungleichgewichtstheorie* (S. 167). Springer.

Sohmen, E. (1992). *Allokationstheorie und Wirtschaftspolitik* (S. 8 f.). J. C. B. Mohr.

Thielscher, C. (2020). *Wirtschaftswissenschaften verstehen.* Springer Gabler.

Zinn, K. G. (2006). *Wie Reichtum Armut schafft* (S. 235 ff.). Papyrossa.

# 4

# Die marxistische Wirtschaftstheorie

Schon die Gesamtausgabe der Werke von Marx/Engels zu lesen und auszulegen, ist eine umfangreiche Aufgabe. Noch viel unüberschaubarer ist die marxistische Literatur, die darauf aufbaut, in sich nicht widerspruchsfrei ist und alle möglichen wirtschaftlichen und anderen Themen verarbeitet. Ich werde mich daher an dieser Stelle auf einige wenige zentrale Ideen aus Marx' *Kapital* und ihre Implikationen beschränken.

**Waren, Geld, Kapital und Mehrwert**
Marx startet im *Kapital* mit der Analyse der Ware. Er unterscheidet zwischen Gebrauchswert einer Ware (ihrem eigentlichen Zweck) und ihrem Tauschwert, also dem, was man dafür erhält, wenn man es gegen etwas anderes tauscht: So mag z. B. ein Rock so viel (tausch-)wert sein wie 20 Ellen Leinwand. Oder 10 Pfund Tee sind so viel wert wie 40 Pfund Kaffee.

Geld ist dann dasjenige Gut, das in der Warenwelt die Rolle des allgemeinen „Äquivalents" spielt: 2 Unzen Gold sind z. B. so viel wert wie 20 Ellen Leinwand, 1 Rock, 10 Pfund Tee usw. Dadurch verändert sich das Wesen der Waren: Sie sind zwar als Gebrauchsgegenstände qualitativ unterschiedlich, aber mithilfe des Geldes quantitativ vergleichbar.

Marx (1867, S. 110) beschreibt verschiedene Formen des Warentauschs und geht dann über zur Entstehung des „Kapitals" aus Geld: „Die Warenzirkulation ist der Ausgangspunkt des Kapitals. Es erscheint nur dort, wo Warenproduktion und entwickelte Warenzirkulation, Handel, eine gewisse Höhe der Entwicklung erreicht haben. Welthandel und Weltmarkt eröffnen im 16. Jahrhundert die moderne Lebensgeschichte des Kapitals."

Der Warentausch kann dabei verschiedene Formen annehmen: Man kann eine Ware zunächst gegen Geld und dann gegen eine andere Ware tauschen oder mit Geld eine Ware kaufen und (teurer) verkaufen oder Waren kaufen, mit ebenfalls eingekaufter Lohnarbeit veredeln und verkaufen. „Als bewußter Träger dieser Bewegung wird der Geldbesitzer Kapitalist", sagt Marx (1867, S. 116). Der Kapitalist handelt Waren nicht, weil er eine bestimmte Ware (genau gesagt: deren Gebrauchswert) benötigt; er handelt, um aus Geld mehr Geld zu machen. Diese Kapitalvermehrung ist daher Selbstzweck; und sie ist maßlos, weil sie nicht auf die endliche Nutzung der Ware als Gebrauchsgegenstand zielt, sondern auf die unendliche Mehrung des Kapitals.

Diese Idee erinnert an Aristoteles, der ebenfalls zwischen einer natürlichen Hauswirtschaft für den eigentlichen Gebrauch und einer unnatürlichen Chrematistik (Gelderwerb; von „chrema", eigentlich „Ding", aber auch „Schatz", „Geld") mit dem Zweck der unbegrenzten Geldvermehrung unterschied. Dass es zum Selbstzweck werden kann, Geld unbegrenzt zu vermehren, scheint also schon in der Antike vorgekommen zu sein.

Der Mehrwert als solcher kann Marx zufolge dauerhaft nicht durch bloßen Kauf und Verkauf erzeugt werden; die Wertsteigerung wird durch den Einsatz von menschlicher Arbeit erzeugt. Da ein Arbeiter länger arbeiten kann, als er an Arbeitszeit benötigt, um seinen eigenen Lebensunterhalt und den seiner Familie zu erzeugen, entsteht ein Überschuss: der Mehrwert. Der Kapitalist eignet sich diesen Mehrwert an, wenn er einem Arbeiter einen Lohn zahlt, der unter dem erzeugten Mehrwert liegt. Aus dieser Sichtweise folgt auch, dass der Wert einer Ware (nach Marx) der Menge an darin enthaltener Arbeit entspricht.

Marx beschreibt dann ausführlich verschiedene Kapital- und Produktionsformen. Geld, Waren oder Produktionsmittel sind allesamt

„Kapital"; weiter unterscheidet er z. B. fest angelegtes fixes von variablem oder Umlaufkapital.

Unternehmen können Waren produzieren und/oder damit handeln; daneben können Finanzunternehmen Kapital verzinsen und somit direkt (ohne den Umweg über Waren) in mehr Geld verwandeln.

**Kapitalistische Güterproduktion und -verteilung und die Zerstörung ihrer Grundlagen**

Sobald diese Form von Güterproduktion und -verteilung anspringt, wirkt sie zurück auf die Gesellschaft, in der sie entstand, und verändert sie in vielfältiger Weise.

Güter und Dienstleistungen werden nicht mehr primär wegen ihrer Gebrauchswerte hergestellt, sondern als Waren, um daraus möglichst viel Geld zu erzeugen. Allerdings müssen sie sich verkaufen lassen, d. h. im Wettbewerb bestehen. Unter den Bedingungen industrieller Produktion müssen Firmen möglichst kostengünstig produzieren. Das wiederum impliziert die Anschaffung geeigneter Maschinen, d. h. von Kapital: „Die Entwicklung der kapitalistischen Produktion macht eine fortwährende Steigerung des in einem industriellen Unternehmen angelegten Kapitals zur Notwendigkeit, und die Konkurrenz herrscht jedem individuellen Kapitalisten die immanenten Gesetze der kapitalistischen Produktionsweise als äußere Zwangsgesetze auf... Akkumuliert, Akkumuliert! Das ist Moses und die Propheten!" (Marx, 1867, S. 330 f.).

Auch der wohlhabende Fabrikbesitzer kann also nicht etwa die Früchte seines Kapitals genießen, sondern muss, um im Wettbewerb zu bestehen, in rastloser Arbeit sein Kapital vermehren. Man könnte sagen: Das Kapital wird zum Selbstzweck; es wendet sich gegen seinen Besitzer und unterwirft ihn den Regeln des Marktes. Der Marktmechanismus selbst zwingt die Marktteilnehmer, sich in einer Weise zu verhalten, die sie selbst nicht mehr beeinflussen können – eine ausgesprochen ironische Wendung, wenn man bedenkt, dass doch der „Marktmechanismus" von den Marktteilnehmern ursprünglich eingesetzt wurde, nämlich in Form derjenigen (juristischen) Gesetze, die seine Regeln gestalten.

Ist die Herrschaft „der Märkte" einmal etabliert, dann ist es schwer, sie wieder zurückzunehmen: „EU-Regierungschefs wollen die Märkte beruhigen", schrieb der Tagesspiegel (2012): 25 EU-Staaten verpflichten sich in einem Fiskalpakt, Schuldenbremsen in ihre Verfassungen einzubauen. (Wohlgemerkt handelt es sich nicht um ein physikalisches, sondern ein gesellschaftliches Problem. Die „Gesetzmäßigkeiten des Marktes" beruhen auf juristischen, d. h. menschengemachten Gesetzen.)

Der Marktmechanismus ist den Teilnehmern gegenüber „blind", d. h., er achtet nicht darauf, wie es den Teilnehmern ergeht. Und die (meisten) Menschen haben ihrerseits keine Kontrolle über Märkte, die so groß geworden sind, dass sie völlig anonym sind.

Die industrielle Produktion erfordert Arbeiter, die im doppelten Sinne „frei" sind: Sie müssen – anders als Leibeigene, die an ihre Scholle gebunden sind – auf dem Arbeitsmarkt zur Verfügung stehen, und sie müssen selbst frei von Produktionsmitteln sein, also nur ihre Arbeitskraft verkaufen können.

Wenn nun genügend Arbeitskraft zur Verfügung steht, die nicht durch geeignete Gesetze geschützt ist, dann sinkt der Lohn bis auf das Lebensminimum: „Was ist ein Arbeitstag? Wie groß ist die Zeit, während deren das Kapital die Arbeitskraft, deren Tageswert es zahlt, konsumieren darf? Wie weit kann der Arbeitstag verlängert werden über die zur Reproduktion der Arbeitskraft selbst notwendige Arbeitszeit? Auf diese Frage antwortet das Kapital: der Arbeitstag zählt täglich volle 24 Stunden nach Abzug der wenigen Ruhestunden, ohne welche die Arbeitskraft ihren erneuten Dienst absolut versagt. Es versteht sich zunächst von selbst, daß der Arbeiter seinen ganzen Lebenstag durch nichts ist außer Arbeitskraft, daß daher alle seine disponible Zeit von Natur und Rechts wegen Arbeitszeit ist, also der Selbstverwertung des Kapitals angehört. Zeit zu menschlicher Bildung, zu geistiger Entwicklung, zur Erfüllung sozialer Funktionen, zu geselligem Verkehr, zum freien Spiel der physischen und geistigen Kräfte, selbst der Feierzeit des Sonntags – und wäre es im Land der Sabbatheiligen – reiner Firlefanz! Aber in seinem maßlos blinden Trieb, seinem Werwolfshunger nach Mehrarbeit, überrennt das Kapital nicht nur die moralischen, sondern auch die rein physischen Maximalschranken des Arbeitstages. Es usurpiert die Zeit für Wachstum, Entwicklung und gesunde Erhaltung des Körpers" (Marx, 1867, S. 192).

Welche Folgen das für die arbeitende Bevölkerung haben kann, wurde im Kapitel über Neoklassik bereits angedeutet. – Die Arbeit ist dabei nicht nur schlecht entlohnt, sondern auch fremdbestimmt: „Freude an der Arbeit und ihren Ergebnissen" ist keine Kategorie der kapitalistischen Produktionsweise. Man wird hinzufügen: auch nicht der feudalistischen oder staatssozialistischen.

Weder der Kapitalist, der den Gesetzen des Wettbewerbs unterliegt, erst recht nicht der einzelne Arbeiter kann daran etwas ändern.

Der Konkurrenzdruck zerstört außerdem die Grundlage der Produktionsweise, auf der er beruht: Umwelt und Arbeitskraft. Profitmaximierung als solche erzeugt keine Arbeits- oder Umweltschutzauflagen. Das gilt für alles, was man irgendwie zur Wertsteigerung heranziehen oder dafür verbrauchen kann.

Der Markt kann (nicht: muss) gegen die Gesellschaft arbeiten, die ihn trägt. Dennoch „glauben" die Menschen an ihn und seine Produkte – genauso, wie Menschen, die von falschen religiösen Vorstellungen geknechtet werden, daran festhalten. Marx bezeichnet es als „Fetischcharakter der Ware", wenn sich Produkte in der Warenform von ihren physischen Eigenschaften zu trennen scheinen.

**Geld und Gier; Wucher- und Handelskapital**
Nach Marx repräsentiert der Wert einer Ware die für ihre Produktion aufgewendete Arbeit. Umgekehrt kann man mit Geld Arbeit kaufen. Da der kapitalistische Markt frühere soziale Beziehungen der Feudalgesellschaft überwunden hat (etwa: Treueversprechen oder die gegenseitigen Verpflichtungen der Zunftmitglieder), übernimmt Geld die Funktion der Vorsorge. Mit Geld kann man sich also Sicherheit kaufen. Das setzt voraus, dass Geld seinen Wert behält, und erklärt, warum Geld der ideale Gegenstand für Gier ist und warum viele Menschen eine Abneigung gegen Inflation haben.

Geld ist nicht nur ein „Schleier" über der Welt der realen Transaktionen (wie einige klassische Ökonomen annahmen), sondern wirkt selbst auf die Realität ein, und zwar nicht nur dann, wenn es zu viel davon gibt (bei einer Inflation) oder zu wenig (bei einer Deflation).

Kapital kann verschiedene Formen annehmen, die sich auch gegenseitig parasitieren können: „Im eigentlichen Handelskapital erscheint die Form ... kaufen, um teurer zu verkaufen, am reinsten ... Da es aber unmöglich ist, aus der Zirkulation selbst … die Bildung von Mehrwert zu erklären, erscheint das Handelskapital unmöglich, sobald Äquivalente ausgetauscht werden, daher nur ableitbar aus der doppelseitigen Übervorteilung der kaufenden und verkaufenden Warenproduzenten durch den sich parasitisch zwischen sie schiebenden Kaufmann … Was vom Handelskapital, gilt noch mehr von Wucherkapital … Im Wucherkapital ist die Form G[eld]-W[are]-G'[mehr Geld] abgekürzt auf die unvermittelten Extreme G[eld]-G'[mehr Geld], Geld, das sich gegen mehr Geld austauscht" (Marx, 1867, S. 125). Eine moderne Form dieser Art von Geldvermehrung ist etwa die Spekulation an Rohstoffbörsen mit dem Ziel einer künstlichen Verknappung von Rohstoffen, die dann von der produzierenden Industrie zu überhöhten Preisen gekauft werden.

**Kapitalismus und „Welt"**
Kapitalisten und Arbeiter sind nicht die einzigen, die von der einmal etablierten kapitalistischen Produktion betroffen sind. Dass ein blinder Marktmechanismus auch die biologische Umwelt zerstören kann, wurde bereits angedeutet. Robert Kurz (2002, 2003) hat die Wirkungen der kapitalistischen Produktions- und Lebensweise sehr scharfsinnig analysiert, und zwar in zwei Richtungen: Einerseits zeichnet er nach, welche Wirkungen der Kapitalismus in seiner Geschichte auf Gesellschaft und Umwelt zeitigt, andererseits aber auch die Mechanismen, mit denen der Kapitalismus seine Macht rechtfertigt (denn jedes Herrschaftssystem benötigt zum Machterhalt eine passende Ideologie).

Die Kurz'sche Analyse kann hier nur sehr kursorisch wiedergegeben werden, aber einige Beispiele sollen doch genannt werden:

- Die Geschichte des Kolonialismus kann man deuten als Versuch der Kapitaleigner, immer neue Märkte zu erschließen, denn durch den Wettbewerbsdruck neigen Renditen in alten Märkten zum Verfall. Bis heute führt der Westen Kriege zur Sicherung seiner Rohstoffbasis und zum Erhalt der Dritten Welt als Absatzbasis (oder lässt solche Kriege führen). Das verhindert zugleich, dass Länder der Dritten Welt jemals zum Westen aufschließen können: Ihre noch jungen Wirtschaften müssten dazu durch protektive Maßnahmen (z. B. Zölle) geschützt werden, aber genau das verhindern westlich kontrollierte Institutionen wie internationale Handelsorganisationen. Durch die Kapitalakkumulation schwindet Nachfrage; d. h., immer mehr Menschen vor allem in der Dritten Welt, zunehmend aber auch im Westen, sind überflüssig. Da sie kein Einkommen haben, können sie nichts kaufen; es kann also dort auch keine Wirtschaft in Gang kommen.

Deshalb hat sich nach dem Zweiten Weltkrieg das Verhältnis zwischen Industrie- und Entwicklungsländern gewandelt. Westliche Staaten versuchen nicht mehr, ihre Territorien durch Kolonien zu erweitern (denn die „überflüssigen" Menschen dort werden nicht mehr gebraucht); es geht jetzt nur noch um Sicherung der Rohstoffversorgung, Erschließung von Absatzmärkten und Abwehr von Migrationsströmen.

Insofern erzeugt der westliche Kapitalismus Massenelend, das zum Verfall ganzer Staaten führt und Terrorismus erzeugt, der dann im Namen der Menschenrechte militärisch bekämpft wird.

- In westlichen Demokratien besteht zwar politische, nicht aber wirtschaftliche Gleichheit. Die wirtschaftliche Macht beeinflusst Politik und Meinungsbildung. Beispielsweise gehören in Deutschland fast alle einflussreichen Zeitungen fünf Verlegerfamilien. Und man kann auch empirisch zeigen, dass politische Entscheidungen ganz überwiegend den Wünschen der wohlhabenden Schichten und nicht der Vorstellung der Bevölkerungsmehrheit folgen (Elsässer et al., 2016).

Das führt dazu, dass Menschen die marktwirtschaftliche Ordnung auch dann für „richtig" halten, wenn sie ihnen nicht nützt (Kurz, 2002, S. 667): „Der peride Charakter des demokratischen Prozedere ist nicht zuletzt deswegen so schwer zu durchschauen, weil die Menschen ihren Status als ‚Arbeitskräfte' eines verselbstständigten, selbstzweckhaften Systemzusammenhangs ja längst schon verinnerlicht haben und sich eine andere, vernünftigere Form von Gesellschaftlichkeit gar nicht mehr vorstellen können. Befestigt wird dieser axiomatische Status noch dadurch, daß der objektivierte Systemprozeß keineswegs als eindimensionaler und linearer Ablauf daherkommt, der nur noch beobachtet und exekutiert werden kann. Ganz im Gegenteil setzt das System aus sich heraus und in seinen eigenen Kategorien permanent Alternativen, differente Möglichkeiten und Verlaufsformen, die dann demokratisch-politisch bearbeitet wer-

den können. Aber diese alternativen Pfade dürfen immer nur innerhalb des hermetisch geschlossenen Rahmens verlaufen."
- Jedes Herrschaftssystem schafft sich seine eigene Rechtfertigung. Mittelalterliche Könige wurden von Gott eingesetzt, das moderne Wirtschaftssystem ist vermeintlich das bestmögliche, vielleicht sogar einzig denkbare.
  Der Kapitalismus erzeugt seine eigene ideologische Rechtfertigung, denn die Arbeitskräfte, die für andere arbeiten, sollen ja glauben, dass das System gut für sie ist (oder zumindest besser als jede Alternative) – auch dann, wenn in der Dritten Welt regelmäßig Menschen verhungern oder in Kriegen sterben, und dies in der Ersten Welt manchmal ebenfalls passiert, z. B. in Krisen. Kurz zeichnet detailliert nach, wie seit dem Aufkommen des Frühkapitalismus seine Vordenker (Locke, Smith, Malthus, Bentham u. a.) daran gearbeitet haben, den Machtübergang vom Adel auf das Kapital als unausweichlich und zugleich menschenfreundlich zu beschreiben und dabei die historische Entwicklung so darzustellen, als folge sie quasiphysikalischen Gesetzmäßigkeiten; und es ist ja auch nicht trivial, Verhungernde zu überzeugen, dass Eigentum wichtiger ist als Leben. Am anschaulichsten und deutlichsten ist immer noch Malthus mit seinem oben bereits zitierten „Beweis", dass es aus natürlichen Gründen immer zu viele Menschen gebe, die man besser verhungern lässt, als Vermögende zu besteuern.
- Der Kapitalismus hat längst auch das Konzept der Nationalstaaten überwunden. Transnationale Unternehmen spielen ganze Staaten gegeneinander aus, die sich bei der Unternehmensbesteuerung gegenseitig unterbieten, wie die Beispiele von großen Internetkonzernen zeigen.
- Wie alle anderen Bereiche des Lebens von der „Ökonomisierung" betroffen sind, so auch die Bildung. Längst geht es nicht mehr darum, „sich die Welt anzuverwandeln", wie Humboldt meinte, sondern um „Employability", also die Fähigkeit, angestellt werden zu können und die Profite der Kapitalgeber zu erhöhen – so zuletzt auch in Memoranden der Europäischen Union (Gahs, 2010).
- Warenproduktion und -verteilung werden von anonymen Märkten gesteuert. Der Mechanismus als solcher ist (meist) anonym und blind

für andere Interessen als die der Kapitalvermehrung. Insbesondere gibt es in kapitalistischen Märkten keinen „Sinn".

Je mehr solche Märkte und die zugehörige Philosophie in die Gesellschaft als solche ausgreifen (etwa in der Vorstellung, Menschen und Homines oeconomici seien identisch), zerstören sie „sinnvolles" Leben. Es scheint plausibel, wenn auch schwer empirisch nachzuweisen, dass dies die gesellschaftliche Kooperation schwächt und Selbstmordattentate, Amokläufe und andere Verzweiflungstaten fördert.

Nimmt man noch das Argument Lyotards über die Postmoderne[1] und die dritte industrielle Revolution mit ihrer massiven Produktivitätssteigerung und damit einhergehendem Arbeitsplatzabbau hinzu, dann kommt ein Kreislauf zustande, der sich selbst unterhält und beschleunigt: Der Kapitalbestand wächst und konzentriert sich auf. Das führt zur Senkung von Lohnquote und Steuereinnahmen und damit zur Schwächung staatlicher und anderer öffentlicher Einrichtungen wie der Sozialversicherung oder öffentlicher Medien. Medien verbreiten vermehrt kapitalfreundliche Meinungen, darunter auch die Lehre vom „Homo oeconomicus". Kritische Institutionen, wie Hochschulen, trocknen finanziell aus oder passen sich bei der Drittmittelsuche gleich an die Bedürfnisse der Kapitalgeber an. Arbeitsplätze werden (aufgrund der Kapitalkonzentration, aber auch der Informationstechnologie) knapp.

Neoliberalismus und neoklassische Theorien unterstützen sich gegenseitig: Letztere behaupten, beweisen zu können, dass es zum neoliberalen Umbau der Gesellschaft keine Alternative gibt, und ersterer lenkt Drittmittel hin zur Neoklassik.

Auf internationaler Ebene werden immer mehr Menschen überflüssig. Der Arbeitsmangel erzeugt zuerst in der Dritten Welt Massenelend von Menschen, die malthusianisch nicht mehr gebraucht werden, also sich selbst und ihrem Hunger überlassen werden. Daraus resultieren Flücht-

---

[1] Lyotard (2019) zufolge ist in der Postmoderne die Vorstellung Hegels brüchig geworden, dass es einen Fortschritt hin zur Wahrheit gebe: denn im Pluralismus gebe es viele Wahrheiten. Dadurch werden Institutionen geschwächt, die nach Wahrheit suchen (Universitäten, hochwertige Zeitschriften …), und andere gestärkt, die ohne „Wahrheit" funktionieren (Geld, Macht, Spaß, sexuelle Attraktivität …).

lingsströme und Verzweiflungsverbrechen von Plünderungen über Bürgerkrieg bis zum Terrorismus.

Der kapitalistische Westen kann sich dagegen nicht abschotten: Denn einerseits haben Staaten längst die Kontrolle über transnationale Konzerne verloren, und außerdem drängt das Kapital selbst nach internationalen Geschäften.

Aber auch im Zentrum funktioniert das fordistische[2] Versprechen nicht mehr, dass alle irgendwie am Wachstum beteiligt werden – Korruption und Vetternwirtschaft nehmen zu, ebenso soziale Spannungen. Die Unterschicht wird mit Tittytainment (die Berieselung mit seichter Unterhaltung) ruhig gehalten oder zunehmend repressiv bedroht. Der Staat ist auch finanziell überfordert, ehemals öffentliche Aufgaben des „Souveräns" werden privatisiert, von den Gefängnissen bis zur Armee. Die drittmittelgestützte (d. h. kapitalorientierte) Wissenschaft ist auch keine Hilfe mehr für kritische und/oder emanzipatorische Vorhaben.

Die vereinzelten Gesellschaftsmitglieder müssen verstärkt für sich selbst sorgen – weil die öffentliche Vorsorge schwächelt, aber auch, weil sie anderen Hominibus oeconomicos nicht vertrauen. Soziales und politisches Engagement lassen nach. Kapitalfreundliches Lobbying nimmt zu und wirkt stärker; alles zusammen führt zu einer kapitalfreundlichen Politik, was den Kreis schließt. (Auch innerhalb des Kreises verstärken sich die genannten Prozesse gegenseitig.)

Der Punkt ist, dass diese Probleme *inner*kapitalistisch nicht verstanden und erst recht nicht gelöst werden können. Dazu müsste man die Verwertungslogik des Kapitals, die Steuerung der Verteilung durch „Märkte", die abstrakte (d. h. von fremden Personen bzw. der anonymen Marktlogik gesteuerte) Lohnarbeit und das Eigentum selbst antasten.

Ein Beispiel: Viele Menschen glauben, man brauchte eine Art Marshallplan für das Kosovo (oder andere wirtschaftsschwache Regionen). Aber R. Kurz zufolge funktioniert das nicht. Diese Regionen sind ökonomisch zerstört, ihre Bewohner sind überflüssig, und sie werden sich nie wieder erholen, weil es für die Arbeit der dort Lebenden keinen Bedarf gibt und

---

[2] Fordismus (benannt nach dem Autoproduzenten Ford) ist der Versuch, sowohl Kapital- als auch und Arbeiterinteressen durch relativ gute Löhne und Ansätze eines Wohlfahrtsstaates zu berücksichtigen.

niemals geben wird. Marshallpläne setzen eine sehr spezifische Struktur der Wirtschaft voraus, die im Kosovo nicht vorhanden ist.

**Grenzen der kapitalismuskritischen Wirtschafts- und Gesellschaftsanalyse**
Bei aller berechtigten Kapitalismuskritik darf man aber nicht den Fehler begehen, jede gesellschaftliche (Fehl-)Entwicklung auf den Kapitalismus zurückzuführen.

Erstens gibt es „den Kapitalismus" nicht, denn sein Erscheinungsbild hat sich immer wieder gewandelt – vom Frühkapitalismus des 15. Jahrhunderts über den Manchester-Kapitalismus und die soziale Marktwirtschaft bis zum postmodernen IT-Kapitalismus. Die Arbeiterbewegung des 19. Jahrhunderts erkämpfte erhebliche Verbesserungen bei den Arbeits- und Lebensbedingungen, und Europas keynesianische Politik nach dem Zweiten Weltkrieg führte zu einer breiten Verbesserung des Lebensstandards im Westen (freilich stößt sie seit den 1980er-Jahren an unüberwindbare Schranken).

Es gab nie nur Kapitalisten und Arbeiter, die nicht einmal als Gruppe gleiche Interessen teilten, sondern immer auch Intellektuelle, Militärs, Adlige, Künstler, Wissenschaftler, Geistliche usw.

Zwar regiert die kapitalistische Produktionsweise in alle Lebensbereiche hinein (vergleiche die Ehe-„Analyse" des neoklassischen Ökonomen Becker), aber sie bestimmt sie nicht allein. Neben der geldvermittelten gibt es immer auch andere Interaktionen, z. B. innerhalb der Familie, in Kirchen, Sportvereinen, Schulen usw. Dort gelten unterschiedliche Regeln des Verhaltens: Kinder zahlen ihren Eltern in der Regel kein Geld, sondern „schulden" Dankbarkeit. Im Mathematikunterricht erhält derjenige Schüler die beste Note, der die Aufgaben am besten löst, nicht derjenige, der dem Lehrer das meiste Geld bietet.

Es gibt keine Untersuchungen darüber, aber es erscheint plausibel, dass Arbeiter am Werkstor nicht sofort von einer Verhaltensregel auf die andere umschalten. Das heißt, auch in kapitalistischen Organisationen zeigen die Mitarbeiter Reste eines Verhaltens, das in anderen Kontexten angemessen ist. Im Alltag überlagern sich daher kapitalistisches und nichtkapitalistisches Benehmen.

Ohne diesen Effekt wäre schwer zu erklären, dass Kooperation in Unternehmen (meist) gelingt. Denn ein Arbeitsvertrag kann in der Regel nicht jeden Handgriff vorschreiben, und das Management kann auch nicht jede Tätigkeit überprüfen. Müssten Führungskräfte und Käufer davon ausgehen, dass sie ständig übervorteilt werden, könnten weder vertrauensvolle Zusammenarbeit noch dauerhafte Kundenbeziehungen gelingen. Bei allem Anschein egoistischen Verhaltens lebt auch eine kapitalistische Wirtschaft von der in anderen Sozialsystemen anerzogenen Kooperationsbereitschaft.

Ein wichtiges Problem einer einseitig kapitalismuskritischen Analyse liegt darin, dass weder „das Kapital", noch die „Arbeiterklasse" in sich homogen sind. Offensichtlich konkurrieren Firmen (manchmal) miteinander, produzierende und finanzielle Unternehmen haben nicht immer die gleichen Interessen, und dasselbe gilt für Arbeiter und Angestellte. Zwar unterliegen Unternehmen dem Wettbewerbsdruck, aber der ist nach Branchen unterschiedlich (wer ein patentgeschütztes Medikament verkauft, hat gar keinen Wettbewerb) und lässt durchaus Spielräume für mehr oder wenige arbeitnehmer- und umweltfreundliches Geschäftsgebaren.

Menschen leben viele Rollen gleichzeitig: als Breitensportlerin, Mutter, Arbeitnehmerin usw. Manche kommen auf Ideen, die den weiteren Verlauf der Geschichte beeinflussen (z. B. Marx selbst). Die geldvermittelte Interaktion ist zweifellos wichtig, aber nicht die einzige. „Geschichte" entsteht aus dem Einwirken sozialer, psychologischer, technischer und ökonomischer Einflüsse auf den jeweiligen historischen Ausgangszustand.

**Offene Fragen in der marxistischen Analyse**
Schließlich gibt es auch in der marxistischen Analyse noch eine Reihe wichtiger offener Fragen; z. B. ist nicht einmal klar, warum der Kapitalismus gerade in Europa im 15. Jahrhundert entstanden ist (und nicht schon in der Antike oder an anderen Orten).

Oder ist vielleicht die Konzentration riesiger Grundbesitze in der römischen Spätantike auch eine Form von „Kapitalismus"? Wenn nicht, welche Elemente fehlen ihm (Maschinen, Lohnarbeiter ...)?

Je nach Autor werden ganz unterschiedliche Gründe für die Entstehung des modernen Kapitalismus genannt:

- die Umwandlung von Ackerland in Schafweiden, weil die Wollproduktion für den Textilienhandel mehr Profit versprach, wodurch Bauern vertrieben und zu Lohnabhängigen wurden (so Marx),
- der plötzlich und massiv gestiegene Finanzbedarf aufgrund neuer Militärtechnologien (Zinn, 1989),
- das Entstehen einer zwischen Herren und Knechten stehenden, relativ unabhängigen Bürgerschicht im europäischen Spätmittelalter (Veerkamp, 2005),
- die Erschließung fossiler Energie (Altvater, 2018 u. a.). Wie diese Faktoren zusammenwirken, ist bisher unklar.

In der Tat unterscheidet sich die „Wirtschaft" des mittelalterlichen Europas von der der Moderne. Der Mediävist Le Goff meint, dass es im Mittelalter so etwas wie „Wirtschaft" (im modernen Verständnis) nicht gegeben habe, weil „Ökonomie im Mittelalter ... stets in das Handeln einer Menschheit eingebettet war, welche ganz und gar von der Religion beherrscht und beseelt war" (Le Goff, 2010). Selbstverständlich wurde, wenn auch in erheblich geringerem Umfang als später, mit Münzen bezahlt; aber das Geschehen der „Wirtschaft" wurde nicht, wie in der Neoklassik, als ein quasinaturgesetzliches, von anderen Lebensbereichen unabhängiges Geschehen gedeutet.

Vielleicht ist das einer der wichtigsten Gedanken, die aus der Marx'schen Analyse folgt: „Wirtschaft" und „Gesellschaft" existieren nicht unabhängig voneinander. In einer religiös geprägten Gesellschaft wie dem Mittelalter denken ihre Mitglieder in einer bestimmten Weise über ökonomische Vorgänge (z. B. in Form des Zinsverbotes), und diese ökonomischen Vorgänge verlaufen entsprechend anders. Heute neigen manche Autoren dazu, alle möglichen Handlungen (bis hin zum Kinderkriegen) ökonomisch zu deuten, wobei das Wort „ökonomisch" in einem sehr speziellen Sinn verwendet wird, nämlich als egoistisches Kosten-Nutzen-Kalkül.

## Literatur

Altvater, E. (2018). *Das Ende des Kapitalismus, wie wir ihn kennen*. Westfälisches Dampfboot.
Elsässer, L., Hense, S., & Schäfer, A. (2016). *Systematisch verzerrte Entscheidungen? Die Responsivität der deutschen Politik von 1998 bis 2015: Endbericht*. O. V. Bundesministerium für Arbeit und Soziales.
Gnahs, D. (2010). *Kompetenzen – Erwerb, Erfassung, Instrumente* (S. 11 f.). W. Bertelsmann.
Kurz, R. (2002). *Schwarzbuch Kapitalismus*. Ullstein.
Kurz, R. (2003). *Weltordnungskrieg*. Horlemann.
Le Goff, J. (2010). *Geld im Mittelalter* (S. 217). Klett-Cotta.
Lyotard, J. F. (2019). *Das postmoderne Wissen*. Passagen.
Marx, K. (1867). *Das Kapital*. Hier in der Auswahl von B. Kautsky. Kröner, 1969.
Tagesspiegel. (2012). https://www.tagesspiegel.de/wirtschaft/fiskalpakt-eu-regierungschefs-wollen-die-maerkte-beruhigen/6282056.html. Zugegriffen am 15.07.2020.
Veerkamp, T. (2005). *Der Gott der Liberalen*. Argument.
Zinn, K. G. (1989). *Kanonen und Pest*. Westdeutscher Verlag.

# 5

# Ein Lösungsvorschlag – wie wir Wirtschaft inhaltsreich beschreiben und „erklären" können

Was kann man aus den Fehlern der Neoklassik und der (verkürzten) Kapitalismuskritik lernen?
Wie muss ein funktionierendes Verständnis von Wirtschaft aussehen? Wäre es nicht schön, wenn das, was Wirtschaftswissenschaftler über ihren Gegenstand sagen, genau so präzise wäre wie das, was ein Arzt über „Diabetes mellitus" berichten kann? Der gewöhnliche Reflex ist: Das geht nicht, weil die beiden Wissenschaften nicht vergleichbar sind. Doch, sie sind; versuchen wir es einmal.

**Anatomie und Physiologie**
Gute Medizin fängt mit Anatomie und Physiologie an. Das Erste, was ein angehender Arzt lernt, ist die makroskopische Struktur des Körpers. Im Kopf gibt es an Organen das Gehirn, die Augen, Ohren usw., im Thorax Herz, Lunge etc., im Bauch die inneren Organe…

Dann lernt er die mikroskopische Anatomie (was man unter dem Mikroskop von diesen Organen sieht), dann die Physiologie (die Funktionsweise), dann die krankhaften Veränderungen und schließlich, als Höhepunkt, die dazu gehörigen Krankheiten.

© Der/die Autor(en), exklusiv lizenziert durch Springer Fachmedien Wiesbaden GmbH, ein Teil von Springer Nature 2022
C. Thielscher, *Wirtschaft und Gerechtigkeit*,
https://doi.org/10.1007/978-3-658-36222-5_5

Krankheiten sind der Dreh- und Angelpunkt der modernen Medizin: „Ärzte denken in Diagnosen". „Krankheit an sich" ist für Ärzte ein leerer Begriff. Diese genaue Kenntnis ihres Gegenstandes und der Fokus auf einzelne Krankheiten bedingen gegenseitig den Erfolg der Medizin: „Tuberkulose" kann man untersuchen (und herausfinden, welche Erreger sie verursachen); bei „allgemeiner Schwäche" ist man als forschender Arzt chancenlos.

In Abb. 5.1 wird dies am Beispiel des Diabetes durchgespielt. Das medizinische Wissen zeigt, wie man sieht, eine baumartige Struktur. Wir fangen an bei den inneren Organen, folgen dem „Ast" der Bauchspeicheldrüse und dort weiter über den endokrinen Teil zu den Langerhans'schen Zellen (den anatomischen „Blättern"). Hier endet die Anatomie, und wir untersuchen die Funktion: Diese Zellen produzieren Insulin. Insulin wiederum dient dazu, Zucker aus der Blutbahn in die anderen Körperzellen zu bringen.

Der Rest ist jetzt einfach zu verstehen: Wenn die Langerhans'schen Zellen zerstört werden, kommt es zum Insulinmangel, der Zucker gelangt nicht mehr in die Körperzellen, und der Blutzucker im Blut steigt. Das hat verschiedene Folgewirkungen, die uns hier nicht weiter interessieren.

Man sieht noch mehr an der Abbildung. Die Medizin strukturiert ihr Wissen und ihre Aufgaben (Fachbereiche, z. B. Innere Medizin, HNO ...) i. W. entlang von Körperteilen bzw. Organen und Organsystemen (z. B. Nervensystem). Außerdem erarbeitet sie ihr Wissen typischerweise „von links nach rechts", d. h., sie begann mit der topografischen Ana-

| Topografie/ Organ | | | Mikro- skopische Anatomie | Physiologie | Patho- anatomie | Patho- physiologie | Diagnose | |
|---|---|---|---|---|---|---|---|---|
| ─ Kopf | | | | | | | | |
| ─ ...(etc.) | | | | | | | | Übergreifende Themen, z. B. Blutkreislauf |
| ─ Innere Organe | ─ Herz | | | ..(etc.) | ..(etc.) | ..(etc.) | ..(etc.) | ..(etc.) |
| | ─ Pankreas | ─ Exokriner Teil | -- | -- | -- | -- | -- | |
| | | ─ Endokriner Teil | Langerhans' Zellen | Produktion von Insulin, Glucagon ..(etc.) | Zelltod | Insulin- mangel | Diabetes typ I | |
| | | ─ ...(etc.) | | | | | | |
| ─ ..(etc.) | ─ ..(etc.) | | | | | | | |

**Abb. 5.1** Struktur der medizinischen Theorie

# 5 Ein Lösungsvorschlag – wie wir Wirtschaft inhaltsreich ...

tomie, die teils schon in der Antike bekannt war, dann kam die mikroskopische Anatomie usw.

Langerhans entdeckte die nach ihm benannten Inseln 1869; zwanzig Jahre später wurde ihre Rolle bei der Diabetesentstehung erkannt; ein erster Pankreasextrakt zur Behandlung von Diabetes wurde 1906 verwendet; und 1982 wurde erstmals genetisch hergestelltes Insulin eingesetzt.

Lehrreich ist auch zu sehen, welcher Aufwand jahrhundertelang betrieben werden musste und noch betrieben werden muss, um den heutigen Stand der Medizin zu erreichen bzw. weiter zu verbessern; die Datenbanksuche „PubMed" (die Ärzten ermöglicht, nach wissenschaftlichen Artikeln zu suchen) listet aktuell nach eigenen Aussagen über 30 Millionen Artikel.

Viele Untersuchungen verlaufen obendrein ergebnislos. Aber ohne detaillierte Analyse kleinster Details gäbe es keinen Fortschritt; ohne Langerhans' Inseln und die Wirkungsweise von Insulin kann man Diabetes nicht verstehen. Das dürfte auch für eine ökonomische Theorie gelten, die quasi-medizinisch strukturiert ist.

Könnte man eine ähnliche Baumstruktur für die Wirtschaft erzeugen? Selbstverständlich, wie Abb. 5.2 zeigt.

Die Wirtschaft kann man in ihre Branchen zerlegen; und man kann dann zu ihrer Funktionsweise übergehen.

| Industrie/Branche | | | Markt-segment | Funktion und Zweck | Struktur-probleme | Fehl-funktion | „Diagnose" | Übergreifende Themen, z. B. Geldverkehr, Vermögensverteilung |
|---|---|---|---|---|---|---|---|---|
| Land- und Forstwirtschaft | | | ...(etc.) | ...(etc.) | ...(etc.) | ...(etc.) | ...(etc.) | |
| Produzierendes Gewerbe ohne Bauwirtschaft | | | ... | ... | ... | .. | ... | |
| Bauwirtschaft | | Ambulante Dienste | | Allgemein-ärzte | | | | |
| ... | Öffentliche Dienstleister | | | ... | | | | |
| Öffentliche Dienstleister, Erziehung Gesundheit | Erziehung | | | Augenärzte | Sehen | Falsche Bedarfs-planung | Sub-optimales Sehen | Noch nicht bezeich-net |
| ...(etc.) | Gesund-heit | | | ...(etc.) | | ...(etc.) | ... | ...(etc.) |
| | | Kranken-häuser | | | | | | |
| | | ...(etc.) | | | | | | |

**Abb. 5.2** Struktur der ökonomischen Theorie

Um die reale „Wirtschaft" richtig zu beschreiben, braucht man also allererst eine Anatomie, d. h., man muss verstehen, wie Branchen strukturiert sind. Darüber hinaus braucht man eine Physiologie, d. h. eine Beschreibung, wie Menschen *in der jeweiligen Branche* wirtschaftliche Entscheidungen treffen, und des Regelsystems innerhalb eines konkreten gesellschaftlichen Rahmens. Unternehmen (und andere Systeme menschlicher Zusammenarbeit, z. B. Behörden) muss man so modellieren, wie sie sind: als sozialpsychologische Systeme, die Techniken bzw. Kapital nutzen, in einer historisch gewachsenen (sozialen, politischen, biologischen, technischen) Umwelt.

Ein Beispiel für den historischen Bezug: Unternehmen waren nicht immer so, wie sie heute sind. Das 17. Jahrhundert begünstigte z. B. Manufakturen, das heutige Jahrhundert international agierende Großunternehmen; manche Branchen werden von Monopolen beherrscht, andere vom Wettbewerb gesteuert. Mitarbeiter haben ihre eigenen Ziele, Wünsche, Annahmen ..., die von denen des Unternehmens abweichen können. Will man also Unternehmen verstehen, muss man einerseits ihre Umwelt verstehen (z. B. das politische, soziale, ökonomische System, in dem sie sich bewegen), andererseits ihre interne Funktionsweise, d. h. die Mechanismen, die das Verhalten des Unternehmens als soziales System steuern. (Darf ein Dienstherr den Mitarbeitern körperliche Schäden zufügen? Ja, die Bundeswehr z. B. darf Soldaten auf Märsche schicken, die ihnen blutige Blasen verursachen.)

Das klingt zunächst schwierig, ist aber im konkreten Fall einfach. Hier zwei instruktive Beispiele:

Eine Kernfrage, die in der Ökonomie seit Langem diskutiert wird, betrifft den Preis, nämlich, ob er sich aus den Produktionskosten (so Adam Smith und Karl Marx) oder der Zahlungsbereitschaft der Kunden ergibt (so die Neoklassik). Ein Arzt würde sagen, dass man das so gar nicht beurteilen kann, sondern dass es von der jeweiligen Branche abhängt.

Es gibt Branchen bzw. Situationen, in denen man Preise *ausrechnen* kann. In manchen Industrien der Basisversorgung (z. B. bei Chemikalien wie Ethylen oder Propylen) gibt es eine Handvoll Hersteller und Abnehmer, die sich untereinander kennen (sowohl formell als auch informell, wenn sich die Techniker der Firmen bei Kongressen abends auf ein Bier zusammensetzen). Während meiner Zeit als Unternehmens-

## 5 Ein Lösungsvorschlag – wie wir Wirtschaft inhaltsreich ...

berater habe ich selbst einmal eine solche Teilbranche recherchiert, siehe Abb. 5.3. (Das Bild ist leicht vereinfacht, aber die Struktur ist wie im Original.) Es gibt 6 Anlagen (A–F), die einen bestimmten Stoff herstellen können; die Breite der Vierecke entspricht der Produktionskapazität der Anlagen; die Höhe stellt ihre Produktionskosten dar. Man sieht z. B., dass Anlage A die niedrigsten Kosten aufweist, aber eine relativ geringe Kapazität besitzt. Eingezeichnet ist außerdem die aktuelle jährliche Nachfrage in Kilotonnen.

Der Marktpreis stellt sich beim Schnittpunkt aus Nachfrage und Produktionskosten des Anbieters mit der Anlage E ein, also bei 106.

Nach oben ist der Preis begrenzt: Würden die Hersteller mehr fordern, dann wichen die Nachfrager auf Anlage F aus, die dann wieder in Betrieb genommen wird. Wenn andererseits die Nachfrager versuchen, A auf einen niedrigeren Preis herunterzuhandeln, dann kann A sich weigern zu liefern (und damit drohen, dass die Anlagen der Nachfrager leerlaufen). In der Regel wird A sein Produkt allenfalls geringfügig unter dem Marktpreis anbieten und damit die Auslastung seiner Maschine sicherstellen; dann verkauft B und so weiter.

Ganz anders in der Automobilindustrie. Hersteller hochpreisiger Produkte versuchen, den Preis- durch Technologiewettbewerb zu ersetzen; d. h., sie entwickeln ständig neue technische Eigenschaften ihrer Fahr-

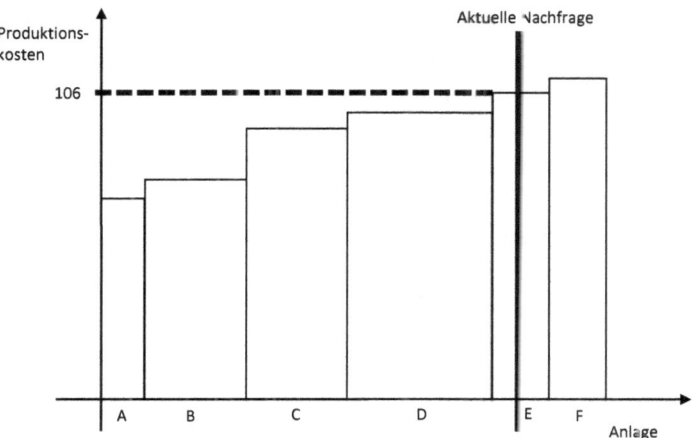

**Abb. 5.3** Preisfindung in der Chemiebranche

zeuge („der 25. Airbag"), die auf jeweils unterschiedliche Käufergruppen zielen. Dadurch sind die Produkte schwer vergleichbar, und die Firmen können ihre Gewinnspanne hochhalten. – Mit der Finanzialisierung der Wirtschaft ändert sich die Preisgestaltung: Da nun einzelne Finanzunternehmen große Aktienpakete halten (im Extremfall sind sie bei vielen Autoherstellern größter Einzelaktionär), können sie Produkt- und Preiswettbewerb direkt unterbinden und z. B. „ihre" Unternehmen zwingen, sich auf unterschiedliche Märkte zu fokussieren

Wieder anders funktioniert die Preisbildung im Gesundheitswesen: Für die meisten Güter und Dienstleistungen wird der Preis staatlich festgesetzt oder die Preisfindung vom Staat an die Hersteller und Käufer delegiert. So wird in Deutschland der Preis, den Kliniken für ihre Leistungen erhalten, öffentlich festgesetzt (vom InEK – Institut für das Entgeltsystem im Krankenhaus), indem das InEK, etwas vereinfacht gesagt, aus einer Stichprobe die Istkosten ermittelt, davon den Durchschnitt bildet und als Verrechnungspreis festlegt. Bei den Arztgehältern einigen sich Kassen und Ärztevertreter (in der Regel) einvernehmlich auf Preise für ärztliche Leistungen. – Man sieht auch, dass staatlich festgelegte Preise nicht unbedingt bedeuten, dass es keinen Wettbewerb gibt; Krankenhäuser konkurrieren sehr wohl um Patienten.

Bei Dienstleistungen wie Haarschnitten oder Nagelmodellagen, die häufig von Selbstständigen mit wenigen Mitarbeitern erbracht werden, scheint der Preis in der Nähe eines „angemessenen" Stundenlohns zu liegen. Hingegen ist bei Produkten von Topmanagementberatern der Preis völlig unabhängig vom Stundenlohn der eingesetzten Berater, sondern eher in der Nähe der Zahlungsbereitschaft des Kunden.

Das heißt: Es ist wert- und aussagearm, wenn man wirtschaftliche Fragen („Wie entstehen Preise?") unabhängig von der Anatomie der jeweiligen Branche untersucht. Frittenbuden und Chemiekonzerne unterscheiden sich voneinander hinsichtlich der Art ihres „Managements" ebenso wie ihres ökonomischen Verhaltens; man sollte sie differenziert betrachten.

Ein weiteres Beispiel: In jedem VWL-Lehrbuch steht als Grundannahme der Wirtschaftswissenschaften, dass menschliche Bedürfnisse unbegrenzt sind, Güter und Dienstleistungen aber nicht und dass daraus Knappheit entsteht.

Diese Grundannahme ist aber falsch, denn es gibt Güter, bei denen die Bedürfnisse sogar sehr begrenzt sind: z. B. bei Zytostatika, die man schon wegen ihrer Nebenwirkungen nur einnimmt, wenn man muss. Auch Brot oder Salz kann man nur bis zu einer gewissen Menge konsumieren. Unbegrenzt ist vielleicht bei manchen Menschen der Bedarf, immer bessere (und teurere) Lebensmittel zu verbrauchen, sich selbst zu verwirklichen, Zuneigung und Bewunderung zu erfahren usf.

Das ist deswegen wichtig zu differenzieren, weil manche Märkte durchaus gesättigt sein können; sie wachsen dann nicht mehr, und die Nachfrage bleibt hinter der (unbegrenzten) Kapitalvermehrung durch Zins und Zinseszins zurück.

Macht man sich die Mühe, die *tatsächliche* Wirtschaft zu untersuchen, dann lösen sich viele Probleme der Wirtschaftswissenschaften in Luft auf – so wie die Frage, ob der Preis vom Hersteller oder vom Kunden gemacht wird. (Punktuell wird das ja auch schon getan, z. B. bei manchen Lehrbüchern über Einzelbranchen oder bei Branchenanalysen für Geldanleger.) Das gilt nicht nur für diesen Fall, sondern auch für andere Themen, z. B. Produktion, Verteilung, Geld, Vermögen, Eigentum, etc.

Ich habe selbst diese Übung – zusammen mit einer Reihe sehr kompetenter Autoren – für die Medizinbranche in Deutschland durchgeführt (Thielscher, 2015 und 2017). Dabei zeigte sich, dass sich die Struktur der Branche schon recht gut beschreiben lässt, indem man einfach existierende Daten zusammenträgt (über die Art und Anzahl der zu behandelnden Patienten, die Zahl der Krankenhäuser, der Ärzte …); bei der Physiologie (Funktionsweise) gibt es durchaus brauchbares Wissen (etwa darüber, wie viele Krankheiten es gibt und wie sie typischerweise behandelt werden, über das Management von Krankenkassen usw.), aber auch weiße Flecken (etwa: Wann glauben Patienten, dass sie so krank sind, einen Arzt aufsuchen zu müssen? Was „treibt" den Geschäftsführer einer Pflegeeinrichtung?), die sich aber bei entsprechender Forschung schließen lassen. Ich kann nicht erkennen, warum das für andere deutsche bzw. internationale Branchen unmöglich sein sollte.

Ein letztes Beispiel: „Hunger an und für sich" ist schwer zu verstehen und noch schwerer abzustellen. Wenn Menschen in der äthiopischen

Hauptstadt hungern, weil sie durch „land grabbing"[1] vertrieben wurden, ist beides einfach (wenn man verstehen und helfen will).

Gäbe es also solche Branchen-, Regionen- und Problemanalysen, dann würde man „Wirtschaft" verstehen – statt mit intellektuellen Plüschpuppen (Homines oconomici) zu hantieren.

Nebenbei bemerkt kopiert dieser Vorschlag genau den Übergang von der antiken Säftelehre zur modernen Medizin. Griechische und römische Ärzte glaubten, wie oben beschrieben, dass Gesundheit auf der richtigen Mischung von vier Körpersäften beruhe. Diese Annahmen sind genauso spekulativ und falsch wie die über vollkommene Märkte.

Diese Analogie haben kluge Ökonomen gesehen, seit es die moderne Medizin gibt. Über das Fehlen einer detaillierten Beschreibung der tatsächlich existierenden Volkswirtschaft und ihrer Spielregeln (Institutionen) schrieb Schmoller schon 1900: „Die alte Volkswirtschaftslehre mit ihrem Untergehen in Preisuntersuchungen und Circulationserscheinungen stellte den Versuch einer volkswirtschaftlichen Säftephysiologie ohne Anatomie des socialen Körpers dar." Wie oben gesehen, argumentierte Coase 1984 inhaltlich sehr ähnlich.

**Der Detaillierungsgrad**
Manche Ökonomen wenden ein, dass eine solche Analyse daran scheitert, dass man das Verhalten der Marktteilnehmer nicht genau vorhersagen kann; man könne nicht in die Köpfe der Kunden (oder Anbieter) schauen, und obendrein sei der analytische Aufwand viel zu hoch.

Aber dasselbe könnte man auch für die Medizin vorbringen. Denn Ärzte verstehen gar nicht, was quantenmechanisch in den Langerhans'schen Zellen vor sich geht. Das brauchen sie auch nicht zu wissen; es genügt, dass sie die hormonelle Wirkung von Insulin kennen. Entsprechend muss ein Ökonom nur so viel über Verhalten wissen, dass klar wird, wie (reale) Märkte sich verhalten. Das kann jeder gute Unternehmensberater. Er muss dafür kein brillanter Psychologe sein. Ich habe an anderer Stelle den Markt für Augenheilkunde in Deutschland be-

---

[1] „Land grabbing" bedeutet, dass Bewohner – meistens Kleinbauern – von ihrem Land vertrieben werden, damit es industriell genutzt werden kann.

schrieben (Thielscher, 2017). Die wenigsten Leser werden sich dafür interessieren; aber wer mag, kann das Kapitel lesen und wird mir hinterher zustimmen, dass er *diesen* Markt ganz gut verstanden hat.

**Der Übergang vom heutigen (neoklassischen) Modell zur funktionierenden Wirtschaftswissenschaft**
Wie kommt man von der Plüschpuppe zur richtigen Anatomie? Es gibt einige Autoren (unter dem Logo „behavioral finance"), die vom neoklassischen Modell ausgehen und versuchen, es mit realen Modellbestandteilen anzureichern. Alternativ kann man die Wirtschaftswissenschaft neu aufsetzen und gleich mit der richtigen Anatomie starten (was mir schneller zu sein scheint).

So oder so – man erhält eine Theorie, die von der anatomischen Wurzel zur Einzelanalyse (in der Medizin: die Krankheit; in der Ökonomie: die jeweilige wirtschaftliche Fragestellung) fortschreitet; die Blätter hängen am Baum und nicht mehr in der Luft.

**Ökonomie als Wissenschaft muss ideologisch aufgeklärt sein**
Eine funktionierende Wirtschaftswissenschaft muss darüber hinaus ihre historische und gesellschaftliche Bedingtheit, ihre ideengeschichtliche Herkunft und unter Umständen ihren intentionalen Kontext reflektieren können, denn ihre Theorien sind für interessengeleitete ideologische Verzerrung anfällig. Die Neoklassik ist z. B. sehr nützlich für Besitzer großer Vermögen.

Umgekehrt wirkt die Verfassung einer Wirtschaft auf ihre Teilnehmer zurück; das führt z. B. dazu, dass Menschen heute glauben, dass Geld das natürliche Instrument ist, um Verhalten zu steuern. Das *ist* aber nicht selbstverständlich. Ähnlich darf die Analyse von „Wirtschaft" nicht dazu führen, alles Geschehen nur unter dem Aspekt der finanziellen Verwertung zu sehen. – Ich hatte schon erwähnt, dass „Geld" historisch ganz unterschiedliche Dinge bezeichnet und dass es für mittelalterliche Beobachter eine „Ökonomie" im modernen, kapitalistischen Sinne nicht *gab*.

Eine solche ökonomische Theorie sollte auch offen sein für nichtneoklassische (feministische, marxistische…) Gedanken und sie integrieren können, wenn sie für das Verstehen wirtschaftlicher Vorgänge nützlich sind.

**Deskriptive Fragen**
Ich hatte oben gezeigt, dass das, was man unter „Wirtschaft" versteht, davon abhängt, wie man sie theoretisch modelliert. Ich schlage vor, bei dieser Modellierung genauso vorzugehen wie die Medizin, d. h. zunächst einmal zu untersuchen, was man überhaupt vor sich hat, also die reale (!) Anatomie (Struktur) und die Physiologie (Funktionsweise) des Gegenstandes. Aus diesem Vorgehen ergibt sich auch, mit der Deskription wirtschaftlicher Sachverhalte zu beginnen und danach normative Überlegungen anzustellen.

Mit diesem Rüstzeug könnte man Fragen beantworten, die bisher ungelöst sind und mit der herrschenden Theorie prinzipiell unlösbar sein müssen, z. B.: Warum und wie (unter welchen Bedingungen) funktionierte die Nachkriegswirtschaft? Wie wirken sich Lohnveränderungen in der Metallindustrie auf die Beschäftigung aus? – Aber auch: Muss Arbeit immer fremdbestimmt sein oder gibt es andere Wege, gesellschaftliches und/oder wirtschaftliches Handeln zu koordinieren? Welche Teilbereiche des Lebens reguliert der Markt besser, welche eine selbstbestimmte Leistungsmessung, welche ein Abstimmungsprozess?

Und vor allem wäre eine funktionierende Beschreibung der realen Wirtschaft auch eine gute Grundlage für Gerechtigkeitsüberlegungen.

**Normative Fragen**
Bisher ging es um die richtige Beschreibung des Gegenstandes. Etwas schwieriger ist die Frage, was „Wirtschaft" denn erreichen *soll*. Das ist in der Medizin meistens einfach: Sie soll Krankheiten beim je *einzelnen* Patienten verhüten bzw. behandeln (auch davon gibt es freilich Ausnahmen: Hygiene z. B. zielt auf den Schutz vieler potenziell Betroffener).

In der Wirtschaft dagegen geht es in der Regel um viele Teilnehmer, die manchmal kooperieren, aber manchmal auch widerstreitende Interessen verfolgen.

Ich würde dennoch vorschlagen, Nutzen zu ziehen aus den Erfahrungen der Medizin als der (gegenüber der Ökonomie) älteren Wissenschaft. Auch eine Volkswirtschaftslehre könnte versuchen, sich den Zweck zu geben, alle Menschen, und zwar je für sich, bei ihren Zielen zu unterstützen, soweit sie wirtschaftlicher Natur sind. Dieser Zweck sollte ehrlich sein (auch eine ideologisch verzerrte Wissenschaft wird von sich behaupten, das Beste für alle zu wollen).

Es geht also darum, Ratsuchenden zu helfen, wirtschaftliche Güter zu erhalten und richtig einzusetzen. Nehmen wir noch einmal ein konkretes Beispiel: Wie muss die augenärztliche Versorgung in Deutschland aussehen, damit alle Patienten mit Augenkrankheiten angemessen behandelt werden? – Stellt man die Frage so, dann wird die Problematik begreifbar und lässt sich operationalisieren, d. h., beobachtbar und messbar machen. Es geht einerseits darum, Menschen möglichst viele und geeignete Mittel zur Verfolgung ihrer Ziele zur Verfügung zu stellen (also eine Frage der „technischen Effizienz"; diesem Thema gehe ich nicht weiter nach – es scheint mir eher in den Bereich der jeweiligen Fachwissenschaft zu gehören (hier der Augenheilkunde, sonst der Chemie, Pharmazie, Verfahrenstechnik...; ob die Ökonomie als „Lehre von abstrakter Knappheit" dazu etwas Substanzielles beitragen kann, wäre erst noch zu zeigen).

Andererseits geht es darum, Mittel gerecht zu verteilen. Dies ist Gegenstand des zweiten Teils des Buches.

# Literatur

Schmoller, G. (1900). *Grundriß der Allgemeinen Volkswirtschaftslehre* (S. 64). Duncker & Humblot.
Thielscher, C. (Hrsg.). (2015 und 2017). *Medizinökonomie. Band 1: Das System der medizinischen Versorgung. Band 2: Unternehmerische Praxis und Methodik.* Springer Gabler.
Thielscher, C. (2017). Was kann die Gesundheitswirtschaft von der Medizin lernen? In D. Matusiewicz & M. Muhrer-Schwaiger (Hrsg.), *Neuvermessung der Gesundheitswirtschaft* (S. 253–268). Wiesbaden.

# Teil II

## Gerechtigkeit

# 6

# Die bisherige Unbestimmtheit des Gerechtigkeitsbegriffs

In diesem Teil des Buches geht es um die Frage, ob und, wenn ja, wie man „Gerechtigkeit" so präzise beschreiben kann, dass sich damit wichtige wirtschaftliche (und andere) Fragen klären lassen, z. B. der Art: Kann man aus einem allgemeinen Gerechtigkeitsprinzip erkennen, inwiefern die gegenwärtige Güterverteilung geändert werden muss?

Dazu werde ich in diesem Kapitel die eigentliche Herausforderung skizzieren: Weil der Gerechtigkeitsbegriff bisher unterschiedlich verstanden wird, schließt die Mehrzahl der Autoren, dass man aus diesem Durcheinander keine praktischen Konsequenzen gewinnen könne.

In Kap. 7 werde ich ein Gerechtigkeitsmodell vorschlagen, das ich in Kap. 8 mit naturwissenschaftlichen Befunden und in Kap. 9 mit philosophischen Vorläufern vergleiche.

Ziel dieser Kapitel ist der Beweis, dass man „Gerechtigkeit" präzise erfassen kann. Wenn dieser Beweis gelingt, gibt es eine feste Grundlage für Gerechtigkeitsüberlegungen. Dann kann man z. B. zeigen, dass eine Aussage der Form „Soziale Gerechtigkeit existiert nicht" nicht etwa eine mögliche Meinung unter vielen anderen darstellt, sondern schlicht falsch ist. Das wäre gerade für emanzipatorische Bewegungen sehr hilfreich.

In Kap. 10 werde ich das Modell einem Stresstest aussetzen. In Kap. 11 untersuche ich den Zusammenhang zwischen Gerechtigkeit und Politik; damit leite ich schließlich zum dritten Teil des Buches über, in dem ich mich mit praktischen Anwendungen des Gerechtigkeitsbegriffs befasse.

**Das praktische Problem von Gerechtigkeit**
Ungefähr 800 Millionen Menschen hungern (FAO et al., 2019). Wie viele davon am Hunger sterben, ist schwer zu sagen: Gute Zahlen aus unterversorgten Gebieten sind nicht leicht zu erheben, und außerdem sterben viele Hungernde an Folgekrankheiten, z. B. aufgrund eigentlich harmloser Leiden, denen sie aber wegen ihres geschwächten Immunsystems erliegen. Schätzungen reichen von ca. 8 Millionen (Brot für die Welt, 2020) bis zu 18 Millionen (Ziegler, 2011) Hungertoten pro Jahr. (Zum Vergleich: Im Zweiten Weltkrieg starben etwa 10 Millionen Menschen jährlich.)

Davon sind ca. drei Millionen Kinder unter fünf Jahren, die nie eine Chance bekommen, etwas aus ihrem Leben zu machen (Welthungerhilfe, 2020). Dass sie verhungern, liegt nicht daran, dass es weltweit zu wenig Lebensmittel gäbe, sondern daran, dass sie nicht genug abbekommen. Ist das gerecht? – Falls es nicht gerecht ist: Kann man etwas dagegen tun?

Acht Menschen besaßen 2018 so viel Vermögen wie die ärmere *Hälfte* der Weltbevölkerung (Oxfam, 2020).

Vor 1900 wurden in Frankreich 90 % des Gesamtvermögens vererbt; um 1960 lag dieser Anteil unter 50 %, steigt aber seit Jahrzehnten wieder an (Piketty, 2014). Hält der aktuelle Trend an, dann wird um 2030 wieder (fast) das gesamte Vermögen vererbt (und nicht erarbeitet). In anderen Industrienationen dürfte die Zahl ähnlich sein, nur liegen nicht so gute Statistiken vor.

Ist das eine gerechte Vermögensverteilung? Und spielt es eine Rolle, dass zunehmende Ungleichheit unerwünschte Folgen hat – z. B. nehmen Krankheiten, Kriminalität und Drogenabhängigkeit zu (Kappeler & Fichtel, 2019) – möglicherweise bis hin zur Zunahme von gewaltsamen Konflikten (Scheidel, 2018)?

## 6 Die bisherige Unbestimmtheit des Gerechtigkeitsbegriffs 113

Joseph J. Cassano war eine der Schlüsselfiguren der Finanzkrise im Jahr 2007. Er leitete eine Abteilung des Versicherungskonzerns American International Group, die eine Art Versicherung gegen den Bankrott von Schuldnern verkaufte, sogenannte Credit Default Swaps. Als Gläubiger zahlte man an AIG eine jährliche Prämie, und AIG übernahm das Ausfallrisiko: Konnte der Schuldner nicht zahlen, bekam man von AIG den Ausfall ersetzt. – Aus Sicht von AIG war das ein einträgliches Geschäft, solange die Gläubiger ihre Versicherungsprämie zahlten und keine Schuldner ausfielen. Als aber im Zuge der Finanzkrise massenhaft Kredite faul wurden, war die AIG pleite (und wurde vom Staat, d. h. aus Steuermitteln, gerettet). Cassano, der nicht genügend Sicherheiten bildete, sondern die eingehenden Prämien praktisch als Reingewinne betrachtete, erhielt in dieser Zeit über 300 Millionen Dollar an Gehältern; er blieb bis heute unbehelligt (Heynen, 2012).

Manche Kapitalanleger sind mit noch seltsameren Methoden reich geworden. Glaubt man der Darstellung auf Wikipedia (2021), so hat Paul Singer sein Milliardenvermögen erworben, indem er Entwicklungsländer in den Bankrott trieb:

„Singer hatte nach der Insolvenz Argentiniens 2001 zusammen mit anderen Investoren zahlreiche Staatsanleihen dieses Landes zu billigsten Konditionen aufgekauft. Während die argentinische Präsidentin Cristina Fernández de Kirchner versuchte, die Schulden zu restrukturieren, mussten viele der Gläubiger sich mit reduzierten Rückzahlungen abfinden. Paul Singer legte jedoch Rechtsmittel gegen Argentinien ein und versuchte, argentinische Vermögenswerte weltweit zu beschlagnahmen.

Ein New Yorker Bezirksrichter verurteilte Argentinien im Oktober 2012 zu einer Zahlung von 1,3 Milliarden US-Dollar an die Hedgefonds. Als weiteres Druckmittel wurde es Argentinien verboten, andere Schulden zu bedienen, solange die Hedgefonds nicht bezahlt worden seien, denn es dürfe kein Gläubiger bevorzugt bedient werden … Nachdem ein Schlichtungsverfahren zwischen Argentinien und den US-amerikanischen Hedgefonds, darunter insbesondere NML Capital [ein Fonds Singers, d. V.], es nicht geschafft habe zum 31. Juli 2014 Mitternacht zu einer Einigung zu kommen, erklärte der argentinische Wirtschaftsminister sein Land für bankrott, zumindest gegenüber diesen Hedgefonds. 2016 kam es zur Begleichung der Schulden … Dies führte im Ergebnis dazu, dass die

Holdout-Gläubiger 9,3 Milliarden Dollar erhielten, wovon 2,4 Milliarden Dollar an Elliott [ein anderer Fonds Singers] gingen. Ende der 1990er-Jahre kaufte die auf den Cayman Islands ansässige Kensington International – eine Tochter von Singers Elliott Associates – für 1,7 Millionen US-Dollar Schuldentitel der Republik Kongo aus den 1980er-Jahren, die einen (ursprünglichen) Nennwert von 32,6 Millionen US-Dollar gehabt hatten. Danach folgte die (schon übliche/bzw. schon geplante) Klagerunde, um 100 Prozent des Schuldentitels einzutreiben. Kensington strengte verschiedene Klagen an, bekam Recht und Anspruch auf mittlerweile (Zins + Zinseszins) aufgelaufene 118,6 Millionen. Als die Republik Kongo sich weigerte zu zahlen, versuchte Kensington Zugriff auf Vermögenswerte der Republik Kongo selbst und auch auf deren Geschäftspartner zu erlangen. So reichte der Fonds bei einem britischen Gericht einen Antrag ein, Gelder einer englischen Tochtergesellschaft des Schweizer Rohstoffkonzerns Glencore, die über verschiedene Firmen Öl aus dem Kongo erworben hatte, einzuziehen. Kensingtons Anwälte hatten zuvor nachgewiesen, dass die Firmen, mit denen Glencore Geschäfte getätigt hatte, dem kongolesischen Staat gehörten. Und so ordnete im November 2005 der High Court in London schließlich an, dass Glencore 39 Millionen US-Dollar für zwei Öllieferungen nicht an die kongolesischen Handelsfirmen, sondern an Kensington International zahlen müsse. Das US-Nachrichtenmagazin Nation berichtete, dass es Singer gelungen sei, vorübergehend 90 Millionen Dollar Entwicklungshilfe zu blockieren. Diese Summe war für die Bekämpfung einer Cholera-Epidemie vorgesehen."

Falls die Geschichte so stimmt: Ist es gerecht, dass jemand steinreich wird, indem er die Entwicklungshilfe für arme Länder blockiert oder ganze Nationen in den Staatsbankrott treibt (mit der Folge, dass dort unbeteiligte Menschen leiden, wahrscheinlich sogar sterben)?

Wahrscheinlich würden viele Menschen spontan entscheiden: All das ist ungerecht.

Aber – und das ist das Thema dieses Teils des Buches –: Was ist eigentlich „gerecht"? Kann man einen „gerechten" Zustand beschreiben? Oder hat ohnehin jeder eine andere Vorstellung von „Gerechtigkeit"?

Denn man müsste ja zuerst ein belastbares Konzept von „Gerechtigkeit" haben, bevor man mit seiner Hilfe Ungerechtigkeit verhindern oder zumindest reduzieren kann. Wahrscheinlich werden manche Superreiche (wie die oben genannten) über die Frage nach dem Inhalt von Gerechtigkeit müde lächeln; dafür erhalten sie sogar Unterstützung von Nobelpreisträgern, die ihnen bestätigen, dass es „soziale Gerechtigkeit" gar nicht gibt (s. u.). – Was sagt die Wissenschaft dazu?

**Das Problem einer Theorie von Gerechtigkeit**
Tatsächlich findet man in ökonomischen und philosophischen Schriften eine ganze Reihe von Aussagen, die den Begriff der Gerechtigkeit relativieren oder sogar ablehnen. Sie reichen von der Annahme, es gebe zwar Gerechtigkeit, aber man könne nicht genau sagen, was das sei, bis hin zur Warnung, es sei gefährlich (!), sich mit ihr zu beschäftigen.

Ein typischer Vertreter der Tradition, der zufolge man nicht sagen könne, was „Gerechtigkeit" genau bedeute, ist Chaim Perelmann (1912–1984), ein unter Gerechtigkeitsphilosophen bekannter polnisch-belgischer Autor. Er schrieb, dass man zwar Kriterien der formalen Gerechtigkeit definieren könne (darunter versteht er unparteiliche Rechtsprechung, also „Rechtmäßigkeit"), dass man aber nicht inhaltlich angeben könne, was „gerecht" ist, weil die Werte, die die Basis der jeweiligen Gerechtigkeitsvorstellung bilden, willkürlich seien:

„In einem normativen System ... bestimmen die allgemeinen Prinzipien [der Moral] nicht das, was ist, sondern was sein soll. Sie setzen den allgemeinen Wert fest, aus dem sich Normen, Imperative und Gebote ableiten lassen.
Dieser Wert hat nun weder in der Logik noch in der Realität eine Basis. Da sich die Behauptung dieses Wertes weder aus einer logischen Notwendigkeit, noch aus einer erfahrungsmäßigen Universalität ergibt, ist der Wert weder allgemein noch notwendig. Er ist logisch und erfahrungsgemäß willkürlich."

Der Wert, aus dem sich spezifische (Gerechtigkeits-)Normen ergeben, ist also nach Perelmann „willkürlich". Er fährt fort:

„Da er willkürlich, also unsicher ist, unterscheidet der Wert sich von der Realität … Unsere Anstrengung, Regeln so zu rechtfertigen, daß die Willkür so weit als möglich aus ihnen eliminiert wird, muß vor einem ungerechtfertigten Prinzip, einem willkürlichen Wert haltmachen …

Jedes Gerechtigkeitssystem stellt nur die Entfaltung eines oder mehrerer Werte dar, deren willkürlicher Charakter sich aus deren Wesen selbst ergibt. Wir verstehen nun auch, daß es nicht nur ein einziges Gerechtigkeitssystem geben kann, sondern daß es ebensoviele Gerechtigkeitssysteme geben muß, wie es verschiedene Werte gibt. Wird also eine Regel von jemandem, der eine andere Formel der konkreten Gerechtigkeit und damit eine andere Einteilung der Wesenskategorien vertritt, als ungerecht betrachtet, so kann folglich nur der zwischen den Verfechtern der verschiedenen Formeln der Gerechtigkeit bestehende Antagonismus zur Kenntnis genommen werden. Jeder von ihnen stellt einen anderen Wert in den Vordergrund. Bei der Vielzahl der Werte, ihrer Gegensätzlichkeit und ihrer Willkürlichkeit ist die rationale Erörterung allein nicht in der Lage, zugunsten eines der Gegner zu entscheiden, da eine Übereinstimmung in den Prinzipien, die als Ausgangspunkt für die Erörterung dienen könnten, nicht gegeben ist." (Perelmann, 1967).

Sind also alle Vorstellungen von Gerechtigkeit gleich gut, weil sie ohnehin beliebig sind? Ist es demnach aussichtslos, etwas Präzises über den Inhalt von „Gerechtigkeit" zu sagen?

Ist z. B. eine Gerechtigkeitsvorstellung, derzufolge Menschen einer bestimmten Hautfarbe zur Sklaverei geboren seien, genauso gerecht wie jede andere? Ist „Gerechtigkeit" nichts als ein Gefühl, das sich einer rationalen Analyse entzieht? Haben die Verhungernden einfach Pech gehabt, und an ihrem Schicksal kann man leider nichts ändern? Kann man nicht einmal den totalitären Regimen des 20. Jahrhunderts, faschistischen wie stalinistischen, nachweisen, dass sie ungerecht waren – weil sie einfach eine willkürliche Vorstellung von „Gerechtigkeit" hatten, die genauso beliebig ist wie jede andere?

Eine besonders wichtige Ausprägung dieses Gedankens, die in der Literatur häufig auftritt, betrifft das Verhältnis von Gerechtigkeit und Gleichheit: Ist es gerecht, immer alle gleich zu behandeln? Beim Strafrecht scheint das so zu sein; beim Steuerrecht aber nicht. Gibt es also unterschiedliche Gerechtigkeiten (Graf von Maldeghem, 1988)?

## 6 Die bisherige Unbestimmtheit des Gerechtigkeitsbegriffs

Während Perelmann offenlässt, ob es vielleicht irgendwann gelingt, „Gerechtigkeit" präzise zu beschreiben, bedauert Hans Kelsen (1881–1973), der als einer der bedeutendsten Rechtswissenschaftler des 20. Jahrhunderts gilt, ebenfalls, dass man den Begriff nicht inhaltlich füllen kann, hält das Thema aber für abgeschlossen:

> „Keine andere Frage ist so leidenschaftlich erörtert, für keine andere Frage so viel kostbares Blut, so viel bittere Tränen vergossen worden, über keine andere Frage haben die erlauchtesten Geister – von Platon bis Kant – so tief gegrübelt. Und doch ist diese Frage heute so unbeantwortet wie je. Vielleicht, weil es eine jener Fragen ist, für die die resignierte Weisheit gilt, dass der Mensch nie eine endgültige Antwort finden, sondern nur suchen kann, besser zu fragen." (Kelsen, 1953)

Sehr alt ist die Vermutung, dass Gerechtigkeit „unnatürlich" ist. Sie wird schon von Kallikles vertreten, einem Gesprächspartner Sokrates' – im Dialog „Gorgias":

> „Denn nach der Natur ist alles häßlicher, was auch schlechter ist, nämlich das Unrechtleiden, nach dem Gesetz aber das Unrechttun. Denn das Unrechtleiden ist nicht der eines Mannes würdige Zustand, sondern eines Sklaven, für den der Tod besser ist als das Leben, weil er nicht imstande ist, wenn er beleidigt oder gemißhandelt wird, sich selbst zu helfen oder sonst jemandem, den er gern hat.
> Die Gesetzgeber aber sind, denke ich, die schwächlichen Menschen und die große Masse! In Rücksicht auf sich und ihren eigenen Vorteil geben sie die Gesetze, sprechen sie Lob und Tadel aus. Sie wollen die stärkeren Menschen, welche die Kraft haben, sich Vorteil anzumaßen, einschüchtern, damit sie es nicht ihnen gegenüber tun, und sagen deshalb, es sei häßlich und ungerecht, sich Vorteile anzumaßen, und das versteht man unter Unrechttun, sich Vorteile vor dem andern anzumaßen suchen. Denn sie sind, denke ich, zufrieden, weil sie schwächer sind, wenn sie nur den gleichen Teil behalten. Daher also wird dies durch das Gesetz als ungerecht und häßlich bezeichnet: das Streben, mehr zu haben als die meisten; und dieses nennt man Unrechttun.
> Die Natur selbst aber beweist, daß es gerecht ist, daß der Stärkere mehr habe als der Schwächere und der Fähige mehr als der Unfähige. Unter vielen anderen Beweisen hierfür zeigt sie unter den Tieren überhaupt und

unter den Menschen in ganzen Staaten und Geschlechtern; daß das anerkanntes Recht ist, daß der Stärkere über den Schwächeren herrsche und mehr habe als jener. Denn mit welchem Rechte ist denn Xerxes gegen Hellas zu Feld gezogen? Oder sein Vater gegen die Skythen? Oder tausend andere Tatsachen der Art könnte man anführen. Aber ich denke, diese handeln nach der Natur und, beim Zeus, nach dem Gesetz der Natur, freilich nicht nach dem, das wir willkürlich aufstellen. Die Besten und Stärksten aus unserer Mitte nehmen wir von Jugend an her und suchen sie wie Löwen durch Sprüche und Zaubermittel untertänig zu machen und sagen ihnen, Gleichberechtigung müsse sein, und darin bestehe das Schöne und Gerechte. Wenn aber, glaube ich, ein Mann kommt mit einer hinreichend starken Natur, der schüttelt das alles ab, durchbricht die Fesseln mit Erfolg, tritt unsere Satzungen, Zaubersprüche und Formeln und alle die widernatürlichen Gesetze zu Boden, und er, der unser Sklave war, tritt offen als unser Herr auf, und da zeigt sich das Recht der Natur in glänzendem Lichte ...

O gewiß, mein Sokrates. Wie könnte denn ein Mensch glücklich werden, wenn er irgend jemandes Sklave ist? Nein, das ist das Schöne und Rechte von Natur, das ich dir jetzt frei und offen bekenne, daß derjenige, welcher richtig leben will, seine eigenen Begierden so groß als möglich werden lassen muß, ohne sie im Zaum zu halten; wenn sie aber recht groß sind, dann muß er imstande sein, ihnen zu fröhnen durch Tapferkeit und Einsicht und die Begierde zu befriedigen, worauf sie sich auch jedesmal richten mag. Aber das können, denke ich, die meisten nicht. Daher tadeln sie Männer dieser Art aus Ärger, um ihre eigene Ohnmacht zu verbergen, und bezeichnen die Zügellosigkeit als häßlich. Was ich in meiner früheren Auseinandersetzung sagte, sie knechten die von Natur besseren Menschen, und weil sie ihren Lüsten keine Befriedigung schaffen können, so loben sie die Besonnenheit und Gerechtigkeit um ihrer eigenen Feigheit willen.

Denn was wäre für diejenigen, welche etwa von vornherein so glücklich sind, Königssöhne zu sein, oder die imstande sind, sich eine Herrschaft, Tyrannis oder einen Königsthron zu verschaffen, in Wahrheit häßlicher und schlimmer als deine Besonnenheit? Während sie ja alles Gute genießen könnten, ohne daß ihnen jemand in den Weg träte, würden sie sich selbst das Gesetz, Gerede und Geschimpfe der Masse zum Herrn erküren? Oder würden sie nicht unglücklich geworden sein von der Ehre der Gerechtigkeit und Besonnenheit, wenn sie ihren eigenen Freunden nicht mehr zuteilen könnten als ihren Feinden, und zwar als Herrscher im eigenen Staate?

## 6 Die bisherige Unbestimmtheit des Gerechtigkeitsbegriffs

Nun, Sokrates, so steht's in der Wahrheit, der du ja nachzutrachten behauptest. Wohlleben, Zügellosigkeit, Freiheit, wenn sie festen Rückhalt hat, das ist die Tugend und Glückseligkeit. Das andere all ist Flitterstaat, widernatürliche Satzungen, menschlicher Aberwitz und taugt nichts." (Platon, um 390 v. Chr.)

Noch deutlicher ist Friedrich August Edler von Hayek (1899–1992), der 1974 den Alfred-Nobel-Gedächtnispreis für Wirtschaftswissenschaften erhielt. Ihm zufolge ist „soziale Gerechtigkeit" einfach ein Aberglaube:

„Aber die nahezu allgemeine Verbreitung eines Glaubens beweist nicht, daß er gültig oder auch nur sinnvoll ist, so wenig wie der allgemeine Glaube an Hexen oder Gespenster die Gültigkeit dieser Begriffe bewiesen hat. Womit wir es im Falle der ‚sozialen Gerechtigkeit' zu tun haben, ist einfach ein quasi-religiöser Aberglaube von der Art, daß wir ihn respektvoll in Frieden lassen sollten, solange er lediglich seine Anhänger glücklich macht, den wir aber bekämpfen müssen, wenn er zum Vorwand wird, gegen andere Menschen Zwang anzuwenden. Und der vorherrschende Glaube an ‚soziale Gerechtigkeit' ist gegenwärtig wahrscheinlich die schwerste Bedrohung der meisten anderen Werte einer freien Zivilisation." (v. Hayek, 1981).

Schließlich meint der amerikanische Ökonom und Nobelpreisträger Robert E. Lucas, es sei nicht nur sinnlos, sondern sogar *gefährlich*, sich mit Gerechtigkeitsfragen zu beschäftigen. Kelsen hatte dies nur angedeutet, als er schrieb, dass für diese Frage Blut vergossen wurde. Deutlicher formuliert Lucas:

„Von den Tendenzen, die für eine gesunde ökonomische Theorie am gefährlichsten sind, ist die verführerischste und meiner Meinung nach giftigste diejenige, auf Verteilungsfragen zu fokussieren. In genau dieser Minute wird ein Kind in eine amerikanische Familie hineingeboren, und ein anderes Kind, das von Gott gleichermaßen geschätzt wird, wird in eine Familie in Indien hineingeboren. Die Ressourcen aller Art, die diesem neuen Amerikaner zur Verfügung stehen, werden in der Größenordnung des 15-fachen der Ressourcen liegen, die seinem indischen Bruder zur Verfügung stehen. Dies scheint uns ein furchtbares Unrecht zu sein, das direkte Korrekturmaßnahmen rechtfertigt, und vielleicht können und sollten einige Maßnahmen dieser Art ergriffen werden. Aber von der enormen Zunahme des Wohlstands von Hunderten von Millionen Menschen, die sich im Verlauf der industriellen Revolution in den letzten 200 Jahren ereignet hat, kann praktisch keine auf die direkte Umverteilung der Ressourcen von reich auf arm zurückgeführt werden. Das Potenzial, das Leben armer Menschen zu verbessern, indem verschiedene Wege zur Verteilung der aktuellen Produktion gefunden werden, ist nichts im Vergleich zu dem scheinbar grenzenlosen Potenzial, die Produktion zu steigern." (Lucas, 2004)

Fasst man die Argumente gegen die Idee der Gerechtigkeit zusammen, so findet man die folgenden:

- Es ist zwar schade, aber man kann nur Rechtmäßigkeit definieren, nicht den Inhalt von Gerechtigkeit.
- Es ist zwar schade, aber man kann nicht sagen, was gerecht ist. Zum Beispiel ist manchmal gerecht, alle gleich zu behandeln, und manchmal nicht.
- Es gibt Gerechtigkeitsnormen, aber sie sind unnatürlich.
- Es ist dumm, über Gerechtigkeit zu sprechen – sie existiert nicht.
- Das Nachdenken über Gerechtigkeit ist gefährlich und sollte besser unterbleiben.

Diese Argumente stammen aus verschiedenen Zeiten, von Philosophen, Juristen und Ökonomen, und zwar (auch) von Nobelpreisträgern; sie sind ernst zu nehmen. Auch handelt es sich bei „Gerechtigkeit" um ein komplexes Thema, denn unterschiedliche Dinge können gerecht oder ungerecht sein (Machthaber jeder Art, Regeln, das Schicksal, Ergebnisse u. v. m.); Ungerechtigkeit kann man aus verschiedenen Gründen empfinden.

In den folgenden Kapiteln werde ich dennoch versuchen zu beweisen, dass es eine Vorstellung von Gerechtigkeit gibt, die sich rational – genau gesagt: mit naturwissenschaftlichen Methoden – beschreiben und begründen lässt. Dafür verwende ich medizinische Daten zum Gerechtigkeitsempfinden und zur Entwicklung des menschlichen Denkens, Handelns und Fühlens, insbesondere aus den Bereichen der bildgebenden

Verfahren, der vergleichenden Psychologie, der Verhaltensbiologie, der Anthropologie, der Soziobiologie und der Evolutionstheorie des Verhaltens.

Im Ergebnis wird sich zeigen, dass man nicht jede Detailfrage vorab beantworten, aber doch einen Korridor für den Gerechtigkeitsbegriff angeben kann: Es gibt Vorgänge und Strukturen, die eindeutig gerecht, und andere, die eindeutig ungerecht sind. Diese Erkenntnis werde ich danach für konkrete Fragestellungen fruchtbar machen.

Dazu werde ich zunächst ein ziemlich einfaches Modell vorstellen, das Gerechtigkeit definiert und zugleich einen Ordnungsrahmen schafft, in den sich frühere Gerechtigkeitstheorien „einsortieren" lassen.

## Literatur

Brot für die Welt. (2020). https://www.brot-fuer-die-welt.de/themen/ernaehrung/. Zugegriffen am 08.01.2020.

FAO, IFAD, UNICEF, WFP, & WHO. (2019). *The state of food security and nutrition in the world. Safeguarding against economic slowdowns and downturns.* FAO. http://www.fao.org/publications/sofi/en/. Zugegriffen am 08.01.2020.

Graf von Maldeghem, C. P. (1988). *Die Evolution des Gleichheitssatzes.* Peter Lang.

v. Hayek, F. (1981). *Recht, Gesetzgebung und Freiheit* (Bd. 2, S. 98). Verlage moderne Industrie.

Heynen, M. (2012). *Der Raubzug der Banken* (S. 55 ff.). Blessing.

Kappeler, P. M., & Fichtel, C. (2019). Soziale Ungleichheit. Muster, Mechanismen und Konsequenzen in Primatengesellschaften. In G. Hartung & M. Herrgen (Hrsg.), *Interdisziplinäre Anthropologie* (S. 5 ff.). Springer Nature.

Kelsen, H. (2016). *Was ist Gerechtigkeit?* (S. 9). Reclam. (Original 1953).

Lucas, R. E. (2004). *The industrial revolution: Past and future.* Federal Bank of Minneapolis 2003 Annual Report Essay. https://www.minneapolisfed.org/article/2004/the-industrial-revolution-past-and-future. Zugegriffen am 31.12.2019.

Oxfam. (2020). *8 Männer besitzen so viel wie die ärmere Hälfte der Weltbevölkerung.* https://www.oxfam.de/ueber-uns/aktuelles/2017-01-16-8-maenner-besitzen-so-viel-aermere-haelfte-weltbevoelkerung. Zugegriffen am 02.01.2020.

Perelmann, C. (1967). *Über die Gerechtigkeit* (S. 73 ff.). Beck.
Piketty, T. (2014). *Das Kapital im 21. Jahrhundert* (S. 533). Beck.
Platon. (1940). Sämtliche Werke. Lambert Schneider, Berlin. Stephanusseite 484 ff. (Platons Werke werden häufig nach der Seitenzählung des Druckes von Henricus Stephanus zitiert.). www.zeno.org. (Original um 390 v. Chr.).
Scheidel, W. (2018). *Nach dem Krieg sind alle gleich*. Wbg Theiss.
Welthungerhilfe. (2020). *Factsheet: Welthunger-Index 2016*. https://www.welthungerhilfe.de/aktuelles/publikation/detail/factsheet-welthunger-index-2016/. Zugegriffen am 08.01.2020.
Wikipedia. (2021). *Paul Singer (Geschäftsmann)*. https://de.wikipedia.org/wiki/Paul_Singer_%28Gesch%C3%A4ftsmann%29. Zugegriffen am 22.04.2021.
Ziegler, J. (2011). *Wir lassen sie verhungern* (S. 28). btb.

# 7
# Ein Modell der Gerechtigkeit

Das hier im Folgenden vorgestellte Modell[1] beschreibt Gerechtigkeit in drei Schritten:

1. Zunächst wird das Verhältnis von „Moral" und „Gerechtigkeit" bestimmt.
2. Dann werden die Elemente besprochen, die „Gerechtigkeit" ausmachen.
3. Schließlich wird inhaltlich beschrieben, was „gerecht" ist.

## 7.1 Die Begriffe „Moral" und „Gerechtigkeit"

„Gerechtigkeit" (ebenso wie „Wahrheit") gehört zu einer Gruppe von Begriffen, die (auch) deshalb so schwer zu erfassen sind, weil sie von grundlegender Bedeutung für unser Denken, aber auch unser Zusammenleben sind. Ich verwende folgende Logik zur Bestimmung der „Gerechtigkeit" (Abb. 7.1):

---

[1] Das Modell entstand, als ich frühere Gerechtigkeitstheorien mit ihren vermeintlichen Widersprüchen in einer umfassenden Darstellung integrieren wollte. Wissenschaftlich sauberer wäre es, zunächst diese Theorien vorzustellen und dann das Modell zu beschreiben. Für den Leser ist aber der hier gewählte Weg anschaulicher.

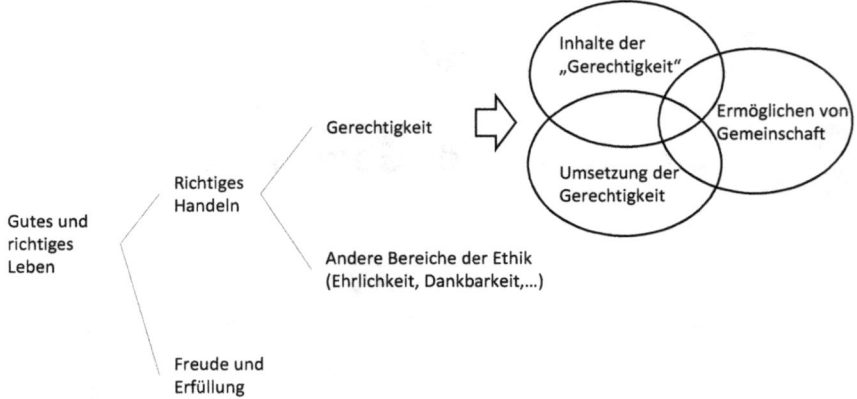

**Abb. 7.1** Vom guten Leben zur Gerechtigkeit

Geht man von der Gerechtigkeit im Schaubild nach links, so sieht man den Zusammenhang zwischen gutem Leben, Moral und Gerechtigkeit.

Antike Autoren beginnen ihre Überlegungen zur Gerechtigkeit häufig beim „guten" oder „gelingenden" Leben (so z. B. Aristoteles). Das gute Leben bezieht sich einerseits auf die richtige Interaktion mit anderen (das, was wir heute meist mit „Moral" bezeichnen – „Ethik" ist dann die Theorie der Moral), andererseits auf das eigene Erleben (Freude, Erfüllung). Hinzu kommen Techniken in allen denkbaren Teilbereichen, also Fragen der Effizienz („Wie baue ich am besten ein Haus, das gewissen Anforderungen entspricht?"), die in diesem Kapitel nicht weiter ausgeführt werden.

Die Moral wiederum enthält neben der Gerechtigkeit auch andere Themen, z. B. Ehrlichkeit oder Dankbarkeit.

Es ist sehr wichtig, die – schwierige – Unterscheidung zwischen Moral bzw. Ethik und Gerechtigkeit präzise zu fassen; denn ihr Mangel ist ein wesentlicher Grund für die Verwirrung des Gerechtigkeitsbegriffs.

Zunächst ist allen Moralbegriffen gemein, dass sie sich vor allem auf Normen für das Zusammenleben beziehen.

Nach der hier verwendeten Terminologie gehören auch Ehrlichkeit, Barmherzigkeit, Freundlichkeit, Dankbarkeit usw. zur Moral, aber nicht zur Gerechtigkeit (Abb. 7.2). Der Unterschied besteht darin, dass „Ge-

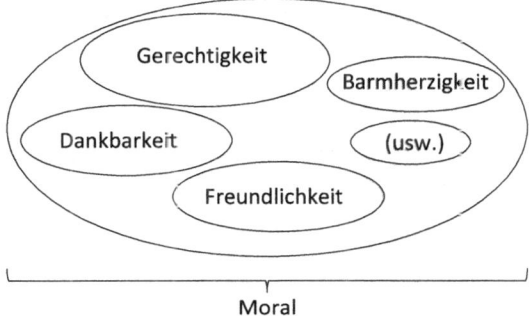

**Abb. 7.2** Gerechtigkeit und Moral

rechtigkeit" sich nur auf Situationen bezieht, in denen jemand einen Anspruch auf etwas hat und *deswegen* etwas erhält (oder eine Schuld hat und dafür eine Strafe bekommt).

Barmherzigkeit beispielsweise, zweifellos auch Thema der Moral, kann geradezu in einen Konflikt mit Gerechtigkeit kommen, wie es der Ausdruck „Gnade vor Recht ergehen lassen" sehr schön zeigt – der Richter kann demnach entweder „gerecht" oder „barmherzig" sein, z. B. die eigentlich angemessene Strafe nicht verhängen. Insbesondere hat niemand einen Anspruch auf Barmherzigkeit.

Freilich ist diese Grenze manchmal schwer zu finden. So wird bei der Ehrlichkeit auch etwas zugeteilt, nämlich „eine wahre Aussage"; und der Empfänger hat in der Regel einen Anspruch darauf, eine ehrliche Aussage zu erhalten. Dennoch gibt es einen deutlichen Unterschied, denn Ehrlichkeit bezieht sich nur auf Informationen bzw. Aussagen, Gerechtigkeit auch auf andere Dinge. Daneben gibt es weitere Unterschiede, deren Grenzen allerdings unscharf sind, z. B. hat Gerechtigkeit im Gegensatz zur Ehrlichkeit auf zweierlei Weise deutlicher mit „Macht" zu tun: Erstens gibt es jemanden, der die Macht hat, etwas zu verteilen (aber: man kann den jeweiligen Sprecher etwas gezwungen auch als jemand beschreiben, der die „Macht" hat, etwas Ehrliches oder etwas Unehrliches zu „verteilen"); zweitens erhält der Empfänger etwas, das seine Lebensmöglichkeiten (ebenfalls „Macht") erweitert – bei Gütern – oder einschränkt – bei Strafen.

Ganz unterschiedliche Dinge können verteilt werden: Güter, Strafen, Ehre, Respekt usw. Die Verteilungsorientierung der Definition bedeutet daher nicht, dass es nur um Güter ginge, erst recht nicht nur um finanziell bewertbare Dinge.

Sie impliziert aber, dass Gerechtigkeit, *wenn* es um Güter (nicht: Strafen) geht, sich auf Konkurrenz- bzw. Konfliktsituationen bezieht, weil bestimmte Dinge nur einmal verteilt werden können.

Die Unterscheidung zwischen Moral, ihrer Durchsetzung und Gerechtigkeit taucht in der Literatur öfters als „Gerechtigkeit im engeren Sinn" und „im weiteren Sinne" auf: „Im engeren Sinne" meint dann die Inhalte der Gerechtigkeit, also vor allem Fragen der gerechten Verteilung von Gütern, Respekt, Strafen usw. Im weiteren Sinn beschreibt Gerechtigkeit das, was die Gemeinschaft erhält mitsamt den dafür eingesetzten politischen und rechtlichen Mitteln.

Rechts von der Gerechtigkeit (Abb. 7.1) sind die wichtigsten – überlappenden – Aspekte bezeichnet, unter denen man Gerechtigkeit betrachten kann. Es handelt sich um Betrachtungsweisen, nicht um Bestandteile, daher sind sie nicht als Zweige des Gerechtigkeitsbegriffs gezeichnet.

*Erstens* beschreiben die Gegenstände, Inhalte und Motive der „Gerechtigkeit", worauf sie sich bezieht und was gerechtes Handeln ausmacht; das sind z. B. Regeln des gerechten Handelns. Sehr viele Dinge können Gegenstand der Gerechtigkeit sein, z. B. Menschen, ihr Charakter, ihre Handlungen und Meinungen, Regeln und Gesetze, Ordnungen, abstrakte Theorien (z. B. die Theorie, dass „Weiße" mehr haben sollen als „Farbige"), Verteilungsmechanismen, Tauschverhältnisse, Resultate (z. B. von Wettbewerben) bis hin zur Verteilung natürlicher Wertstoffvorkommen. Auch kann man Fragen der Gerechtigkeit danach unterteilen, in welchem Umfeld sie zu untersuchen sind, etwa: Fragen der Politik, der Ökonomie, der Soziologie, der Rechtspflege, der Geschlechter, Generationen, Minderheiten, Globalisierung usw.

*Zweitens* ist es schwer, Gemeinschaft zu erhalten ohne Gerechtigkeit. Wer sich ungerecht behandelt fühlt, wird auch für die Gemeinschaft, die ihm Unrecht antut, wenig Sympathie empfinden. Man kann daher Gerechtigkeit auch verstehen als das, was Gemeinschaft überhaupt erst ermöglicht.

*Drittens* gibt es die Frage, wie Gerechtigkeit umgesetzt wird – das betrifft Recht, Gesetz und Politik: Welche Politik, welche Gesetze erzeugen Gerechtigkeit? Wie bewertet man solche Gesetze, z. B.: Gibt es Gesetze (Verteilungen, Theorien …), die von Natur aus gerecht sind, oder beruhen alle Gesetze allein auf Konvention bzw. Vertrag?

Im Folgenden fokussiere ich auf Gegenstände, Inhalte und Motive der „Gerechtigkeit". Die anderen Themen aus Abb. 7.1 – Ermöglichen von Gemeinschaft, Umsetzung in Gesetz und Politik – folgen später.

## 7.2 Ein Modell mit vier Elementen

Zur Bestimmung dessen, was „Gerechtigkeit" ist, schlage ich ein Modell vor, das aus vier Elementen besteht: aus demjenigen, der etwas verteilt, dem Verteilten, den Empfängern und der Umwelt (Abb. 7.3). Ich werde diese vier Elemente im Folgenden knapp beschreiben.

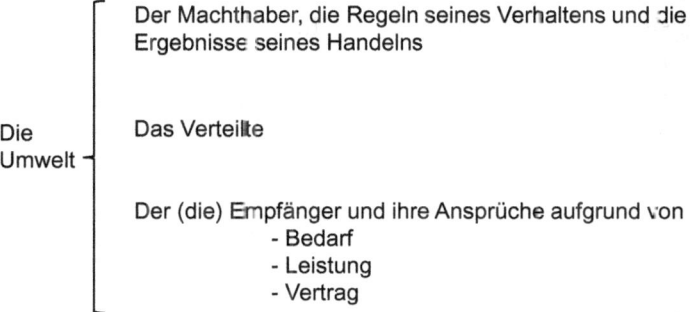

**Abb. 7.3** Gerechtigkeitsmodell

## 1. Es gibt jemanden, der etwas verteilt

Zunächst muss es jemanden (das kann einer oder können mehrere sein) geben, der etwas zu verteilen oder zuzuteilen hat und der über die Verteilung entscheiden kann. Dieser „Jemand" kann eine Person – ein König, ein (Schieds-)Richter, ein Beamter –, aber auch ein Abstraktum sein, z. B. ein Gesetz, eine Vorschrift, das Schicksal oder Gott.

Tatsächlich zielt der Begriff der „Gerechtigkeit" darauf, dass diese Entscheidungsmacht richtig angewendet wird. Diese Macht („Macht" hier im sehr weiten Sinne verstanden) kann verteilt sein, z. B., wenn ein Gremium entscheidet oder wenn zwei Parteien aus freien Stücken einen Vertrag schließen.

(Leser, die mit Aristoteles oder Thomas von Aquin vertraut sind, werden bemerken, dass ich den Begriff „Verteilung" anders definiere, nämlich umfassender – dazu mehr weiter unten.)

Der Machthaber (Richter, König, das Schicksal …) *entscheidet* darüber, was er an wen verteilt. Die „Macht", etwas zu verteilen, ist für den Begriff der Gerechtigkeit sehr wichtig. Wer nur etwas überbringt (also im Auftrag eines anderen verteilt), handelt weder gerecht noch ungerecht.

„Gerechtigkeit" setzt also immer die Fähigkeit voraus, etwas verteilen zu können. Denn „gerecht" kann nur handeln, wer etwas zu entscheiden hat und dabei anderen etwas zuteilt oder wegnimmt. Daraus folgt: Gerechtigkeit setzt Macht voraus. Wer keine Macht hat – nichts zu verteilen hat –, *kann* nicht gerecht sein. (Außerdem gilt auch: Ohne Macht kann man keine Gerechtigkeit durchsetzen, z. B. dem Schwächeren gegen den Stärkeren zu seinem Recht verhelfen; das ist aber eher ein Problem der Umsetzung.)

Dass Gerechtigkeit und Macht irgendwie zusammenhängen, wurde immer schon gesehen. Verkannt wurde aber, dass geradezu gilt: Gerechtigkeit ist ein Maß für die richtige Anwendung von Macht bzw. für das Ergebnis dieser Anwendung gegenüber Abhängigen.

Anders formuliert: Gerechtigkeit ist die Moral der Verteilung. Ohne Macht auszuüben, kann man richtig handeln, man kann auch gerechtfertigt sein, aber eben nicht „gerecht"; wer bei „Grün" über die Straße geht, handelt richtig, aber nicht gerecht. Das Wort „gerecht" bezeichnet einen Spezialfall des „moralisch guten" Handelns und der daraus resultierenden Resultate – nämlich dasjenige gute Handeln, das sich auf die Verteilung oder Zumessung von etwas (Gütern, Strafen, Spielergebnisse usw.) durch einen Machthaber bezieht; und die Ergebnisse dieser Handlung. – Das klingt langweilig, ist aber für die Lösung der Frage, was „gerecht" ist, *sehr* wichtig.

Ein paar Beispiele mögen dies weiter erläutern. Ein Vater, der seinen Kindern Taschengeld gibt, kann gerecht oder ungerecht handeln (Letzteres ist z. B. der Fall, wenn er ohne Grund eines der Kinder bevorzugt). Die Kinder können sich hingegen ihm gegenüber richtig (z. B. dankbar) verhalten, aber nicht gerecht.

Das ändert sich, wenn der Vater alt und pflegebedürftig wird, also die Macht auf die Kinder übergeht: Dann können die Kinder ihm gegenüber ungerecht handeln, z. B. ihn in ein billiges und schlechtes Heim abschieben.

Kreon (der König aus Sophokles' Tragödie) kann über Antigone ein gerechtes Urteil sprechen, aber nicht umgekehrt. Wenn Kreon hingegen einen anderen, gleichrangigen König zum Symposion einlädt, kann er richtig handeln (z. B. den richtigen Wein anbieten), aber nicht gerecht. Erlangt er aber Macht über den ehemals Gleichrangigen, weil dieser z. B. als Gast von ihm abhängt, kann er wieder „gerecht" oder „ungerecht" handeln, etwa, indem er ihn als Abhängigen zu einem ungerechten Abkommen nötigt.

Ein Sonderfall ist der Vertrag. Dabei muss man zwei Fälle unterscheiden:

1. Wenn eine Partei die andere dominiert (Kreon seinen Gast zu einem unfairen Vertrag drängen kann), hat sie ein Übergewicht an „Macht". Ein solcher Vertrag kann leicht ungerecht ausfallen.
2. Wenn beide Vertragspartner ungenötigt und freiwillig etwas tauschen, haben sie „Macht" nur über das, was sie beim Vertrag abgeben. Ein solcher Vertrag wird, wenn sich keiner der beiden übervorteilen lässt, meist „gerecht" sein; Letzteres entspricht exakt der neoklassischen Welt, in der alle ohne Druck freiwillig und voll informiert agieren und jeder mit jedem konkurrieren kann. In der Realität gilt dies aktuell am

ehesten in westlichen Märkten für billige Konsumgüter (Salz, Brötchen, Getränke usw.), in denen sich tatsächlich kaum jemand ungerecht behandelt fühlt (wenn man von der Herstellung dieser Güter absieht).

Der Mächtige muss selbst eine Wahl haben. „Gerecht" handelt er, wenn diese Wahl richtig ist. Es ist ungerecht, wenn der König seine Untergebenen ausplündert und ihr Geld in rauschenden Festen verjubelt; denn er hätte anders handeln können, z. B. die Feste weniger aufwendig gestalten. Der Zusammenhang zwischen Wahlfreiheit und Anwendbarkeit des Wortes „gerecht" wird in Grenzfällen deutlich: Ist es ungerecht, etwas Ungerechtes zu tun, wenn man selbst dazu gezwungen wird – handelte der DDR-Grenzschützer „ungerecht", wenn er den Befehl auszuführen hatte, auf einen Flüchtling zu schießen?

„Macht" ist hier freilich in einem sehr weiten Sinne zu verstehen. Sie kann aus formaler Macht bestehen (wie bei dem Schiedsrichter, der einen Strafstoß gibt), aber auch aus einem Informationsvorsprung (wenn etwa ein Kind ein anderes übervorteilt, weil jenes nicht weiß, was seine seltene Sammelkarte wert ist) oder aus der Ungleichheit der Mittelverteilung (wenn ein reicher Unternehmer seinen Arbeitern ungerechte Löhne zahlt, weil sie im Gegensatz zu ihm auf die Arbeit angewiesen sind).

Alles, was dazu befähigt, anderen etwas zuzuteilen oder wegzunehmen, ist insofern „Macht". Auch ein „Urteil", das bloß Richtigkeit oder Fehler feststellt und jemandem zuschreibt, kann „gerecht" oder „ungerecht" sein, selbst, wenn es zunächst keine weiteren (rechtlichen) Konsequenzen hat: „Sei deiner Mutter gegenüber nicht ungerecht, sie konnte nicht anders." Auch ein Dieb handelt ungerecht, weil er die Macht hat, jemanden zu bestehlen.

Schließlich kann die „Macht" bloße Verfügungsgewalt sein, z. B. beim Vertrag.

Der Begriff des „Mächtigen" kann ganz unterschiedliche Personen (Könige, Vorgesetzte, Richter u. v. a.) meinen, aber auch historische Entwicklungen, Strukturen oder das Schicksal als solches. Beispiele sind Aussagen der Form: „Es ist ungerecht, dass in bestimmten Regionen der Welt gehungert wird, die durch geschichtliche Entwicklungen, insbesondere den Kolonialismus, benachteiligt sind." Oder: „Es ist ungerecht, dass das Schicksal mir immer wieder übel mitspielt."

Zum „Machthaber" gehören Regeln, nach denen er entscheidet, Strukturen, in denen er handelt, und Ergebnisse seines Handelns. Auch diese Regeln, Strukturen und Ergebnisse können „gerecht" oder „ungerecht" sein. Eine Gesetzgebung, die Sklaverei zulässt, ist ebenso ungerecht wie die dazugehörigen Strukturen des Zusammenlebens (etwa, wenn US-amerikanischen Farbigen das Bürgerrecht verwehrt wurde).

Die Regeln, nach denen der Machthaber handelt, können seine eigenen oder von außen vorgegebene Regeln sein. Wenn er dabei zwar gerecht handelt, aber nicht aus eigener Motivation, sondern nur aus Angst vor Strafe, dann ist die Regel, nach der er handelt, gerecht, aber sein eigenes Motiv nicht.

Die „Macht" kann in solchen Fällen verteilt sein oder ganz auf die jeweiligen Strukturen übergehen, etwa, wenn in einer Sklavenhaltergesellschaft der Richter einen entlaufenen Sklaven verurteilt, und zwar entsprechend den gerade gültigen Gesetzen.

Ein spezieller Fall entsteht, wenn der Machthaber in eigener Sache entscheidet, denn daraus resultiert eine schier unerschöpfliche Quelle furchtbarer Ungerechtigkeiten, z. B. im Falle von Königen oder Diktatoren, die ganze Völker für ihre persönlichen Interessen missbrauchen oder in Kriege hetzen. Auch staatliche oder privatwirtschaftliche Monopole können höchst ungerechte Güterverteilungen durchsetzen.

Eine Reihe von Gerechtigkeitstheorien kann man in diesen Bereich „einsortieren", denn viele Philosophen haben sich für die Frage interessiert, wie man Regeln konstruieren kann, anhand derer sich das richtige Handeln des Mächtigen beurteilen lässt. Dazu gehören etwa die antike Vorstellung, jedem das Seine zu geben, Kants kategorischer Imperativ (der als Regel des „Guten" die Gerechtigkeit umfasst: „Handle nur nach derjenigen Maxime, durch die du zugleich wollen kannst, dass sie ein allgemeines Gesetz werde") und die Fairnessregeln, wie sie Rawls entwickelt hat. Auch Nozick gehört hierher, wenn er überlegt, nach welchen Regeln man Menschen etwas wegnehmen darf (z. B. in Form von Steuern.) Anarchistische Theorien interessieren sich dafür, warum es überhaupt Macht gibt und wie man sie, falls man sie nicht benötigt und sie schädlich wirkt, überwinden kann. Hobbes argumentiert, dass die Funktion des „Leviathans" darin besteht, den Kampf aller gegen alle zu beenden; es ergeben sich dann Fragen der Art, wie man „Macht" kontrolliert, also politische Themen. Soziologen können z. B. untersuchen, wie Macht in Unternehmen funktioniert (etwa: Webers Untersuchung bürokratischer Organisationen). Das führt weiter zur Arbeits- und Organisationspsychologie, der Untersuchung von Führungsstilen und Hierarchien.

Nicht alle diese Untersuchungen befassen sich auf reflektierte Weise mit Gerechtigkeitsfragen; aber *jede* Untersuchung von Macht kann auch unter dem Gesichtspunkt der Gerechtigkeit gelesen werden. – Diese und andere Theorien werden noch ausführlich besprochen.

**2. Das Verteilte**
„Gerechtigkeit" bezieht sich auf etwas, das verteilt wird.

Schon Aristoteles wies darauf hin, dass und wie verschiedene Dinge verteilt werden können – Güter, Ämter, Strafen, aber auch Ehre usw. Mit der Produktion und Verteilung von Gütern (nicht: Strafen) befassen sich utilitaristische Theorien und die ihnen nahestehenden neoklassisch-ökonomischen Analysen, z. B. in Form der Pareto-Regel („Handle so, dass du niemanden besser stellen kannst, ohne einen anderen schlechter zu stellen") oder die Wohlfahrtstheorie. (Es wird hier auch deutlich, warum deontologische bzw. kantianische und utilitaristische Gerechtigkeitstheorien so schlecht miteinander korrespondieren: Sie interessieren sich primär für unterschiedliche Modellbereiche.)

Hier erkennt man eine wesentliche Einsicht aus dem Gerechtigkeitsmodell wieder, die im Kapitel über Märkte hergeleitet wurde: Das Standardmodell der neoklassischen Ökonomie, der vollkommene Markt, kennt nur vollkommen gleichmäßig verteilte Macht, denn jeder Marktteilnehmer verfügt definitionsgemäß ausschließlich über Tauschgegenstände. Es gibt auch in dem Sinne keine „Macht", dass jeder Machtvorteil einzelner Marktteilnehmer sofort niederkonkurriert wird – es gibt ja keinen Informationsvorsprung und keine Markteintritts- und Marktaustrittsbarrieren.

Die Neoklassik *kann* daher keine Gerechtigkeitsüberlegungen anstellen, die über den freiwilligen Tausch hinausgehen. Daraus folgt weiterhin, dass sie sich in einer Welt bewegt, die auch keine Gerechtigkeit braucht, weil ja alle Transaktionen freiwillig und ohne Not erfolgen. Neoklassische Ökonomen raten daher zur Fokussierung auf Effizienzthemen (Effizienz erzeugt der Markt ihrer Theorie nach von selbst) und warnen vor der Untersuchung von Verteilungsgerechtigkeit (die normative Aussagen impliziert). Erst vor diesem Hintergrund wird für Nichtökonomen die Aussage von R. Lucas (Kap. 6) nachvollziehbar, derzufolge es sogar gefährlich sei, sich mit Fragen einer gerechten Verteilung zu beschäftigen.

Auch Theorien zu Mechanismen der Güterverteilung gehören hierher, z. B. zum Tausch und Markt in marktwirtschaftlichen Systemen versus Verteilung aufgrund politischer Entscheidungen in Planwirtschaften.

Strafen sind ein wichtiges Thema von Rechtstheorien; weiters spielen Überlegungen zum Zusammenhang von positivem Recht und Gerechtigkeit hier hinein.

M. Walzer hat versucht, verschiedene Sphären der Gerechtigkeit zu unterscheiden, die sich auf je spezifische Güter beziehen (z. B. Bildung, Nahrungsmittel usw.) und die je eigene Verteilungsmechanismen erfordern (Markt, Zuteilung nach Leistung bzw. politischer Entscheidung usw.). Es sind aber nicht die Güter, die über die richtige Verteilungsweise entscheiden, sondern der Anspruch des Empfängers: Derselbe Hubschrauber, auf dessen unentgeltliche Zurverfügungstellung man im Falle einer Rettungsmaßnahme einen Anspruch hat, wird für Urlaubsflüge über den Markt vermittelt (s. u.).

Schließlich können auch Möglichkeiten (A. Sen nennt sie „capabilities") und Anerkennung bzw. Respekt verteilt werden.

## 3. Der oder die Empfänger

Empfänger können sich gerecht oder ungerecht behandelt fühlen und sind daher ebenfalls für das Modell elementar wichtig. Häufig sind Theorien, die sich auf die Frage beziehen, ob und, falls ja, welche Dinge Empfängern zustehen (es also gerecht ist, sie ihnen zu geben).

Die Grundregel lautet: Gleiches soll gleich behandelt werden, und Ungleiches ungleich. Insoweit besteht (soweit der Begriff der Gerechtigkeit überhaupt akzeptiert wird) Einigkeit in der Literatur. Die Frage ist nur, wann etwas gleich bzw. ungleich ist.

Die Lösung liegt in drei Anspruchsgründen der Empfänger, die sich in genau drei Bereiche einteilen lassen, und die darüber entscheiden, was „gleich" ist: Bedarf, Leistung und Vertrag. Sie haben deswegen eine besondere Bedeutung, weil sie – immer zusammen mit anderen Einflussfaktoren wie dem gesellschaftlichen Umfeld – die jeweils angemessene Allokations*form* bestimmen. (Allokation ist die Verteilung von etwas.)

1. Es gibt Lebensbereiche, in denen der *Bedarf* über Gleichheit bzw. Ungleichheit entscheidet. Das betrifft z. B. die Versorgung von Kindern oder Kranken. Der Bedarf eines Säuglings wird durch eine „politisch-soziologische Einrichtung" (in der Regel eine Familie, bei deren Fehlen eine Ersatzfamilie oder Waisenhaus) ohne Gegenleistung befriedigt; kaum jemand käme auf die Idee, dass ein Säugling seine Bedarfsgegenstände auf dem Markt erwerben sollte. Auch die Gesundheitsversorgung erfolgt in Europa nach Bedarf, nicht nach Leistung oder Vertrag: Jeder Patient bekommt das, was er braucht – nicht das, was er zahlen kann oder will. Und alle (Kassen-)Patienten bekommen das Gleiche.

    In entwickelten Ländern gehört nicht nur das nackte Leben zum Bedarf, sondern auch ein Minimum an Respekt, Teilhabe sowie die Chance auf Selbstentwicklung und ein einigermaßen sinnvolles Leben. Daher ist J. Robertson (1989) zuzustimmen, wenn er fordert, eine gerechte Gesellschaftsstruktur solle Menschen „enablen": „The 21st-century economy must be systematically enabling. Instead of systematically creating and extending dependency, it must systematically foster self-reliance and the capacity for self-development." Damit nimmt er eine Idee der Aufklärung auf (Kants „sapere aude" – „habe Mut, dich deines eigenen Verstandes zu bedienen").

2. In anderen Lebensbereichen – namentlich Bildung, Sport und Strafrecht – entscheidet die *Leistung* als Anspruchsgrund über Gleichheit oder Ungleichheit. Nur der Erste beim Wettbewerb erhält die Goldmedaille. Bedarf ist hier ganz gleichgültig. Auch wäre es un-

gerecht, wenn jemand eine Medaille kaufen könnte. Ebenso wenig kann jemand reklamieren, dass er einen Bedarf hat, ein bestimmtes Zeugnis zu erhalten, oder einen staatlich anerkannten Abschluss kaufen. Beim Strafrecht ist die „Leistung" eine Tat und wird als solche bestraft.

Bei der Leistung als Maßstab für Gleichheit kann ein Problem der Leistungsmessung auftreten, und zwar dann, wenn Aufwand und Ergebnis einer Leistung auseinanderfallen. Solange der Läufer, der am härtesten trainiert hat, auch als Erster ins Ziel kommt, ist alles in Ordnung. Ungerecht kann es werden, wenn zufällige Ereignisse das Ergebnis beeinflussen, z. B. einer der Läufer durch bessere Schuhe im Vorteil ist. – Dabei liegt der Schwerpunkt der Leistungsgerechtigkeit auf dem Einsatz des Handelnden, weniger auf seinem Resultat. Viele Menschen fänden es gerecht, wenn Sportlerinnen und Sportler, die gleich hart trainieren, auch ungefähr die gleiche Vergütung erhielten, selbst dann, wenn der männliche Sportler (aufgrund seines Geschlechtes z. B. beim Laufen) bessere Ergebnisse erzielt.

Analog ist es im Strafrecht: Iustitia sollte eigentlich blind sein. Empirisch geht es vor Gericht und in der Schule allerdings nicht immer gerecht zu: So werden z. B. hässliche Menschen für dieselbe Tat strenger bestraft als Gutaussehende. Intelligente Kinder erzielen bei gleicher Arbeit bessere Schulnoten, usf. Entwickelte Gesellschaften bemühen sich, solche Effekte einzugrenzen, z. B. durch gezielte Förderung benachteiligter Schüler oder durch die Eröffnung von (einigermaßen) fairen Lebensperspektiven für Behinderte.

Das bedeutet: Je nach Anspruchsgrundlage und Situation kann es gerecht sein, alle gleich zu behandeln (z. B. Säuglinge) oder alle unterschiedlich (z. B. Sportler in einem Wettbewerb). Daraus folgt aber nicht, dass es nicht (eine) Gerechtigkeit gibt!

3. Der dritte Anspruchsgrund ist ein *Vertrag*. – Beim Vertrag ist die Sachlage insofern komplexer als in den vorgenannten Fällen, weil beide Vertragschließenden „Macht" haben, jedenfalls, wenn beide über in etwa gleiche Mittel verfügen und der Vertrag freiwillig geschlossen wurde. Jeder neue Vertrag schafft außerdem neues Recht.

Im Falle bloßen Wollens (anstelle von Bedarf oder Leistung) werden typischerweise Marktlösungen, also Verträge, zur Verteilung von

Gütern eingesetzt; in diesem Fall ist es unbedeutend, ob jemand subjektiv etwas „braucht" oder „verdient hat" oder nicht. Es ist trotzdem nicht ungerecht, wenn er es nicht bekommt, z. B., weil er es sich nicht leisten kann. Wer ein teures Auto fahren möchte und nicht bezahlen kann, bekommt es nicht; wohl aber eine teure, lebenserhaltende Behandlung, die er sich ebenso wenig leisten kann.

Zwischen Vertrag einerseits und Bedarf/Leistung andererseits besteht ein weiterer Unterschied: Während bei Bedarf bzw. Leistung Dritte über die richtige Verteilung entscheiden (ein Arzt im Falle des Patienten, ein Schiedsrichter bei Sportlern), ist es beim Vertrag den Vertragschließenden überlassen, eine „gerechte" Aufteilung zu finden (innerhalb gewisser Grenzen; Wucherverträge z. B. sind nichtig – § 138 BGB – bzw. strafbar – § 291 StGB; häufig legt die Gesellschaft Grenzen fest, z. B. bei Mindestlöhnen). Von daher ist es auch für Dritte schwer, „gerechte" Preise festzulegen, die für alle Verträge gelten.

Anders gesagt: Verträge sind nicht immer „gerecht", z. B. bei sehr ungleichen Verhandlungspositionen oder ungleichem Informationsstand der Vertragspartner.

Diesen Anspruchsgründen auf gerechte Behandlung entsprechen Regeln, nach denen der Machthaber handeln soll. Dabei ist die Grundregel, wie beschrieben, Gleiches gleich zu behandeln und Ungleiches ungleich. Den drei Anspruchsgrundlagen entsprechen dabei drei Verhaltensregeln:

- Ist jemand in Not, muss man helfen (Bedarf).
- Gleicher Lohn bzw. gleiche Strafe für gleiche Leistung bzw. Tat (Leistung).
- Versprechen muss man halten (Vertrag).

Dabei sticht die Bedarfsregel die übrigen: Notfälle gehen z. B. vor, auch, wenn ein anderer Patient länger gewartet hat. – Je weicher der Bedarf, desto geringer ist der Anspruch auf Erfüllung. Ebenso gilt: Je leichter es den anderen Gesellschaftsmitgliedern fällt, den jeweiligen Bedarf zu erfüllen, umso höher das Anspruchsniveau. Wenn alle übrigen Gesellschaftsmitglieder am Überfluss leiden, darf man niemanden hungern lassen.

Selbstverständlich ist die Grenze zwischen diesen Anspruchsformen umstritten: Welche Gesundheitsleistungen beispielsweise kann man einfordern, auch wenn man sie nicht bezahlen kann, und welche nicht? Eine lebensrettende Operation dürfte dazugehören, Zahnpasta wohl nicht, aber was ist mit Zahnersatz?

Und klarerweise gibt es Lebensbereiche, in denen sich die drei Regeln mischen, z. B. bei Arbeitsverträgen: Grundsätzlich können Arbeitgeber und Arbeitnehmer frei verhandeln (Vertrag), aber extrem unfaire Verträge sind nichtig, wenn sie gegen die guten Sitten verstoßen, z. B., weil der Arbeiter von seinem Hungerlohn nicht leben kann (das verstößt gegen das Bedarfsprinzip) oder weil der Lohn sehr unfair ist gemessen an der erbrachten Arbeit (das verstößt gegen das Prinzip, gleiche Leistung gleich zu behandeln, hier: des Arbeiters und des Arbeitgebers oder verschiedener Arbeiter untereinander).

Schließlich können auch der oder die Empfänger unterschiedliche Dinge umfassen – insbesondere natürlich Menschen, aber auch Tiere; viele finden es ungerecht, wenn Säugetieren für die Entwicklung von Kosmetika Schmerzen zugefügt werden.

## 4. Das Umfeld

Schon ohne das weitere Umfeld spielen, wie oben beschrieben, für die Frage der „Gerechtigkeit" eine ganze Reihe von Faktoren eine Rolle – Entscheidungsregeln, Gegenstände der Verteilung, Allokationsverfahren, Ansprüche der Empfänger usw. Weiter kompliziert wird die Frage dadurch, dass auch das soziotechnische Umfeld mit seinen Strukturen mitentscheidet. In einer reichen Gesellschaft wird ein anderes Taschengeld gerecht sein als in einer armen. Schon antiken Autoren fiel auf, dass verschiedene Gesellschaften unterschiedliche Gerechtigkeitsvorstellungen entwickelten.

Durch die Vielzahl an verschiedenen Faktoren und Intuitionen, die darüber mitbestimmen, was „gerecht" ist, fällt es geradezu schwer, „sicher gerechte" Handlungen zu finden. Das gelingt noch am ehesten in Situationen, in denen es klare Vorschriften gibt (z. B. bei Entscheidungen eines Schiedsrichters in hochformalisierten Regelsystemen wie dem Schachspiel). Im Alltag erscheint dies oft schwierig bis unmöglich: Ist es gerecht, einem fünf- und einem siebenjährigen Kind Weihnachtsgeschenke im gleichen Wert zu schenken? (Wohl ja.) Ist es auch gerecht, ihnen das gleiche Taschengeld zu geben? (Wohl nein.) Man kann in diesen Fällen nur Korridore angeben („2–5 Euro pro Woche").

Soweit ich sehe, ist der Zusammenhang zwischen soziologischen, technischen und anderen Faktoren und der jeweiligen Gerechtigkeitskonzeption einer Gesellschaft bisher ungenügend erforscht.

Ein wichtiges Thema des Umfelds betrifft die Frage, wer zum Anwendungsbereich der Gerechtigkeit gehört. In der Antike war es selbstverständlich, dass man „Fremde", insbesondere Kriegsgefangene und deren Angehörige, versklaven durfte – sie gehörten also nicht „dazu". Der neuzeitliche Nationalismus hat furchtbare Opfer gefordert. Zwar sind grundsätzlich Menschen in der Lage, andere Menschen für wertlos zu erklären (so, wie man auch das innere Gerechtigkeitsgefühl unterdrücken kann), aber spätestens seit Ende des Zweiten Weltkriegs setzt sich in internationalen Rechtssystemen zunehmend durch, dass Menschen über Menschenwürde verfügen, die unverlierbar ist und ihnen Grundrechte garantiert (Baldus, 2016). Man kann den Begriff der Menschenwürde sogar so deuten, dass sie den Umstand bezeichnet, dass jeder Mensch immer Subjekt von Gerechtigkeitsüberlegungen ist (Kants Selbstzweckformel: „Dass du die Menschheit sowohl in deiner Person, als in der Person eines jeden anderen jederzeit zugleich als Zweck, niemals bloß als Mittel brauchst"). Gerechtigkeit ist so gesehen universal und kann nicht auf bestimmte Menschengruppen eingeschränkt werden.

Zumindest für Gerechtigkeitsregeln, die evolutionär sehr alt sind und für die es erkennbare anatomische Substrate im (gesunden) Gehirn jedes Menschen gibt, ist schwer einzusehen, warum sie nicht auch für jeden Menschen gelten sollten. Freilich kann sich jeder einreden, dass sie (aus beliebigen, z. B. religiösen) Gründen nicht gelten – genau so, wie man sich auch einreden kann, die Erde sei eine Scheibe.

Bereits oben wurden beispielhaft Gerechtigkeitstheorien in dieses Modell „einsortiert". In Kap. 9 werden ausgewählte Theorien etwas ausführlicher vorgestellt. Dies dient insbesondere dazu, aufzuzeigen, wie sich verschiedene theoretische Ansätze aufeinander beziehen und wie sie jeweils für sich mehr oder weniger große Teile des Modells abbilden.

Außerdem soll damit die Vollständigkeit des Modells gezeigt werden. Schließlich wird es dabei schrittweise weiter verfeinert. – Vorher werde ich aber die Elemente des Modells naturwissenschaftlich herleiten.

## Literatur

Baldus, M. (2016). *Kämpfe um die Menschenwürde* (S. 175). Suhrkamp.
Robertson, J. (2020). *Future wealth* (S. 13). Cassell Publishers, 1989. www.jamesrobertson.com/book/futurewealth.pdf. Zugegriffen am 05.11.2020.

# 8

# Medizinische Verfahren zur Untersuchung des Gerechtigkeitsempfindens

Dieses Kapitel beschreibt, was bildgebende Verfahren sowie evolutionsbiologische und entwicklungspsychologische Untersuchungen über das menschliche Gerechtigkeitsempfinden aussagen. Ich bezeichne sie als „medizinische Verfahren", wobei „Medizin" hier im sehr weiten Sinne zu verstehen ist. Die moderne Medizin als Wissenschaft zeichnet sich durch ihren rigorosen Wahrheitsanspruch aus: Es gilt, was stimmt. Tatsächlich ist ja auch leicht zu überprüfen, welche Maßnahmen heilen. Fälschungen sind daher leicht zu erkennen. Das ist nicht in allen Wissenschaften so: In manchen Sozialwissenschaften sind z. B. wirtschaftliche Interessen schwerer von der Theorie als solcher zu trennen. Obendrein hat die Medizin seit dem 18. Jahrhundert die Anatomie ihres Gegenstandes weitgehend aufgeklärt. Mit der Anbindung an die Medizin ist hier gemeint, dass die folgende Darstellung ebenso ehrlich ist und auf Anatomie und Physiologie (also Struktur und Funktionsweise des Gegenstandes) aufbaut.

## 8.1 Bildgebende Verfahren

Vor einigen Jahren ist es erstmals gelungen, den Sitz des Gerechtigkeitsempfindens im Gehirn aufzuspüren. Um die folgende Darstellung entsprechender Untersuchungen besser zu verstehen, ist es nützlich, ein wenig Hirnanatomie zu kennen.

Zellen und ihre Nervenfasern – die die Zellen untereinander verbinden – sind im Gehirn nicht gleichmäßig verteilt. Zellen reichern sich in der Rinde (lateinisch Cortex, Baumrinde) und in einigen kleineren Bereichen im Inneren an. Diese Teile des Gehirns sehen etwas dunkler aus als diejenigen, die einen höheren Faseranteil haben. Die dunklen Flecken im Inneren nennt man „Hirnkerne". Solche Kerne und die Rinde enthalten also viele Zellen.

Als die antiken, mittelalterlichen und frühneuzeitlichen Anatomen die mit bloßem Auge erkennbaren Hirnteile benannten, hatten sie keine Ahnung von ihrer Funktion. Sie mussten sie daher nach ihrem Aussehen bezeichnen, z. B. als „Rinde" oder „Mandelkern". Auf dem Querschnitt durch das menschliche Gehirn, am Ende des vorderen Drittels, wie in Abb. 8.1 gezeigt, sieht man einige dieser Strukturen.

Für unseren Zweck sind die wichtigsten:

- Der Gyrus cinguli, die Windung des Gürtels, ist ein nach innen eingewölbter Teil der Hirnrinde. In englischen Texten wird er häufig als „cingulate cortex" bezeichnet und dann manchmal als „zingulierter Cortex" o. ä. falsch zurückübersetzt, was manchen Leser verwirrt. Übrigens ist der Gyrus tatsächlich mit dem griechischen Drehspieß (Gyros) verwandt.
- Die Insula, die Insel, ist ebenfalls ein Stück Hirnrinde, das seitlich nach innen eingefaltet ist.
- Das Putamen, die Schale oder Hülse, ist ein Hirnkern, ebenso wie
- das Corpus amygdaloideum, der amygdalaartige Körper, kurz Amygdala, die Mandel oder der Mandelkern, ein mandelförmiger Hirnkern.

Nicht im Bild ist der präfrontale Cortex, die vor der Stirn liegende Rinde. Tatsächlich sitzt er direkt hinter den Stirnknochen oberhalb der Augen

8 Medizinische Verfahren zur Untersuchung des ... 143

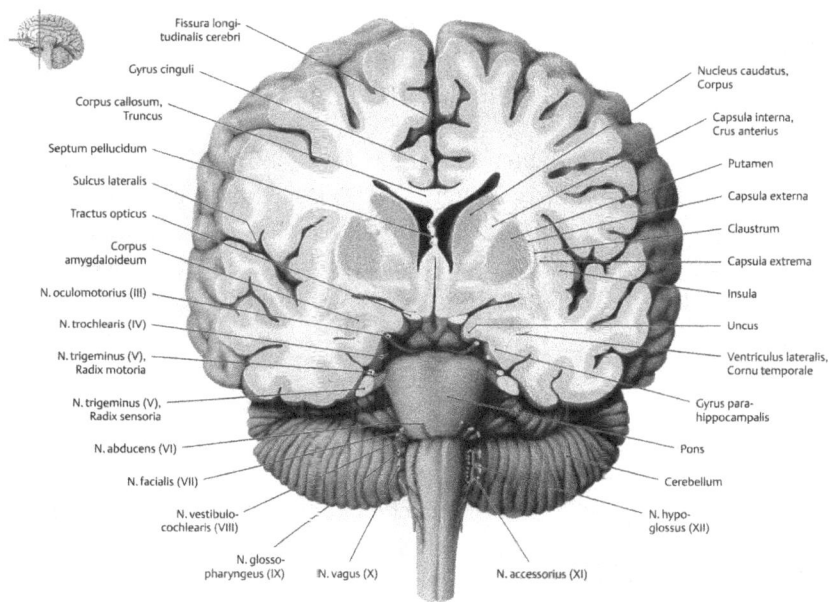

**Abb. 8.1** Hirnanatomie. (Quelle: Schünke et al., 2006, © Thieme Gruppe)

("präfrontal", also "vor der Stirn", ist – genau genommen – eine falsche Bezeichnung).

Alle diese Strukturen werden im Englischen gerne auf schwer nachvollziehbare Weise abgekürzt, z. B. steht dann "VMPFC" für "ventromedial prefrontal cortex", also den bauchwärts-innen (ventromedial) gelegenen Teil der präfrontalen Rinde.

Die vielleicht bekannteste Studie über Moral und bildgebende Verfahren in der Medizin erschien 2008 (Hsu et al., 2008). Sie untersuchte das Gerechtigkeitsempfinden eines "Machthabers" (in der Sprache unseres Modells). Der Versuch sollte ein Dilemma der folgenden Form abbilden: Stellen Sie sich vor, Sie haben einen Lastwagen mit Lebensmittel für eine Region, in der Hunger herrscht. Sie können um Ihren Standort herum alle Lebensmittel verteilen – dann bekommen die weiter entfernten Regionen nichts, was ungerecht ist, aber den Vorteil hat, dass keine Lebensmittel verderben. Oder Sie fahren in alle Regionen und verteilen die Lebensmittel gleichmäßig (also gerecht), aber dann werden 20 % der Lebensmittel auf der Fahrt ungenießbar. Sie müssen sich also zwischen gleicher Verteilung (als Annäherung an „Gerechtigkeit") und Effizienz entscheiden.

In der hier beschriebenen Studie wurden 26 Versuchspersonen in einen ähnlichen Konflikt gebracht. Man sagte ihnen, dass sie über die Verteilung von Spenden an ein Waisenhaus in Norduganda zu entscheiden hätten. Dazu zeigte man ihnen Fotos und eine kurze Geschichte von 60 Kindern („Bernard stammt aus dem Süden Ugandas. Er würde gerne Radfahren lernen und später in einem medizinischen Beruf arbeiten").

Danach wurde den Versuchspersonen mitgeteilt, dass die Autoren der Studie für jedes Kind je 5 Dollar (entsprechend 24 Mahlzeiten) bereitgestellt und die Kinder in Dreiergruppen zusammengefasst hätten. Die Versuchspersonen mussten nun entscheiden, welches Kind wie viel Geld (ausgedrückt in Mahlzeiten) *nicht* bekommen würde.

Z. B. mussten sie entscheiden, ob

- Joshua eine Spende im Wert von 15 Mahlzeiten nicht erhält oder ob
- Dick eine Spende im Wert von 13 Mahlzeiten UND Enoch im Wert von 5 Mahlzeiten nicht erhält.

Will die Versuchsperson also möglichst viel spenden, entscheidet sie gegen Joshua. Er erhält 24 − 15 = 9 Mahlzeiten, die anderen jeweils 24; in Summe wären das 57 Mahlzeiten, allerdings sehr ungleichmäßig verteilt.

Will die Versuchsperson eine möglichst ausgeglichene („gerechte") Verteilung wählen, dann entscheidet sie gegen Dick und Enoch. In diesem Fall erhält Joshua 24 Mahlzeiten, Dick 24 − 13 = 11 und Enoch 24 − 5 = 19. In Summe wären das 54 Mahlzeiten, also weniger als im anderen Fall, aber eben etwas gleichmäßiger verteilt. In dieser Weise musste jede Versuchsperson achtzehnmal entscheiden, wobei die Zahlen variierten, aber immer entweder ein Kind viele Mahlzeiten verlor oder zwei Kinder jeweils weniger, aber in Summe gleichviel oder mehr.

Die Tab. 8.1 zeigt die 18 Versuche; die Zahlen geben an, wie viele Mahlzeiten entweder Kind 1 oder Kind 2a und 2b verlieren.[1]

Die Versuche wurden nicht in dieser Reihenfolge durchgeführt, sondern gemischt. Insgesamt wurden etwas über 2000 US-Dollar gespendet; es wird im Text nicht ganz deutlich, aber das Geld scheint als Gesamtbetrag an das Heim geflossen zu sein. Die Versuchspersonen glaubten jedoch, tatsächlich über jedes Kind einzeln zu entscheiden. Manchem Leser der Studie wird der Versuchsaufbau gewissermaßen „kalt" vorkommen.

Insgesamt gelang es mit dieser Methode, die Versuchspersonen danach zu unterscheiden, ob sie sich im Konflikt für Effizienz oder Gerechtigkeit entscheiden. Mittels funktioneller Kernspintomografie konnte man außerdem untersuchen, welche Hirnregionen während des Versuchs besonders aktiv waren. Im Ergebnis zeigte sich, dass bei Personen, denen Gerechtigkeit besonders wichtig war, eine bestimmte Hirnregion aktiv war, nämlich die Insula (s. Abb. 8.2).

**Tab. 8.1** Nicht verteilte Mahlzeiten

| Child 1 | Child 2a | Child 2b |
|---|---|---|
| -23 | -13 | -13 |
| -23 | -21 | -5 |
| -23 | -12 | -12 |
| -23 | -21 | -3 |
| -23 | -12 | -11 |
| -23 | -20 | -3 |
| -19 | -11 | -11 |
| -19 | -17 | -5 |
| -19 | -10 | -10 |
| -19 | -17 | -3 |
| -19 | -10 | -9 |
| -19 | -16 | -3 |
| -15 | -9 | -9 |
| -15 | -13 | -5 |
| -15 | -8 | -8 |
| -15 | -13 | -3 |
| -15 | -8 | -7 |
| -15 | -12 | -3 |

---

[1] Diese Angaben finden sich nicht im Artikel, aber im Onlinesupplement dazu.

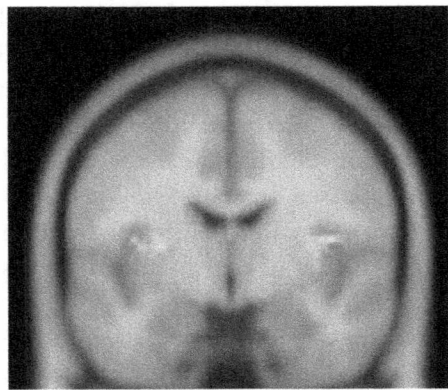

**Abb. 8.2** Hirnregion für Gerechtigkeitsempfinden im Gehirn, Insula. (Quelle: Hsu et al., 2008)

Die Autoren der Studie folgerten daraus, dass (wie auch die Philosophen Kant und Rawls meinen) das Gerechtigkeitsempfinden tatsächlich mit fairer Verteilung zu tun hat (und nicht nur daher rührt, dass jemand für sich selbst das Gefühl hat, zu wenig zu bekommen), aber gegen Kant nicht in der Vernunft sitze, sondern im Gefühl. Das ist zweifellos überinterpretiert. Bevor das klar wird, müssen hier aber für Leser, die mit fMRT-Untersuchungen nicht vertraut sind, einige Grundlagen erläutert werden. (Die anderen Leser können die nächste Seite überspringen.)

Eine Tomografie ist eine schichtartige Darstellung von etwas. Die Kernspintomografie (auch Magnetresonanztomografie, MRT, „nuclear magnetic resonance", NMR, oder „magnetic resonance imaging", MRI, genannt) macht sich zunutze, dass Atomkerne mit ungerader Protonen- oder Neutronenzahl wie winzige Magnete wirken. Das betrifft insbesondere Wasserstoffatome. Mit sehr starken Magneten und ein paar physikalischen „Tricks" kann man Wasser und seine Verteilung im Körper nachweisen. Zum Beispiel enthalten Knochen wenig Wasser, Blut hingegen sehr viel. Daraus erhält man dreidimensionale Bilder, die meist in Form von Quer- oder Längsschnitten dargestellt werden (daher „Tomografie").

Außerdem ist es so, dass sich bei aktiven Hirnregionen die Durchblutung ändert und dass sich sauerstoffreiches und -armes Blut magne-

## 8 Medizinische Verfahren zur Untersuchung des ...

tisch unterschiedlich verhalten. Der Signalunterschied ist in der Regel gering, die Messung daher schwierig. Man macht Aufnahmen im Ruhezustand und bei Hirnaktivität und vergleicht dann die Bilder miteinander. Faktisch werden die Unterschiede von einem Computer berechnet.

Insofern stimmt es nicht, wenn immer wieder behauptet wird, man könne dem Gehirn „beim Denken" zusehen; es werden lediglich Durchblutungsschwankungen gemessen. Man kann also nur erkennen, wo „Gerechtigkeit" verarbeitet wird, aber nicht wie.

Auch sind in einem Bezirk der Kantenlänge 1 cm viele Millionen Nervenzellen und -fasern aktiv, und gleichzeitig sind bei komplexen Hirnvorgängen Hirnzellen beteiligt, deren Aktivität unter der Nachweisschwelle bleiben, die also im fMRT nicht sichtbar sind.[2]

Witzbolde unter Neurowissenschaftlern haben dann auch „nachgewiesen", dass – bei falscher Messtechnik – selbst ein Lachs (Salmo salar) Gefühle mit Mitmenschen hat, und zwar ein toter Lachs (Bennett et al., 2009).

Manche Hirnzentren sind an vielen verschiedenen Handlungen beteiligt. Daher ist es einfach ärgerlich, wenn – wie es aktuell häufiger passiert – selbst ernannte Neuromarketingexperten darüber schwätzen, den Verkaufserfolg durch die Untersuchung von Amygdala und präfrontalem Cortex messen zu können. Die Amygdala (Mandelkern) und der präfrontale Cortex sind nun einmal bei vielen emotionalen Vorgängen, so auch beim Autokauf, beteiligt. – Übrigens wusste man das auch schon vor der Kernspintomografie, und zwar aus Untersuchungen des Gehirns Verstorbener, die an auffälligen Störungen litten, etwa nach (Kriegs-)Verletzungen, Schlaganfällen oder Tumoren. Wenn z. B. ein Schlaganfall Teile des vorderen Bereichs des Gehirns direkt hinter der Stirn betrifft, verändern sich die Emotionen des Patienten. Das wurde auch schon seit 1935 von dem portugiesischen Nobelpreisträger António Egas Moniz therapeutisch eingesetzt, der Hirnbahnen in diesem Bereich durchtrennte, ein Verfahren, das später von dem Amerikaner Walter Freeman weiterentwickelt und vieltausendfach eingesetzt wurde. Beide Ärzte waren leider völlig unkritisch, z. T. verwendeten sie die „Therapie" ohne

---

[2] Eine ausführliche Kritik des „Neuro-Hypes" bietet Hasler F. Neuromythologie. transcript 2012.

Einwilligung der Patienten und häufig sogar zu ihrem Schaden (ein Patient Freemans starb, als der Arzt ein Foto machte und in dieser Zeit sein Instrument verrutschte). Ein gruseliges, aber lehrreiches Kapitel der Medizingeschichte.

So waren längst das Sehzentrum, die Sprachzentren u. v. a. bekannt. Vor dem Hintergrund völlig überschießender Erwartungen an die fMRT-Untersuchungen ist dies nützlich zu wissen; neu ist allerdings, dass das fMRT experimentelle Untersuchungen erlaubt, also die Messung von Hirnaktivitäten bei bestimmten Vorhaben, Gefühlen, Rechenaufgaben usw.

Die Insula wird von manchen Autoren mit Gefühlen des Ekels oder der Abscheu assoziiert; andere meinen, dass sie überhaupt bei Emotionen beteiligt ist. Das kann man bisher nicht sicher unterscheiden. Zumindest aber ist sie nicht ausschließlich bei kognitiven Prozessen (also reinem Nachdenken) aktiv.

Insgesamt kann man den Autoren zustimmen, wenn sie meinen, dass die Verarbeitung von „Gerechtigkeit" im Gehirn mit fairer Verteilung zu tun hat. Genau genommen kann man das mit der Studie (und den weiteren, die noch folgen), als bewiesen betrachten: *Es gibt Hirnregionen, die bei Gerechtigkeitsfragen zuverlässig aktiviert werden*, und die nicht rein kognitiv agieren. *„Gerechtigkeitsempfinden" hat ein anatomisches Substrat* (eine nachweisbare Struktur, die von ihm aktiviert wird); es ist, salopp formuliert, im Gehirn fest verdrahtet.

Das hat wichtige Konsequenzen: Denn der oben zitierte Kallikles hat z. B. einfach nicht recht, wenn er behauptet, Gerechtigkeit sei eine bloße Erfindung oder (kognitiv vermittelte) Behauptung der Schwachen; noch falscher liegt von Hayek, wenn er, wie gesehen, versichert, Gerechtigkeit sei ein „Phantom" bzw. eine „Dummheit". Ich vermag auch nicht zu erkennen, was an einer Studie wie der hier vorgestellten schädlich sein soll (wie der ebenfalls oben zitierte Nobelpreisträger Lucas meint).

Hingegen kann man den Autoren der Studie nicht zustimmen, dass damit der (nur) emotionale Gehalt des Gerechtigkeitsempfindens gezeigt wäre. Er ist auch vorhanden. Aber darüber hinaus sind mit größter Wahrscheinlichkeit Hirnregionen bis hin zu einzelnen Nervenzellen aktiv, deren Tätigkeit unterhalb der Nachweisschwelle des fMRT liegt, und die sehr wohl mit Vernunft zu tun haben.

Auch das fMRT erlaubt *nicht*, Denken, Fühlen und Wollen zu „erklären". Es zeigt nur, welche Hirnregionen aktiv sind. Anders gesagt: Man sieht die beteiligten Strukturen, also die Anatomie, aber nicht die Funktionsweise, also die Physiologie. Was diese Regionen genau tun, weiß derzeit kein Mensch. Bis man Hirnen wirklich beim Denken zusehen kann, muss man sich dem *inhaltlichen* Problem der Gerechtigkeit daher mit medizinisch-sozialpsychologischen und philosophischen Methoden nähern (dazu mehr in den folgenden Kapiteln).

Inzwischen gibt es eine reiche Literatur zu fMRT-Untersuchungen im Zusammenhang mit Moral. Aufgrund der Rahmenbedingungen kann man leider keine „echten" Fälle nachstellen (die Versuchspersonen müssen ja ruhig im Hirnscanner liegen), sondern nur mit Fotos, schriftlichen Hinweisen o. Ä. arbeiten.

Häufig werden Spiele eingesetzt, z. B. das oben beschriebene Ultimatumspiel. (Das Spiel wird uns noch häufiger begegnen, z. B. bei den Primatenstudien.)

Unter den Hominibus oeconomicis, wie sie die herrschende Volkswirtschaftslehre bevölkern, die ein reines Gedankenmodell der Ökonomen darstellen und bei der Verteilung nur auf sich selbst schauen – also weder altruistisch noch neidisch sind –, würde das Spiel immer 9:1 für den Verteiler ausgehen. Denn dieser Spieler nimmt an, dass der andere einen Euro besser findet als keinen und daher jeden noch so kleinen Anteil akzeptiert. Da das so ist, gibt es für den Verteiler keinen Grund, mehr als diesen einen Euro anzubieten.

Im fMRT kann man nachweisen, dass Probanden auf eine unfaire Verteilung im Ultimatumspiel mit einer Aktivierung von Insula und Gyrus cinguli reagieren (Sanfey et al., 2003). Das heißt, auch bei Empfängern von Gütern und nicht nur bei denjenigen, die etwas verteilen, ist das Gerechtigkeitsgefühl hart verdrahtet.

Ein anderes, häufig gespieltes Spiel ist das Gefangenendilemma. In seiner klassischen Form wird es wie folgt beschrieben:

Ein Sheriff hat zwei Gangster festgenommen. Er erklärt ihnen: „Ich weiß, dass ihr die Bank ausgeraubt habt. Ich kann es euch aber nicht beweisen. Wenn ihr beide schweigt, kann ich euch nur unerlaubten Waffenbesitz nachweisen; dann erhält jeder von euch zwei Jahre Knast. Wenn einer von euch ‚singt', bekommt er die Kronzeugenregelung und ein Jahr Knast, der andere dagegen 20 Jahre. Und wenn beide gestehen, kriegt jeder 10 Jahre. – Morgen früh werde ich euch einzeln verhören."

Aus Sicht der Gangster ist die Anzahl an Gefängnisjahren, die sie erhalten, wie in Tab. 8.2 gezeigt (die erste Zahl bezieht sich auf Gangster 1, die zweite auf Gangster 2).

Für die Gangstergesellschaft wäre es am besten, wenn beide dichthalten, denn dann erhalten sie zusammen nur 4 Jahre Knast. Aber für jeden einzelnen gilt: Egal, was der andere tut, er steht sich besser, wenn er gesteht. (Wenn z. B. Gangster 2 gesteht, ist es auch für Gangster 1 besser, zu gestehen; und wenn Gangster 2 dichthält, steht Gangster 1 dennoch mit Gestehen besser da.)

Das Spiel hat in der ökonomischen Theorie auch deshalb viel Aufmerksamkeit erregt, weil hier persönlicher und gesellschaftlicher Nutzen auseinanderfallen. Die herrschende neoklassische Ökonomie nimmt ja an, dass die Verfolgung des eigenen Nutzens „von selbst" zur Maximierung des gesellschaftlichen Nutzens führt (weil die „unsichtbare Hand" dafür sorgt).[3]

Auch dieses Spiel wurde vielfach im fMRI „gespielt" und zeigte die Aktivierung der Hirnzentren, die für Emotionen zuständig sind (z. B. Emonds, 2012). Das heißt, Kooperation bzw. Nichtkooperation sind emotional ebenfalls anatomisch im Gehirn repräsentiert. Ganz ähnlich stellten sich Hirnbilder dar, wenn im Spiel Verträge geschlossen bzw. gebrochen wurden.

**Tab. 8.2** Beispiel Gefangenendilemma

| | | Gangster 2 | |
|---|---|---|---|
| | | Gesteht | Hält dicht |
| Gangster 1 | Gesteht | 10/10 | 1/20 |
| | Hält dicht | 20/1 | 2/2 |

---

[3] Für interessierte Leser: Thielscher C. Wirtschaftswissenschaften verstehen. Springer Gabler 2020.

Ein letztes Spiel soll hier noch kurz vorgestellt werden, weil es erlaubt, zwischen der Abneigung gegen Ungleichheit und Schuldgefühlen zu trennen: das Vertrauensspiel (englisch: „multiplier trust game").

Der Versuchsperson wird gesagt, ein ihr unbekannter Investor wäre bereit, ihr von seinen 10 Euro einen bestimmten Betrag zu überlassen; der Versuchsleiter vervielfältigt diesen Betrag und schüttet das Ergebnis an die Versuchsperson aus. Diese kann von dem so eingenommenen Geld einen beliebigen Betrag an den Investor erstatten.[4] In der folgenden Studie (Baar et al., 2019) wurde den Versuchspersonen gesagt, der Investor glaube, dass sein Geld vom Versuchsleiter vervierfacht würde.

Ein Beispiel: Der Versuchsperson wird mitgeteilt, der „Investor" (in Wahrheit eher eine gute Seele) habe ihr von seinen 10 Euro 6 abgegeben; der Versuchsleiter habe dies mit 6 multipliziert, also auf 36. Der Investor glaube fälschlich, der Versuchsleiter habe tatsächlich nur 24 (6*4) an die Versuchsperson überreicht.

Wenn die Versuchsperson eine „faire" Verteilung anstrebt, gibt sie dem Investor von ihren 36 Euro 18 Euro ab. Wenn sie sich vor allem nicht schuldig fühlen will, gibt sie ihm 12 Euro (der Investor glaubt ja, sie hätte 24 erhalten). Und wenn sie gierig ist, gibt sie ihm gar nichts.

Die Ergebnisse passen gut zu den bereits vorgestellten Studien: Gerechtigkeit aktiviert Insula, Gyrus cinguli und präfrontalen Cortex.

**Fassen wir zusammen**
- Es gibt anatomische Substrate des Gerechtigkeitsempfindens. Gerechtigkeit ist nicht nur eine Meinung, auch mehr als ein beliebiger Gedanke und erst recht kein „Unfug". Im Gegenteil, Gerechtigkeit ist in unserem Gehirn „hart verdrahtet".
- Die oben genannten Ansprüche auf gerechte Behandlung (Bedarf, Leistung, Vertrag) aktivieren zuverlässig diejenigen Hirnzentren, die mit Gerechtigkeitsempfindungen zu tun haben (Mendez, 2009).

---

[4] In der Realität sind „Investoren" selten so menschenfreundlich motiviert wie im Spiel.

## 8.2 Primatenstudien

Es besteht heute wenig Zweifel daran, dass Primaten, aber auch andere Tiere etwas empfinden, das der menschlichen Gerechtigkeit zumindest sehr ähnlich ist. Alle vorliegenden Befunde deuten außerdem darauf hin, dass dieses Gerechtigkeitsempfinden evolutionär sehr alt ist.

Ein inzwischen klassisches Experiment stammt von Brosnan und de Waal (2003). Kapuzineraffenweibchen wurden darauf trainiert, dass sie dem Experimentator einen Stein reichten und dafür ein Stück Gurke bekamen. (Es wurden nur Weibchen ausgewählt, weil sich Weibchen und Männchen unterschiedlich verhalten und daher der Effekt besser messbar ist, wenn man nur ein Geschlecht untersucht.)

Die Äffchen sind damit auch einverstanden; d. h., tauscht man einige Male hintereinander Stein gegen Gurke, sind sie mit dieser „Bezahlung" ganz zufrieden; 95 % der Affen kooperieren, nur 5 % brechen die Zusammenarbeit ab. Wenn sie aber mitansehen, dass ein anderer Affe für seinen Stein ein Stück Traube erhält – Kapuzineräffchen finden Trauben wertvoller als Gurken –, brechen sie in etwa der Hälfte der untersuchten Fälle die Zusammenarbeit ab, indem sie den Stein nicht hergeben oder das Gurkenstück nicht annehmen.

Noch häufiger wird die Zusammenarbeit abgebrochen, wenn das Weibchen nebenan die Trauben ohne Gegenleistung (den Stein) erhält; etwas geringer ist dagegen die Abbruchquote, wenn nebenan kein Äffchen ist, sondern lediglich eine Traube in einen leeren Käfig gelegt wird.

Da der Tausch jeweils 25-mal durchgeführt wurde, kann man untersuchen, wie sich das Verhalten der Affen in diesem Zeitraum ändert. Während die Abbruchquote zunimmt, wenn das Weibchen nebenan mit oder ohne Gegenleistung Trauben erhält, nimmt sie ab, wenn die Traube nur in einen leeren Käfig gelegt wird.

Es lohnt sich, Videos von diesem Versuch anzusehen (einfach in einer Suchmaschine „de Waal Kapuzineraffe Gerechtigkeit" eingeben).

Die Autoren nennen ihren Artikel „Monkeys reject unequal pay", etwa: „Affen schlagen eine ungleiche Bezahlung aus". Folgt man ihnen, dann ist die Vorstellung, dass gleiche Arbeit mit gleichem Lohn vergütet werden soll, schon bei Primaten nachweisbar. Genau gesagt kommentieren sie (Brosnan & de Waal, 2003):

„Es ist unwahrscheinlich, dass die Abneigung gegen Ungleichheit bei Menschen ganz von Neuem entstand. Wir sehen in der Evolution eine Reihe von Vorläufern dieser Abneigung gegen Ungleichheit (selbst wenn sie zunächst zu Nachteilen führt). Erstens ist dies die Fähigkeit, zu erkennen, dass Aufwand und Belohnung unter Individuen ungleich sind. Zweitens die Neigung zur Reaktion, wenn jemand anders mehr bekommt. Und drittens die Bereitschaft, die Belohnung des anderen zu beeinflussen, selbst wenn man dafür etwas hergeben muss."

Hier wird also die Abneigung gegen Ungerechtigkeit verstanden als Bereitschaft, ungleiche Belohnungen zu „bestrafen", auch, wenn man dafür etwas zahlen muss. Das entspricht z. B. im Ultimatumspiel der Ablehnung einer unfairen Verteilung: Wenn der Anbieter 8/2 aufteilen möchte, und der Entscheider lehnt ab, so kostet ihn das ja auch 2 Euro, die er nicht bekommt. Diese Gedankenfigur (dass Gerechtigkeit das „Bestrafen" ungleicher Verteilungen ist), wird uns noch öfter begegnen. Ob sich „Gerechtigkeit" bei Menschen darin erschöpft, wird man bezweifeln: Menschen können Ungerechtigkeit auch dann wahrnehmen und dagegen kämpfen, wenn sie selbst davon nicht betroffen sind; und sie können über Gerechtigkeit kommunizieren und Regeln aufstellen. Aber hier geht es ja auch um evolutionäre Vorläufer menschlicher Gerechtigkeit.

Selbstverständlich hat auch diese Untersuchung ihre Grenzen. Erstens kann man sie nur bei wenigen Tieren durchführen (man braucht z. B. einen Zoo, der geeignete Äffchen zur Verfügung stellt). Bei Gruppen von Affen, die auch außerhalb der Versuche zusammenleben, kann sich etwas wie „soziale Normen" entwickeln, die den Versuch beeinflussen. Tatsächlich konnte das Ergebnis bei anderen Affengruppen nicht sehr deutlich reproduziert werden.

Bestritten wurde auch, ob die Äffchen wirklich auf eine unfaire Belohnung anderer reagieren oder „nur" darauf, dass der Untersucher ihnen statt Trauben nur Gurken gibt; der Fehler im Versuch von de Waal liege darin, dass im ersten Durchlauf nur Gurken, aber keine Trauben gezeigt worden seien. Die Ungerechtigkeit läge aus Sicht der Affen nur darin, dass sie Gurke bekommen, obwohl der Untersucher ihnen auch Trauben geben könnte. De Waal und seine Co-Autoren meinen, dass für den direkten Vergleich mit dem anderen Affen Folgendes spricht: Während sich die Affen daran gewöhnen, dass in den leeren Käfig Trauben gelegt werden, brechen sie die Kooperation mit zunehmender Häufigkeit ab, wenn ein anderes Äffchen Trauben bekommt.

Einige Verwirrung stifteten Autoren, die eine sehr spezielle Definition von „Gerechtigkeit" verwenden, nämlich folgende: Gerechtigkeit besteht (ausschließlich) darin, Ungleichheit quantitativ zu vermindern. Der Versuchsabbruch durch das Äffchen führe diesen Autoren zufolge gerade zu einer Vermehrung der Ungleichheit (da der andere Affe weiterhin Trauben bekommt, der Abbrecher aber nicht mal mehr Gurke). Daher würde das Äffchen, das eine ungleiche Bezahlung ablehnt und die Kooperation verweigert, „ungerecht" agieren. – Meines Erachtens wird dabei übersehen, dass es im Versuch drei Beteiligte gibt und dass der Affe ja den Untersucher (nicht den anderen Affen) „straft", wenn er die Kooperation abbricht. Wenn der Affe meint, dass Traube und Stein gleichwertig sind, vermindert er Ungleichheit, wenn er nicht Gurke gegen Stein tauscht.

*Für* die Annahme, dass sozial lebende Tiere tatsächlich Ungleichheit vermeiden, sprechen Untersuchungen bei Hunden und anderen Tieren (McGetrick & Range, 2018). In einigen dieser Studien wurde den Hunden schon im Ausgangsfall besseres Futter gezeigt, und trotzdem nahm ihre Kooperation ab, wenn ein anderer Hund bevorzugt wurde.

Sehr umstritten sind Ergebnisse zum Ultimatumspiel bei Affen. Im Kern laufen die Versuche darauf hinaus, dass ein Affe zwischen einer fairen und einer unfairen Verteilung wählt, also z. B. „8 Stück Banane für mich, 2 für dich" bzw. „5 für jeden" und der andere Affe entscheidet, ob diese Verteilung ausgeführt wird oder nicht. Manche Forscher fanden, dass Affen genau dann eine faire Verteilung wählen, wenn sie wissen, dass der andere Affe (mit-)entscheiden kann; ansonsten verteilen sie unfair. Dieses Ergebnis war aber nicht sicher reproduzierbar.

Eine Reihe von Untersuchungen beschäftigte sich mit der Frage, ob Affen spontan hilfsbereit sind. Dabei zeigt sich, dass sie, wenn sie die Wahl haben, lieber eine Belohnung für sich und einen anderen Affen wählen als dieselbe Belohnung nur für sich – jedenfalls, wenn sie den anderen Affen kennen bzw. mit ihm verwandt sind, ihn sehen können und selbst nicht auf einen Teil ihrer Belohnung verzichten müssen (z. B. de Waal et al., 2008).

Inwieweit Tiere darüber hinaus eine Art spontaner Hilfsbereitschaft zeigen können, in dem Sinne, dass sie anderen Tieren, die in Not sind, helfen, ist schwer zu sagen – noch weniger lässt sich bestimmen, was sie dazu treibt (man kann kaum mit Tieren über ihr Verhalten reden). In der Literatur findet man immerhin Einzelfälle, die in diese Richtung weisen (Bekoff & Pierce, 2017).

Deutlicher ist, dass Tiere sich merken, wenn sie hereingelegt werden. Die Kooperationsbereitschaft von Kolkraben wurde mit der Apparatur untersucht, wie sie Abb. 8.3 zeigt (Massen et al., 2015).

Auf einem Holzbrett lagen zwei Stückchen Käse, etwa 70 cm vom Käfig entfernt. Wenn zwei Raben gleichzeitig an der Schnur zogen, konn-

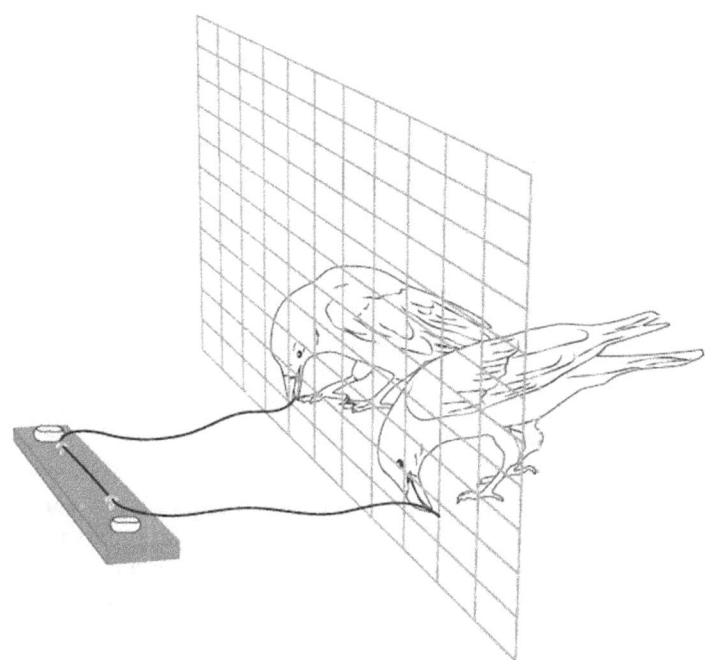

**Abb. 8.3** Kooperation bei Rabenvögeln. (Quelle: Massen et al., 2015)

ten sie das Brettchen zu sich heranziehen und den Käse erreichen. Zog nur ein Rabe, rutschte die Schnur wirkungslos durch die Ösen. Über die Versuchsreihe hinweg kann es hin und wieder vor, dass ein Rabe beide Stückchen Käse fraß. Die Autoren der Studie konnten nachweisen, dass der Partner des „Betrügers" daraufhin seltener kooperierte, und wenn er es tat, sich dabei weniger anstrengte.

**Fassen wir wiederum zusammen**
Die Bevorzugung gleicher Vergütung bei gleicher Leistung, die Abneigung gegen Betrüger und die Bereitschaft zur Kooperation und Hilfeleistung sind bei einer Reihe von sozial lebenden Tieren nachgewiesen worden. Tiere sind sogar bereit, auf eine Belohnung zu verzichten, wenn sie merken, dass andere Tiere für die gleiche Leistung besser bezahlt werden. Dieses Verhalten scheint in der Evolution sehr früh angelegt worden zu sein. Das passt gut zu dem Befund, dass gerechtigkeitsbezogenes Verhalten bei Menschen „fest verdrahtet" ist.

Menschliches Verhalten baut darauf auf, erschöpft sich aber nicht darin. Wenn man das menschliche Gerechtigkeitsempfinden untersuchen will, tut man gut daran, medizinische und biologische Erkenntnisse einzubeziehen, aber für Details muss man darüber hinaus sozialpsychologisch und philosophisch argumentieren.

**Exkurs: Altruismus und Evolutionstheorie**

Insbesondere altruistisches Verhalten im engeren Sinne (bei dem ein Individuum einem anderen hilft und sich dabei selbst schadet oder für seine Arbeit leer ausgeht) ist innerhalb der Evolutionstheorie schwer zu erklären, denn der Altruist schadet sich und sollte daher einen Fitnessnachteil haben. Dadurch scheiden seine Gene aus dem Genpool aus, sein Verhalten verschwindet also wieder. Tatsächlich lässt sich Altruismus evolutionär bisher nur mit zwei Mechanismen erklären: Entweder, das Tier hilft einem Verwandten (dann schadet es sich selbst, aber der andere bringt ja ähnliche Gene in die nächste Generation) oder das helfende Tier geht davon aus, dass das andere Tier sich später revanchiert („reziproker Altruismus").

Tatsächlich wurde vorgeschlagen, auch *allen menschlichen* Altruismus auf diese zwei Mechanismen zurückzuführen (Rose, 2017).

Nun geht menschliches Verhalten aber offensichtlich über diese Möglichkeiten hinaus, wie jede Spende zugunsten weit entfernt lebender Menschen (oder auch Tiere) beweist: Wie sollten sich die Begünstigten wohl revanchieren?! Das heißt, Menschen sind in der Lage, Mitgefühl zu empfinden, das als solches keinen Evolutionsvorteil bringt (Fetchenhauer & Bierhoff, 2004).

Wie lässt sich dieses Problem lösen, d. h., wie konnte Altruismus überhaupt entstehen, wenn er doch von der Evolution gleich wieder ausgemerzt wird?

Frank (1988) und Miller (2001) meinen, dass Altruisten möglicherweise als Sexualpartner bevorzugt werden; sie nennen das „Commitment" und „sexuelle Selektion".

Ich würde als zusätzliche Mechanismen Kopplung (im Rahmen z. B. von Pleotropie, also der Beeinflussung mehrerer Eigenschaften des Phänotyps durch dieselbe Mutation) und sekundäre Stabilisierung vorschlagen.

Kopplung bedeutet, dass Mutationen mehrere Aspekte des Phänotyps (der Gesamtheit der Merkmale eines Organismus) und des Verhaltens gleichzeitig betreffen können. Es kann dann passieren, dass ein eigentlicher Nachteil mit einem noch größeren Vorteil gekoppelt ist. So kann Evolution (auch) einen an sich nachteiligen Effekt selektionieren. (Ich meine damit nicht Nebenwirkungen eines Mutationseffektes wie bei Malaria und Thalassämie, sondern das gleichzeitige Auftreten zweier Effekte derselben Mutation, von denen der eine nützlich, der andere aber schädlich ist.) Beispielsweise könnte eine Mutation dazu führen, dass ein Tier mehr Beute findet und – zufälligerweise! – zugleich altruistischer ist.

Sekundäre Stabilisierung meint Folgendes: Da Evolution ein zufälliger Prozess ist, kann „aus Versehen" eine nachteilige Veränderung entstehen, die Phänotyp (Aussehen) bzw. Verhalten ändert und darüber sekundär selektiert wird. Ein Beispiel: Strumpfbandnattern fressen gerne giftige Molche der Gattung Taricha, die wie Drogen auf sie wirken und daher ungesund sind. Wenn nun Nattern aufgrund einer Mutation schlechtere Jäger werden (was zunächst nachteilig ist) und daher die Molche nicht mehr erwischen, sondern sich auf gesündere Beute verlegen, könnte der eigentliche Nachteil sekundär zum Vorteil werden. – Ähnlich könnte der Altruismus des Menschen ein „Fehler" sein, der nur zufällig eine Zeit lang überlebte, der aber eine Frühform sozialer Kooperation ermöglichte und von dieser sekundär stabilisiert wurde (z. B. durch Eltern, die „Moral predigen").

Soweit es Menschen betrifft, können kulturelle Entwicklungen sehr viel schneller menschliches Verhalten beeinflussen, als die Gene zeitlich hinterherkommen. In 6000 Jahren Zivilisation hat sich menschliches Zusammenleben dramatisch verändert – Rechtspfleger gab es davor noch keine, Universitäten auch nicht –, genetisch dürfte sich seitdem nicht viel getan haben. Die Genetik als solche erklärt allenfalls, warum Menschen zu solchen Leistungen fähig waren, aber nicht die gesamte Geschichte.[5] Um den peloponnesischen Krieg zu verstehen, fragt man besser einen Historiker, nicht einen Biochemiker. (In 100 Jahren mag das anders sein, dann fragt man vielleicht künstliche Intelligenzen.)

Wenn man Kopplung und sekundäre Stabilisierung weiterdenkt, kann jedes beliebige Verhalten selektiert werden, eben auch solches, das eigentlich nachteilig sein sollte.

Langfristig müsste die Evolution die Kopplung eigentlich wieder entkoppeln; auch müsste Franks bzw. Millers sexuelle Selektion ausgemendelt werden (weil eine Population, deren Männchen nur „den Weibchen zuliebe" in ihrer Umwelt suboptimal funktionieren eigentlich aussterben müsste); je größer das Rad des Pfaus, desto mehr Weibchen hat er, aber desto schneller wird er gefressen, weil er nicht gut vor Beutegreifern flieht. Pfauen müssten, evolutionär streng genommen, langfristig von einer Vogelpopulation verdrängt werden, die kein Rad schlägt. Aber hier gilt: *In the long run we're all dead* (wie der Ökonom Keynes in anderem Zusammenhang, aber ganz passend sagte)! – Es kann sein, dass Pfauen zwar von der Evolution ausgerottet werden sollten, dass dieser Prozess aber gerade noch läuft.

Da die Evolution nie „fertig" bzw. „eingerastet" ist – sonst würde sie aufhören –, sind (fast) alle Arten ständig in der Anpassung begriffen, und dadurch ändert sich für alle die Umwelt (von extrem isolierten und eintönigen Standorten abgesehen), wodurch sich wieder das Ziel der Anpassung ändert. Es gibt daher auch immer Arten, die gerade nicht besonders gut an die jeweilige Umwelt angepasst sind (die sich gerade geändert hat, z. B. beim Ulmensterben). Und das wiederum heißt: Die Arten, die gerade leben, sind nicht die „Fittesten", sondern höchstens die (zuletzt) „Fitteren".

---

[5] Theoretisch könnte eine unbegrenzte Intelligenz natürlich aus der Genetik und den damit verfügbaren Verhaltensmöglichkeiten und den Umweltbedingungen alles menschliche Verhalten erklären, jedenfalls wenn es für sie keine Heisenberg'sche Unschärfe gibt (inwieweit Gott die Quantenmechanik außer Kraft setzen kann, entzieht sich meiner Kenntnis). Wenn alle physikalischen Teilchen deterministisch interagieren, könnte eine solche Intelligenz *alles* Geschehen im Kosmos von ihren Anfängen bis heute erklären, darunter auch die Gene, die Evolution, menschliches Verhalten und den ganzen Rest. Allerdings sind die wenigsten von uns Gott, und obendrein gilt das Urteil von Niels Bohr. Als Einstein die Quantentheorie mit dem Argument ablehnte, Gott würfle nicht, soll Bohr geantwortet haben: „Einstein, hören Sie auf, Gott vorzuschreiben, was er zu tun hat!"

Evolution kann man also nicht so verstehen, dass irgendein beliebiges Verhalten oder Aussehen „stimmen" muss (weil es das fitteste ist). Vielleicht liegt ja gerade ein Fehler vor, der zwar schon in 100 Millionen Jahren verschwinden würde, aber bis dahin hat sich die Umwelt längst geändert.

Das heißt: Sieht man ein Merkmal wie Altruismus, das eigentlich „falsch" ist, kann man daraus nicht schließen, dass es nicht existieren kann.

Das erklärt den Fehler mancher Kooperationsforscher, die glauben, dass Kooperation nur entstehen könnte, wenn sie einen unmittelbar erkennbaren Selektionsvorteil hätte. Das muss aber gar nicht so sein. Auch Fehler können selektioniert werden.

Ob außerdem hoch entwickelte Primaten wie Schimpansen ebenfalls eine Art „Kultur" entwickeln und dabei Regeln des Zusammenlebens frei gestalten können (sodass z. B. verschiedene Primatengruppen unterschiedlichen Regeln gehorchen), wäre noch zu klären. In diesem Fall könnte Altruismus auch unabhängig von rein genetischer Evolution bei Primaten entstehen.

## 8.3 Gerechtigkeitsempfinden in der frühkindlichen Entwicklung

Die Ergebnisse aus Medizin und Anthropologie werden noch deutlicher, wenn man sich mit der Entwicklung des Gerechtigkeitsempfindens bei Kindern beschäftigt. Inzwischen gibt es eine ganze Fülle lehrreicher Arbeiten zur Frage, wie Kinder Moralvorstellungen, darunter auch Vorstellungen von Gerechtigkeit, entwickeln.

Bereits im Alter von 12 Monaten reagieren Kinder auf ungleiche Verteilungen. Bei einem dieser Experimente (Ziv & Sommerville, 2017) wurden Kindern im Alter von 6, 9, 12 und 15 Monaten Filme gezeigt, in denen eine Person Kekse an andere Personen verteilte; danach wurde den Kindern das Ergebnis der Verteilung auf zwei weiteren Bildschirmen gezeigt: auf einem Bildschirm gleich, auf dem anderen ungleich. Während sehr junge Kinder (9 Monate alt oder jünger) beide Bildschirme gleich lange betrachteten, blickten die 12–15monatigen länger auf die ungleiche Verteilung. Dieser Effekt verstärkte sich bei Kindern, die in einem weiteren Test mehr Hilfsbereitschaft gezeigt hatten (sie hatten einem Experimentator ihr Spielzeug geliehen).

Man kann auch zeigen, dass 14 Monate alte Kinder spontan hilfsbereit sind – etwa, wenn sie einem Erwachsenen helfen, einen verlorenen Gegenstand wiederzufinden (Warneken & Tomasello, 2007).

Ein sehr interessantes Experiment zeigte, wie 3- und 5-jährige Kinder mit verschiedenen Formen von Ungerechtigkeit umgehen (Riedl et al., 2005). Dazu wurde entweder dem Kind selbst oder einer Puppe von einer anderen Puppe ein Keks weggenommen. Variiert wurde außerdem der Grund: In je einem Fall wurde der Keks gestohlen, von einer vierten Person unfair umverteilt, auf einen leeren Platz gelegt oder nach vorheriger Frage erlaubterweise weggenommen (siehe Abb. 8.4).

Bild A zeigt den „Diebes"-Versuch. Im linken Teilbild befindet sich ein Keks vor Puppe 1 auf einem Tisch, der sich im Uhrzeigersinn drehen lässt. Puppe 2 dreht den Tisch, sodass der Keks nun vor ihr liegt. Das Kind hat die Wahl, den Tisch ein weiteres Mal zu drehen, sodass der gestohlene Keks im „cave" verschwindet, dessen Inhalt für alle unerreichbar

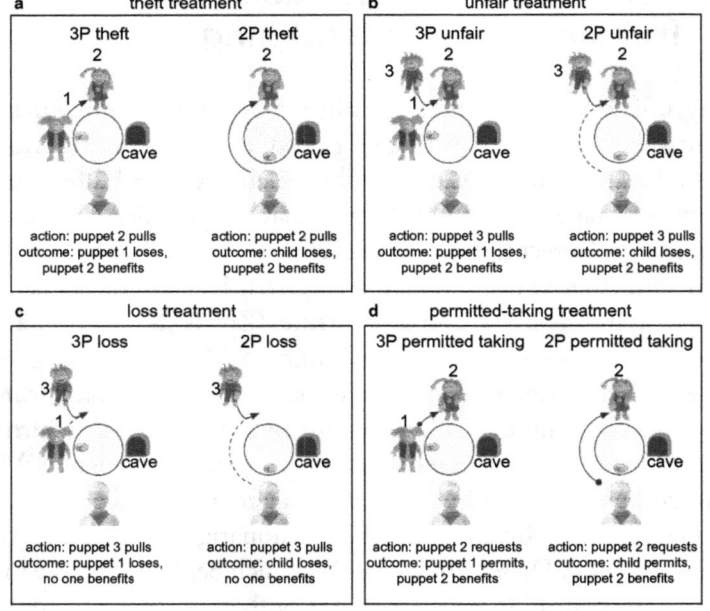

**Abb. 8.4** Reaktion von Kindern auf Ungerechtigkeit: Versuchsaufbau. (Quelle: Riedl et al., 2005)

ist. In Abb. 8.5 sieht man, dass rund 50 % der Dreijährigen (A, d. h. oberer Teil der Abbildung, 2P, „theft") davon Gebrauch machen, bzw. fast 80 % der Fünfjährigen (B, d. h., unterer Teil der Abbildung). Während je nach Alter 50 % bis 80 % der Kinder Diebstahl bestrafen, dulden sie (meist) eine erlaubte Wegnahme. Fünfjährige unterschieden außerdem danach, ob der Keks vom Dieb selbst gestohlen oder von einem Vierten weitergereicht worden war („theft" vs. „unfair").

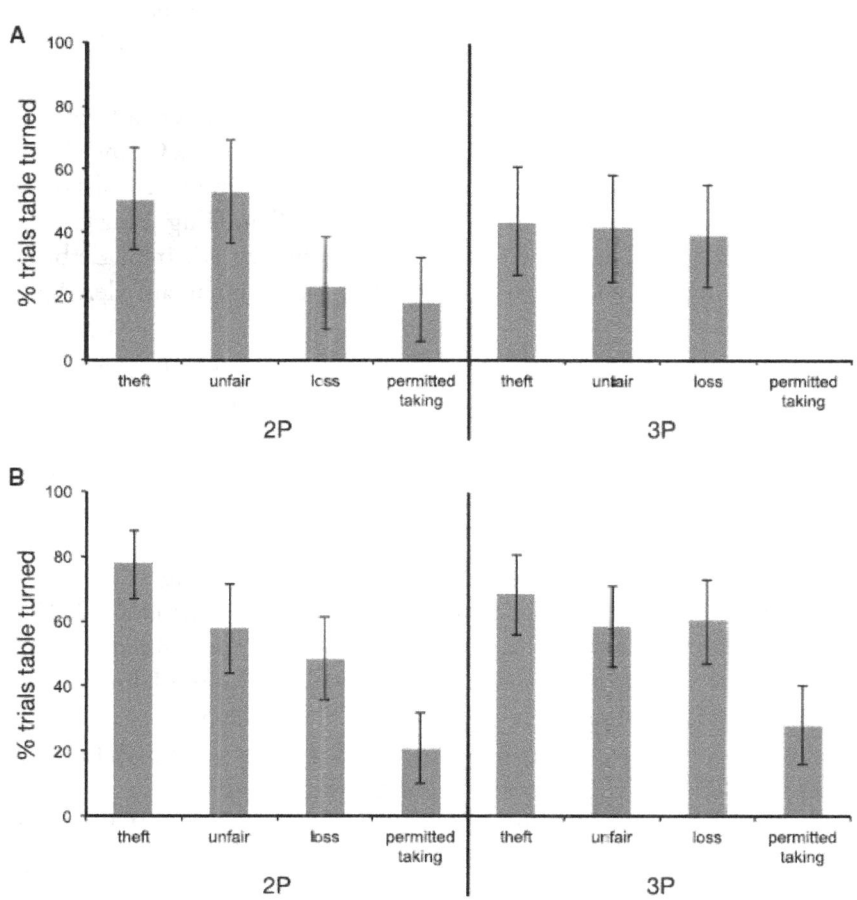

**Abb. 8.5** Reaktion von Kindern auf Ungerechtigkeit: Ergebnisse. A: Dreijährige, B: Fünfjährige. (Quelle: Riedl et al., 2005)

Keinen Unterschied hingegen machte es, ob das Kind selbst oder eine Puppe unfair behandelt worden war. Das unterscheidet Kinder von Primaten: Bei Letzteren ist die Bestrafung zugunsten Dritter nur sehr schwer nachweisbar (nur der Protest „in eigener Sache").

Zusätzlich wurde in einem weiteren Teilversuch geprüft, ob die Kinder, wenn sie wählen können, den Keks in den „cave" manövrieren oder dem Opfer (das Kind selbst bzw. die Puppe) zurückgeben. Ganz überwiegend wurde die Option „zurückgeben" gewählt. Die Forscher schließen daraus, dass das Verhalten der Kinder tatsächlich vor allem vom Mitleid mit dem Opfer (und nicht primär vom Wunsch, den Täter zu bestrafen) getrieben ist.

Ebenfalls reagieren dreijährige Kinder bereits angemessen auf Vertragsbrüche (Kachel et al., 2018). Wenn ihr Spielpartner ohne Grund das gemeinsame Vorhaben sabotiert, beschimpfen sie ihn und sind selbst emotional stark engagiert. Ist der Spielpartner bloß unfähig, reagieren sie weniger heftig und versuchen eher, das Vorhaben zu erklären. Zerbricht der Spielapparat, schimpfen sie auf diesen (und nicht auf den Spielpartner).

Im Alter von fünf Jahren geben Kinder Armen mehr Ressourcen als Reichen. Man stellte dazu Kindern Sticker zur Verfügung, die sie auf einen „armen" Teddy (dessen Stickerbuch leer war) und einen „reichen" Teddy verteilen konnten. Während die Dreijährigen die Sticker noch gleichmäßig auf die Teddys verteilten, bevorzugten die Fünfjährigen den armen Teddy (Paulus, 2014).

Etwa ab dem 8. Lebensjahr lehnen Kinder Verteilungen ab, die *sie selbst* bevorzugen, weil sie sie ungerecht finden (McAuliffe et al., 2017).

Insgesamt also fangen Kinder bereits mit etwas über einem Jahr an, Verteilungsgerechtigkeit zu bemerken. Spätestens mit drei Jahren wirken sie ungerechtem Handeln entgegen, und zwar auch dann, wenn sie selbst nicht betroffen sind. Fünfjährige helfen Bedürftigen, und Achtjährige wollen nicht ohne Grund besser behandelt werden als andere.

Nimmt man die Ergebnisse aus den bildgebenden Verfahren, den Primatenstudien und den entwicklungspsychologischen Untersuchungen zusammen, dann ist es eine offensichtlich absurde Aussage, Gerechtigkeit sei nur eine „Einbildung".

Vielmehr fragt man sich geradezu, warum die Welt so ungerecht ist, obwohl doch Grundlagen der Gerechtigkeit („gleicher Lohn für gleiche Arbeit") schon im Tierreich angelegt sind und junge Kinder weit darüber hinausgehende Fähigkeiten aufweisen. Das wird Thema der folgenden Kapitel sein. Zuerst aber werde ich mithilfe des Gerechtigkeitsmodells philosophische Gerechtigkeitstheorien zusammenstellen und vergleichen.

## Literatur

Baar, J. M., Chang, L. J., & Sanfey, A. G. (2019). The computational and neural substrates of moral strategies in social decision-making. *Nature Communications, 10*(1), 1483.

Bekoff, M., & Pierce, J. (2017). *Sind Tiere die besseren Menschen?* Kosmos.

Bennett, C. M., Miller, M. B., & Wolford, G. L. (2009). Neural correlates of interspecies perspective taking in the post-mortem Atlantic Salmon: An argument for multiple comparisons correction. *NeuroImage, 47*(Suppl 1), 125. http://www.prefrontal.org/files/posters/Bennett-Salmon-2009.pdf. Zugegriffen am 05.11.2021.

Brosnan, S., & de Waal, F. (2003). Monkeys reject unequal pay. *Nature, 425*, 297–299.

Emonds, G., Declerck, C. H., Boone, C., Vandervliet, E. J., & Parizel, P. M. (2012). The cognitive demands on cooperation in social dilemmas: An fMRI study. *Social Neuroscience, 7*(5), 494–509.

Fetchenhauer, D., & Bierhoff, H. W. (2004). Altruismus aus evolutionstheoretischer Perspektive. *Zeitschrift für Sozialpsychologie, 35*(3), 131–141.

Frank, R. H. (1988). *Passions within reasons: The strategic role of the emotions*. Norton.

Hsu, M., Anen, C., & Quartz, S. R. (2008). The right and the good: Distributive justice and neural encoding of equity and efficiency. *Science, 320*(5879), 1092–1095.

Kachel, U., Svetlova, M., & Tomasello, M. (2018). Three-year-olds' reactions to a partner's failure to perform her role in a joint commitment. *Child Development, 89*(5), 1691–1703.

Massen, J. J. M., et al. (2015 Oct). Tolerance and reward equity predict cooperation in ravens (Corvus corax). *Scientific Reports, 7*(5), 15021.

McAuliffe, K., Blake, P. R., Steinbeis, N., & Warneken, F. (2017). The developmental foundations of human fairness. *Nature Human Behaviour, 1*, 0042.

McGetrick, J., & Range, F. (2018). Inequity aversion in dogs: A review. *Learning & Behavior, 46*, 479–500.

Mendez, M. F. (2009). The neurobiology of moral behavior. *CNS Spectrums, 14*(11), 608–620.

Miller, G. (2001). *The mating mind*. Vintage.

Paulus, M. (2014). The early origins of human charity: Developmental changes in prescholars' sharing with poor and wealthy individuals. *Frontiers in Psychology, 5*, 1–9. Article 344.

Riedl, K., Jensen, K., Call, J., & Tomasello, M. (2005). Restorative justice in children. *Current Biology, 25*(13), 1731–1735.

Rose S. (18. Mai 2017). Morality, neuro-myths, and the spurious seduction of evolutionary ethics. *Iai News*, Issue 56. https://iai.tv/articles/morality-neuro-myths-and-the-spurious-seduction-of-evolutionary-ethics-auid-829. Zugegriffen am 29.01.2020.

Sanfey, A. G., Rilling, J. K., Aronson, J. A., Nystrom, L. E., & Cohen, J. D. (2003). The neural basis of economic decision-making in the Ultimatum Game. *Science, 300*(5626), 1755–1758.

Schünke, M., Schulte, E., & Schumacher, U. (2006). *Prometheus Lernatlas der Anatomie. Kopf, Hals und Neuroanatomie* (S. 365). Thieme.

Waal, F. de, Leimgruber, K., & Greenberg, A. M. (2008). Giving is self-rewarding for monkeys. *Proceedings of the National Academy of Sciences, 105*(36), 13685–13689.

Warneken, W., & Tomasello, M. (2007). Helping and cooperation at 14 months of age. *Infancy, 11*(3), 271–294.

Ziv, T., & Sommerville, J. A. (2017). Developmental differences in infants' fairness expectations from 6 to 15 months of age. *Child Development, 88*, 1930–1951.

# 9

# Philosophische Untersuchungen zur „Gerechtigkeit"

Eines der Hauptprobleme bei der Untersuchung der Gerechtigkeit bestand bisher darin, dass unterschiedliche Autoren über verschiedene Aspekte von Gerechtigkeit geschrieben haben – einige über den Inhalt von Gerechtigkeitsnormen, andere über ihre politische Durchsetzung usw. Es wirkt dann so, als hätten sie verschiedene Vorstellungen von Gerechtigkeit.

Ein Vorteil des in Abschn. 7.2 beschriebenen Modells von Gerechtigkeit liegt darin, dass es verschiedene Theorien verorten und integrieren kann. So zeigt sich, dass Aristoteles und Rawls zwar über die Gerechtigkeit verschiedene Aussagen machen, die sich aber gar nicht widersprechen, weil sie einfach verschiedene Aspekte derselben Gerechtigkeit behandeln.

Ich werde daher im Folgenden einige wichtige Gerechtigkeitstheorien mithilfe des Modells vergleichen. Es ist selbstverständlich, dass ich dabei eine Auswahl treffen muss. Im Grunde würde es (fast) ausreichen, die antiken Autoren zu studieren; spätestens seit Aristoteles sind praktisch alle Fragen und Aspekte der Gerechtigkeit bekannt, die auch die heutige Diskussion bestimmen. (Auch das passt zu dem Befund, dass Gerechtigkeit evolutionär alt und tief in der Psyche verwurzelt ist.)

## Ägyptische Gerechtigkeitsvorstellungen

Es gibt eine Tradition des Nachdenkens über Moral, die historisch sehr weit zurückreicht und die den Aspekt der Gerechtigkeit als Bedingung für funktionierende Gemeinschaften betont. In dieser Gerechtigkeit im weiteren Sinne fallen „Gerechtigkeit" (ägyptisch: Ma'at) und „Moral" zusammen. Ma'at (𓐙𓂝𓏏𓆄, Umschrift: M3'.t) bedeutet „Gerechtigkeit", „Wahrheit" und „Ordnung" (Assmann, 2006).

Ma'at ist die richtige Ordnung der Welt und der Gesellschaft, zugleich aber auch ihre moralische Bewertung im Sinne von Gut und Böse. Das betrifft das dies- und jenseitige Leben: Mit Ma'at gelingt das irdische Leben ebenso wie die Aufnahme im Jenseits.

In der ca. 4000 Jahre alten Schrift mit dem Titel „Der weise Ptahhotep" heißt es (zit. n. Hornung, 1996):

> „Wenn du jemand in leitender Stellung bist, der für viele zu sorgen hat, dann bemühe dich um lauter Vortrefflichkeit, so daß dein Verhalten ohne Tadel ist. Groß ist die Gerechtigkeit, dauernd und wirksam! Sie ist nicht verwirrt worden seit der Zeit des Osiris, und man bestraft den, der (ihre) Gesetze mißachtet. Der Habgierige betrachtet das (zwar) nicht, und Gemeinheit rafft Schätze zusammen, (aber) nie ist das Unrecht ‚gelandet' und hat überdauert. Ist das Ende da, bleibt nur das Recht. ... Unterdrücke die Menschen nicht, (denn) Gott straft mit gleichem."

Der Pharao und seine Beamten haben dabei die Aufgabe, Ordnung und Gerechtigkeit herzustellen, z. B., indem sie Streit schlichten und Schwache vor den Starken schützen – besonders thematisiert im Schutz von Menschen, die sich nicht selbst helfen können, z. B. Witwen und Waisen. Anhurmose, der gegen Ende des 13. Jahrhunderts unter Merenptah als Hohepriester des Schu wirkte, schreibt über sich (Assmann, 2006, S. 104 f.):

> „Ich vertrieb Unrecht und Sorge,
>   ich schenkte Aufmerksamkeit der Stimme der Witwe.
>   Ich rettete die Untergehenden und gab Lebensunterhalt den Notleidenden.
>   Ich war ein Schutz des Schwachen,

der eintrat für die Witwe, wenn sie ihrer Habe beraubt war.
Ich war ein Vater des Vaterlosen,
eine Mutter, die die Geringen rettete …
Ich war ein Hirte seiner Leute,
der sie schützte vor allem Leid …
Ich hörte dem Geringen zu
und tat, was er sagte.
Ich freute mich über Worte der Ma'at,
mein Abscheu war es, Lügen anzuhören.
Ich tat die Ma'at auf Erden
so viele Male wie Haare auf dem Kopf sind.
Ich bin ein Gerechtfertigter an allen meinen Plätzen
am Tag des (Toten-)Gerichts …
Ich war einer, den das Volk liebte,
über dessen Worte die Leute sich freuten.
Ich war freigiebig gegenüber dem, der nichts hatte,
und belebte den Niedergeschlagenen.
Ich weinte über einen Unglücksfall
und sorgte mich um den, der zu Boden schaute.
Ich war wach für den Notschrei der Waise
und erfüllte alle ihre Wünsche.
Ich hob das Kind auf, das von Kummer beladen war,
ich beendete sein [Leid] und wischte seine Tränen ab.
Ich ließ die Klagende ihre Trauer vergessen …
Ich salbte die verarmte Witwe,
und gab Kleider dem Nackten.
Ich sprach Recht zwischen zwei Wütenden,
so daß sie zufrieden herausgingen.
Ich befriedete zwei streitende Brüder,
sodaß ich ihren Zorn mit meinem Ausspruch vertrieb.
Ich vertrieb das Leid aus dem Herzen der Leute
und beglückte das Herz des Traurigen."

Auch klingen in ägyptischen Texten bereits Motive der zehn Gebote an: So finden sich in den Totenbüchern Versicherungen, weder unsolidarisch gehandelt zu haben („Ich habe nicht geraubt, ich habe nicht getötet, war nicht habgierig, habe nicht die Frau eines anderen beschlafen"), noch

Streit verursacht zu haben („Ich habe keinen Schmerz zugefügt, ich habe nicht gestritten, ich war nicht jähzornig"), noch gelogen zu haben (Hornung, 1998).

**Das Alte Testament**
Im Alten Testament wird „Gerechtigkeit" ebenfalls im weiten Sinn, insbesondere als Ermöglichung eines gelingenden Lebens in Gemeinschaft verstanden. Das Wort צְדָקָה (ṣədāqāh) „Gerechtigkeit" beschreibt u. a. die Gerechtigkeit Gottes, seine Weisungen, aber auch Redlichkeit und korrektes Verhalten der Menschen. Die „Richter" (im Buch Richter) sprechen nicht nur Recht, sondern sie „richten" auch Dinge, d. h., sie bringen sie in Ordnung. Beim Propheten Jesaja (32,17) heißt es: „Das Werk der Gerechtigkeit wird Friede sein und die Frucht des Rechtes Sicherheit auf ewig."

Die Kodifizierung dieser Vorstellung von Gerechtigkeit in den zehn Geboten dürfte einer der wirkmächtigsten Texte aller Zeiten sein (hier die Fassung aus Ex 20, Einheitsübersetzung):

> „1 Dann sprach Gott alle diese Worte: 2 Ich bin der HERR, dein Gott, der dich aus dem Land Ägypten geführt hat, aus dem Sklavenhaus. 3 Du sollst neben mir keine anderen Götter haben. 4 Du sollst dir kein Kultbild machen und keine Gestalt von irgendetwas am Himmel droben, auf der Erde unten oder im Wasser unter der Erde. 5 Du sollst dich nicht vor ihnen niederwerfen und ihnen nicht dienen. Denn ich bin der HERR, dein Gott, ein eifersüchtiger Gott: Ich suche die Schuld der Väter an den Kindern heim, an der dritten und vierten Generation, bei denen, die mich hassen; 6 doch ich erweise Tausenden meine Huld bei denen, die mich lieben und meine Gebote bewahren. 7 Du sollst den Namen des HERRN, deines Gottes, nicht missbrauchen; denn der HERR lässt den nicht ungestraft, der seinen Namen missbraucht. 8 Gedenke des Sabbats: Halte ihn heilig! 9 Sechs Tage darfst du schaffen und all deine Arbeit tun. 10 Der siebte Tag ist ein Ruhetag, dem HERRN, deinem Gott, geweiht. An ihm darfst du keine Arbeit tun: du und dein Sohn und deine Tochter, dein Sklave und deine Sklavin und dein Vieh und dein Fremder in deinen Toren. 11 Denn in sechs Tagen hat der HERR Himmel, Erde und Meer gemacht und alles, was dazugehört; am siebten Tag ruhte er. Darum hat der HERR den Sabbat

gesegnet und ihn geheiligt. 12 Ehre deinen Vater und deine Mutter, damit du lange lebst in dem Land, das der HERR, dein Gott, dir gibt! 13 Du sollst nicht töten. 14 Du sollst nicht die Ehe brechen. 15 Du sollst nicht stehlen. 16 Du sollst nicht falsch gegen deinen Nächsten aussagen. 17 Du sollst nicht das Haus deines Nächsten begehren. Du sollst nicht die Frau deines Nächsten begehren, nicht seinen Sklaven oder seine Sklavin, sein Rind oder seinen Esel oder irgendetwas, das deinem Nächsten gehört."

(Nebenbei bemerkt ist die Bezeichnung „10 Gebote" ungeschickt gewählt, denn es handelt sich nicht wirklich um genau zehn Gebote; das führte und führt immer wieder zu Verwirrung, auch deshalb, weil die jüdische, orthodoxe, katholische und evangelische Tradition die tatsächlich mehr als 10 Ge- und Verbote jeweils unterschiedlich zusammengefasst haben.)

Gemeinsam ist beiden alten Kulturen, dass der Schwächere vor dem Stärkeren geschützt werden muss; vielleicht spiegelt sich darin eine frühe Kindheitserfahrung. Ein auffälliger Unterschied ist, dass in Ägypten der Pharao diesen Schutz bewirkt, im Alten Testament Gott.

Insgesamt verstehen sowohl das alte und mittlere ägyptische Reich als auch das Alte Testament „Gerechtigkeit" in einem sehr umfassenden Sinn. Erst später, bei Aristoteles, treten Moral und Gerechtigkeit auseinander – so, wie wir heute die Begriffe noch verwenden.

**Homer und Hesiod**
Während in Ägypten die Gerechtigkeit eingebettet ist in das Gesamtkonzept der Ma'at, zeichnen die ältesten umfangreichen Schriftwerke der griechischen Antike, die homerischen Epen *Ilias* und *Odyssee*, ein völlig anderes Bild. Hier sind die Götter nicht mehr „gerecht", sondern werden selbst von Bedürfnissen getrieben, hintergehen sich gegenseitig, häufig auch auf Kosten an sich unbeteiligter Menschen. Das beruht einerseits darauf, dass das Idealbild der ursprünglichen Zuhörer der kampfstarke Adlige ist: „Gut" meint so viel wie „tüchtig" oder „tauglich"; der Adlige orientiert sich im Wettkampf an seinesgleichen, nicht an einer abstrakten „Gerechtigkeit". Andererseits liegt die Interpretation nahe, die Götter seien hier so etwas wie das personifizierte Schicksal, das auch unberechenbar ist und zuschlägt oder begünstigt, wo es will.

Im weiteren Verlauf der Geschichte gehen die Vorstellungen hin und her: Während Hesiod sich bemüht, doch so etwas wie eine gerechte Gesamtordnung zu konstruieren, erscheinen die Götter bei den griechischen Dramatikern manchmal als Hüter des Rechts, manchmal nicht. Mit der demokratischen Verfassung in Athen ändert sich die Einschätzung des „Guten" (ἀρετή) abermals; jetzt verschiebt sich sein Inhalt weg von der „Tüchtigkeit" des Adligen, d. h. einer moralisch unbestimmten Brauchbarkeit, Effizienz, hin zur „Tugend", in der sittliche Überlegungen eine zentrale Rolle spielen. In der Folge entbrennt ein Streit darüber, was denn nun „gerecht" ist.

**Platon**
Platons Schriften zur Gerechtigkeit sind nicht ganz leicht zu interpretieren. *Erstens* schreibt er in Dialogen, was dem Leser die Entwicklung einer eigenen Meinung erlauben soll; diese Gespräche enden aber selten mit einer Auflösung des jeweiligen Problems. *Zweitens* weicht Platons δικαιοσύνη (dikaiosyne) von unserem Gerechtigkeitsverständnis ab und bezeichnet so etwas wie die „Richtigkeit" der Seele. *Drittens* schreibt Platon weniger über das, was inhaltlich gerecht ist (d. h., woran man erkennt, ob eine Regel oder Handlung gerecht ist), sondern über die Eigenschaften desjenigen, der gerecht handelt. *Viertens* behandelt er (auch) ein Thema, das über die Gerechtigkeit selbst hinausweist, das aber freilich von großer Bedeutung ist: ob es sich nämlich für den Gerechten lohnt, gerecht zu sein, oder, anders formuliert, ob es besser ist, Ungerechtigkeit zu tun oder zu erleiden. Das ist gerade für uns Heutige sehr relevant: Denn in einer weitgehend säkularisierten Welt hat man sonst kein gutes Argument gegenüber einem reichen Räuber.

In seiner „Politeia" („Der Staat") untersucht Platon, was die Gerechtigkeit eines Menschen ist. Sokrates verwendet folgenden Untersuchungsgang:[1] Da es schwer ist, die Gerechtigkeit eines Menschen zu verstehen, wird zunächst die Gerechtigkeit des Staates untersucht und dann das

---

[1] Genau genommen tut dies der Sokrates, der von Platon geschildert wird – da Sokrates selbst keine eigenen Schriften hinterlassen hat, lässt sich heute kaum noch rekonstruieren, wie sich der historisch echte Sokrates zu den Schilderungen Platons, Xenophons und Aristophanes' verhält.

Ergebnis auf den Menschen übertragen. Im Original liest sich das so (Platon, 1973, Original Anfang 4. Jh. v. Chr.):

„,Die Untersuchung, die wir beginnen, erfordert ohne Zweifel scharfe, nicht schwache Augen. Da wir keine scharfen Augen haben, wird es das beste sein, wir machen es wie die Kurzsichtigen, denen man kleine Buchstaben aus der Ferne zu lesen vorlegt. Es fällt ihnen ein, daß die Buchstaben anderswo größer und an einer größeren Tafel geschrieben stehen, und sie sind klug genug, zunächst die größeren zu lesen und dann die kleinen mit ihnen zu vergleichen.'
,Ganz recht!', erwiderte Adeimantos. ,Aber was hat unsere Untersuchung über Gerechtigkeit damit zu tun?'
,Ich will es dir sagen. Die Gerechtigkeit findet sich im einzelnen Menschen; findet sie sich nicht auch im ganzen Staate?'
,Jawohl.'
,Und ein Staat ist etwas Größeres als ein einzelner Mensch?'
,Ja freilich.'
,Vielleicht ist auch seine Gerechtigkeit größer und leichter zu erkennen.'"

Um die Dikaiosyne des Staates untersuchen zu können, entwirft Sokrates zunächst einen Modellstaat. Staaten entstehen, weil kein Mensch für sich alleine sorgen kann. Menschen müssen untereinander Güter tauschen, und um das tun zu können, benötigen sie Kaufleute, Münzen usw.; kurz: eine Wirtschaft.

Im Weiteren überlegt Sokrates, dass Menschen unterschiedlich begabt und daher für unterschiedliche Tätigkeiten geeignet sind: Manche sind besonders weise, andere tapfer, wieder andere besonnen. Daher gibt es im Staat drei Stände: Philosophen, Wächter/Krieger und Bauern/Handwerker. Unter Dikaiosyne versteht Sokrates nun, dass jeder im Staat das Seine hat und tut (und nicht etwas anderes, dass also z. B. der Kaufmann nicht Wächter wird). Sokrates meint, dass dies analog ist zu der Forderung, jedem das Schuldige zu geben.

Da es nun auch in der Seele des Menschen Eigenschaften gibt, die den Ständen vergleichbar sind, nämlich Weisheit, Tapferkeit und Besonnenheit, besteht die Dikaiosyne des einzelnen Menschen aus dem richtigen Verhältnis dieser drei Eigenschaften.

Außerdem nimmt Sokrates an, dass die Gerechtigkeit Kraft der Seele ist, Ungerechtigkeit aber Unkraft und dass eine gerechte Seele sich wohlbefindet und glücklich ist (oder macht). Insofern ist die Dikaiosyne für die Seele dieselbe Kraft wie die Sehkraft für die Augen: Sie ermöglicht den Augen erst, ihre Funktion, nämlich das Sehen, auszuüben.

Im Ergebnis weicht Sokrates' Dikaiosyne von dem ab, was man heute unter „Gerechtigkeit" versteht; Dikaiosyne ist eher etwas wie „Richtigkeit": das, was dafür sorgt, dass die Seele „richtig funktioniert".

Bei Platon teilt die Dikaiosyne also zunächst Aufgaben zu. Weitet man dies auf die Verteilung von Gütern aus, so gelangt man zu der Formulierung „Gerechtigkeit meint, jedem das Seine zuzuteilen", die große historische Bedeutung gehabt hat und auch heute noch auf die aktuelle wirtschaftspolitische Diskussion einwirkt.

In seinem Dialog „Gorgias", der bereits in der Einleitung zitiert wurde, lässt Platon den Sophisten Kallikles in einem Streitgespräch mit Sokrates in der Richtung argumentieren, dass in der Natur das Erleiden von Unrecht hässlich und schlecht ist. Natürlich sei es, dass der Stärkere mehr bekommt und dabei seinen Begierden folge. Gesetze, die alle gleich behandeln, seien daher unnatürlich. (Es sei nur am Rande erwähnt, dass Sokrates ihm nachweist, dass er einem Denkfehler aufsitzt: Denn indem sich die Schwächeren zusammentun, sind sie stärker als der einzelne Starke und hätten demnach ein natürliches Recht, mehr zu haben.)

Ein weiterer wichtiger Gedanke lässt sich den Ausführungen Kallikles' entnehmen, nämlich die Frage, ob das Streben nach Reichtum „gut" bzw. „gerecht" ist oder nicht. Kallikles hält es für natürlich. In der Fassung von Adam Smith bzw. der neoklassischen Volkswirtschaftslehre herrscht die Idee vor, dass der Einzelne in der Verfolgung seiner eigenen egoistischen Ziele zugleich die Wohlfahrt aller befördert.

Schließlich kann man Kallikles' Ausführungen auch als Abwertung des Gedankens der Gerechtigkeit selbst lesen. Eine interessante moderne Fassung davon liefert Nietzsche (1999, Original 1878):

> „Die Gerechtigkeit (Billigkeit) nimmt ihren Ursprung unter ungefähr gleich Mächtigen, wie dies Thukydides (in dem furchtbaren Gespräche der athenischen und melischen Gesandten) richtig begriffen hat; wo es keine deutlich erkennbare Übergewalt gibt und ein Kampf zum erfolglosen,

gegenseitigen Schädigen würde, da entsteht der Gedanke sich zu verständigen und über die beiderseitigen Ansprüche zu verhandeln: der Charakter des Tausches ist der anfängliche Charakter der Gerechtigkeit. Jeder stellt den Andern zufrieden, indem Jeder bekommt, was er mehr schätzt als der Andere. Man gibt Jedem, was er haben will als das nunmehr Seinige, und empfängt dagegen das Gewünschte. Gerechtigkeit ist also Vergeltung und Austausch unter der Voraussetzung einer ungefähr gleichen Machtstellung: so gehört ursprünglich die Rache in den Bereich der Gerechtigkeit, sie ist ein Austausch. Ebenso die Dankbarkeit. – Gerechtigkeit geht natürlich auf den Gesichtspunkt einer einsichtigen Selbsterhaltung zurück, also auf den Egoismus jener Überlegung: ‚wozu sollte ich mich nutzlos schädigen und mein Ziel vielleicht doch nicht erreichen?' – Soviel vom Ursprung der Gerechtigkeit.

Dadurch, dass die Menschen, ihrer intellektuellen Gewohnheit gemäß, den ursprünglichen Zweck sogenannter gerechter, billiger Handlungen vergessen haben und namentlich weil durch Jahrtausende hindurch die Kinder angelernt worden sind, solche Handlungen zu bewundern und nachzuahmen, ist allmählich der Anschein entstanden, als sei eine gerechte Handlung eine unegoistische: auf diesem Anschein aber beruht die hohe Schätzung derselben, welche überdies, wie alle Schätzungen, fortwährend noch im Wachsen ist: denn etwas Hochgeschätztes wird mit Aufopferung erstrebt, nachgeahmt, vervielfältigt und wächst dadurch, dass der Wert der aufgewandten Mühe und Beeiferung von jedem Einzelnen noch zum Werte des geschätzten Dinges hinzugeschlagen wird. – Wie wenig moralisch sähe die Welt ohne die Vergesslichkeit aus! Ein Dichter könnte sagen, dass Gott die Vergesslichkeit als Türhüterin an die Tempelschwelle der Menschenwürde hingelagert habe."

Zweifellos hat Gerechtigkeit mit fairem Tausch zu tun (das entspricht der ersten der drei Gerechtigkeitsregeln, nämlich der der gleichen Leistung). Nietzsche übersieht aber, dass es außerdem „gerecht" sein kann, Bedürftigen zu helfen. Und es ist – gegen Nietzsches verdeckte Häme – schwer nachvollziehbar, was daran falsch sein soll, wenn man sozial erwünschtes Verhalten moralisch gutheißt – unabhängig davon, wie es sich entwickelt hat.

**Exkurs: Der Melierdialog**

Indem Nietzsche das Gespräch der athenischen und melischen Gesandten im Melierdialog als „furchtbar" bezeichnet, schimmert hinter der scheinbaren Amoralität der Moralist Nietzsche durch. Dieser Dialog lautet in der Einleitung und Übersetzung von G. Fink (2006):

> „Im Sommer 416 landet ein Flottenverband der Athener auf der kleinen Insel Melos, deren Bewohner sich – als spartanische Kolonisten – nicht in die attische Seeherrschaft eingliedern lassen wollen. Im Rat der Stadt findet, bevor es zu Kampfhandlungen kommt, ein Streitgespräch zwischen den Abgesandten der Athener und den führenden Männern von Melos statt, wobei unter anderem folgende Positionen vertreten werden:
>
> ‚(Athener): … daß wir im Interesse (zum Nutzen) unseres Reichs hier sind sowie zur Rettung eurer Stadt nun in Verhandlungen eintreten (Worte sprechen werden), das wollen wir erläutern, da es unsere Absicht ist, euch möglichst problemlos in unseren Machtbereich einzugliedern (ohne Anstrengung die Herrschaft über euch zu gewinnen) und euch zum Nutzen für beide Teile zu erhalten.
>
> (Melier): Und wieso könnte es für uns von Vorteil sein, Sklaven zu werden, so wie es für euch (vorteilhaft ist) zu herrschen?
>
> A: Weil euch, statt das Äußerste zu erleiden, nur Gehorsam abverlangt (zuteil) würde, wir aber, wenn wir euch nicht liquidieren, davon Profit haben.
>
> M: Somit würdet ihr es nicht akzeptieren, wenn wir Frieden hielten und eure Freunde, nicht eure Feinde, sowie Verbündete keiner der beiden Parteien wären?
>
> A: (Nein.) denn eure Feindschaft schadet uns nicht im gleichen Maße (soviel), wie eure Freundschaft sich für die von uns Beherrschten als Indiz unserer Schwäche und euer Haß als Zeichen unserer Stärke erwiese.
>
> (…)
>
> Wir glauben nämlich, daß die Götter (das Göttliche) vermutlich, die Menschen (das Menschliche) aber gewiß durchwegs aufgrund einer natürlichen Notwendigkeit beherrschen, was immer sie bezwingen können. Wir haben dieses Gesetz nicht aufgestellt, wandten es auch, da es nun gilt, nicht als erste an, sondern haben es als vorhanden übernommen und werden es als für alle Zeiten gültig (für immer seiend/bestehend) weitergeben (hinterlassen); daran halten wir uns (wir gebrauchen es) in der Gewißheit (wis-

## 9 Philosophische Untersuchungen zur „Gerechtigkeit" 175

send), daß wohl auch ihr und andere, in dieselbe Machtposition wie wir gelangt, dasselbe tätet.'

Es ist zweifellos ein bemerkenswerter Kunstgriff des Thukydides, daß er im Zusammenhang mit dem Überfall auf Melos nicht die Angreifer und die Angegriffenen in zwei großen, durchgeformten Reden ihre Standpunkte umreißen ließ, sondern die Form des Dialogs wählte, wobei gerade durch das Fehlen jeder verbindenden Zusätze des Autors das harte Aufeinanderprallen von Meinung und Gegenmeinung dem Leser in fast quälender Weise deutlich gemacht wird. Die Athener, die ihren Seebund einst mit dem Ziel gegründet hatten, den von den Persern bedrängten Städten der kleinasiatischen Küste und der ägäischen Inselwelt die Freiheit zu bringen, hatten längst aus den Bundesgenossen Untertanen gemacht und suchten mit unnachsichtiger Härte zu verhindern, daß irgendein Mitglied das zweckentfremdete Bündnis verließ. Doch die Kykladeninsel Melos hatte als spartanische Kolonie dem Seebund nie angehört, und ein erster Versuch, sie zum Beitritt zu zwingen, war im Jahr 426 mißlungen; eine danach von den Athenern einseitig festgesetzte Tributzahlung von fünfzehn Talenten wurde von Melos nie geleistet, konnte aber ein knappes Jahrzehnt später als einer der fadenscheinigen Anlässe für die Flottenexpedition gelten.

Für Thukydides ist dieses im Hinblick auf den Gesamtverlauf des langen Kriegs eher marginale Unternehmen offensichtlich ein exemplarischer Fall, anhand dessen er die wahren Absichten schonungslos enthüllt, die das damals noch mächtige Athen verfolgte. Höhnisch wird das Angebot der Koexistenz, des friedlichen Nebeneinander abgelehnt: Freundschaft mit dem Schwächeren würde den Mächtigen nur dem Verdacht der Schwäche aussetzen, der Haß der Unterdrückten dagegen unterstreicht in seiner Ohnmacht die Macht des Unterdrückers. Der Berufung der Melier auf göttliches und menschliches Recht setzen die Athener kalt ihre eigene Rechtsauffassung entgegen, die sie als gelehrige Schüler jener sophistischen Aufklärer [wie Kallikles, d. V.] erweist, welche nur den Nutzen als Maßstab für das anerkannten, was gut oder schlecht ist."

Epikur (1986, Original um 300 v. Chr.) wird später den Gedanken, dass es keine natürliche Gerechtigkeit gibt, aufnehmen und radikalisieren; dadurch wird er zum Urvater aller Vertragstheorien ebenso wie des Rechtspositivismus:

„Gerechtigkeit ist nicht etwas an sich Seiendes, sondern ein im Umgang miteinander an jeweils beliebigen Orten abgeschlossener Vertrag, einander nicht zu schädigen und nicht geschädigt zu werden."

Noch später wird Augustinus diesen Gedanken (in De civitate dei, IV 4) aufnehmen und argumentieren, dass Staaten durch Vertragsschluss ihrer Bewohner entstehen, wodurch er die Grundlagen einer Vertragstheorie der Gerechtigkeit entwickelt:

„Räuberbanden sind nichts anderes als kleine Königreiche: sie sind eine Gruppe von Menschen, die von einem Anführer befehligt wird, haben sich durch Vertrag zusammengeschlossen, und teilen ihre Beute nach fester Übereinkunft auf … Wenn dieses üble Gebilde zu solcher Größe anwächst, daß es Gebiete besetzt, Niederlassungen gründet, Städte erobert, Völker unterwirft, nimmt es den Namen eines Königreiches an, welcher ihr nun offenkundig zukommt, und zwar nicht weil die Begierde weggenommen, sondern weil ihm Straflosigkeit hinzugefügt wurde.

Treffend und wahrheitsgemäß antwortete einst ein ertappter Seeräuber Alexander dem Großen: denn der König fragt den Mann, was er sich dabei denke, daß er das Meer unsicher mache, jener erwiderte mit freiem Trotz: Und was fällt dir ein, daß du den Erdkreis unsicher machst – freilich, weil ich es mit einem kleinen Schiff mache, nennt man mich einen Räuber, und dich nennt man einen Imperator, weil du es mit einer großen Flotte tust."

**Aristoteles**

Ausgangspunkt für Aristoteles' Überlegungen ist das höchste Ziel im Leben, nämlich das Glück, das man durch tugendhaftes Handeln (und nicht allzu nachteilige äußere Umstände) erreicht. Er sieht Gerechtigkeit (dikaiosyne) als Disposition (hexis), also als Eigenschaft des Handelnden, die ihn befähigt, gerecht zu handeln – ähnlich, wie er auch andere Tugenden (Tapferkeit …) im Charakter verortet; deshalb wird seine Ethik als Tugendethik bezeichnet. Damit steht er Kant, der das ethisch richtige Handeln im Motiv des Handelnden findet, näher als utilitaristischen Theorien, für die (nur) das Ergebnis zählt („Handle so, dass der Gesamtnutzen der Menschheit steigt").

Andererseits kommt die Bedeutung der Ethik für die Gemeinschaft darin zum Ausdruck, dass Aristoteles bei der Frage nach dem Guten die Politikwissenschaft für die oberste Disziplin hält, die die anderen Wissenschaften (wie Strategik, Haushaltsführung und Rhetorik) umfasst. In heutiger Sprache würde man formulieren: Um Ethik zu verstehen, braucht man einerseits die medizinische Anthropologie (weil das Handeln aus der Psyche des Handelnden entspringt), andererseits muss man Ziel und Ergebnis der Handlung in der jeweiligen historischen Situation verstehen. Einen anderen Menschen umzubringen, ist ein ethisch schlechtes Handeln, wenn es aus Gier erfolgt; das kann aber beim Tyrannenmord anders sein.

Seine Gerechtigkeitslehre entfaltet Aristoteles in der *Nikomachischen Ethik* (NE) im fünften Buch. Der Text ist nicht ganz leicht zu verstehen, und zuweilen wurde dem Autor vorgeworfen, die *Nikomachische Ethik* gehöre nicht zu seinen stärksten Stücken. Es wird sich aber zeigen, dass man einige wichtige Erkenntnisse daraus ziehen kann.

Zur Bedeutung des Wortes „Gerechtigkeit" schreibt Aristoteles (2006, Original 4. Jh. v. Chr.):[2]

„Stellen wir nun fest, wie viele Bedeutungen der Ausdruck ‚der Ungerechte' hat. Als ungerecht gilt zum einen, wer das Gesetz verletzt (paranomos), zum anderen, wer mehr haben will (pleonektes), das heißt eine Einstellung der Ungleichheit (anisos) hat. Daher ist klar, dass gerecht derjenige sein wird, der die Gesetze beachtet (nomimos) und eine Einstellung der Gleichheit (isos) hat. Das Gerechte (dikaion) ist also das Gesetzliche und das Gleiche, das Ungerechte das Gesetzwidrige und Ungleiche.

Da nun der Ungerechte mehr haben will, wird er es mit Gütern zu tun haben, nicht mit allen Gütern, sondern mit denen, auf die sich äußeres Glück (eutychia) und Unglück (atychia) beziehen, mit Gütern also, die als solche immer Güter sind, für einen bestimmten Menschen aber nicht in jedem Fall ... Der Ungerechte wählt aber nicht immer das Mehr, sondern [manchmal] auch das Weniger, nämlich bei den Dingen, die als solche Übel sind."

---

[2] Viele Autoren nehmen an, dass die *Nikomachische Ethik* nicht von Aristoteles selbst zusammengestellt wurde.

Gerechtigkeit meint also zunächst, das Gesetz zu halten. Versteht man „Gesetz" hier im wörtlichen Sinn (als Sammlung von Gesetzestexten), dann würde man Aristoteles heute nicht mehr zustimmen, denn es gab und gibt zu viele ungerechte Gesetze (z. B. in totalitären Staaten); ein blindes Befolgen dieser Gesetze wäre dann nicht „gerecht". Obendrein gibt es einerseits Dinge, die gerecht, aber nicht Gesetz sind (z. B. älteren Menschen bevorzugt einen Sitzplatz anzubieten), und andererseits Gesetze, die sinnvoll, aber nicht gerecht sind (z. B., dass in Deutschland alle Fahrzeuge die rechte Fahrbahn benutzen).

Anders ist es, wenn man „das Gesetz" im Sinne Kants als „Sittengesetz" oder, modern formuliert, als (richtige) Moral versteht. Dann entspricht Aristoteles' Beschreibung dem, was oben als „Gerechtigkeit im weiteren Sinn" bezeichnet wurde, also dem Gegenstand der Ethik. „Gerechtigkeit" und „ethisch richtiges Handeln" meinen dann dasselbe. Diesem – weiten – Gerechtigkeitsbegriff entspricht eine umfassende charakterliche Gutheit.

Mit dieser Begrifflichkeit ist ebenfalls nachvollziehbar, dass derjenige ungerecht handelt, der mehr vom Guten will, als ihm gerechterweise zusteht. Man kann dies als „Gerechtigkeit im engeren Sinne" bezeichnen.

Beide Formen von Ungerechtigkeit beziehen sich auf das Handeln in Bezug auf andere Menschen:

> „Denn der Wirkungsbereich beider [d. h., der Gerechtigkeit im engeren und weiteren Sinne] ist das Handeln in Bezug auf den anderen Menschen. Die eine jedoch hat zu tun mit Ehre und Geld und Selbsterhaltung – oder mit dem, was all dies zusammenfassen könnte, wenn wir einen Namen dafür hätten –, und zwar aufgrund der Lust, die durch den Gewinn entsteht; die andere ist mit allem befasst, was zum Handlungsbereich eines guten Menschen gehört." (AaO., S. 164)

In dieser Formulierung, wenn man sie genau liest, klingen auch schon die Grundlagen für Verteilungsansprüche an, nämlich Leistung (Ehre), Vertrag (Geld) und Bedarf (Selbsterhaltung). Leider verfolgt Aristoteles diesen Gedanken nicht weiter, wodurch seine folgenden Ausführungen verdunkelt werden.

Er unterteilt die Gerechtigkeit im engeren Sinne weiter wie folgt:

## 9 Philosophische Untersuchungen zur „Gerechtigkeit"

„Von der Gerechtigkeit im speziellen Sinn (kata meros) und dem in ihrem Sinne Gerechten findet sich die eine Form bei der Verteilung (dianome) von Ehre, Geld oder anderen Gütern, die unter den Mitgliedern der Staatsgemeinschaft teilbar sind (denn in diesen Dingen kommt es vor, dass jemand einen ungleichen oder den gleichen Betrag hat wie ein anderer). Die andere Form betrifft den Ausgleich (diorthotikon) in Transaktionen (synallagma) zwischen Menschen. Diese hat wiederum zwei Teile.

Von den Transaktionen sind nämlich die einen gewollt (hekousion), die anderen gegen das eigene Wollen (akousion). Gewollt sind zum Beispiel Kauf, Verkauf, Darlehen, Bürgschaft, Nutznießung, Deposition, Miete (man bezeichnet diese als gewollt, weil der Ursprung der Transaktionen im eigenen Wollen liegt).

Von den Transaktionen gegen das Wollen sind die einen heimlich, zum Beispiel Diebstahl, Ehebruch, Giftmischerei, Kuppelei, Verführung von Sklaven, Meuchelmord, falsches Zeugnis. Die anderen sind gewaltsam, zum Beispiel Misshandlung, Freiheitsberaubung, Totschlag, Raub, Verstümmelung, Verleumdung, Beleidigung." (AaO, S. 166)

Modern gesprochen trennt Aristoteles zwischen der Verteilung von öffentlichen Dingen und privaten Vorgängen, unter die er zivil- und strafrechtliche fasst. Dieser Gedanke spielt später in der mittelalterlichen Theologie eine zentrale Rolle. Insgesamt ist die Terminologie mit der Zeit und verschiedenen Autoren arg unanschaulich geworden (siehe Abb. 9.1).

Nach Aristoteles ist nun das Gerechte das Gleiche, also ein Mittleres zwischen zwei Ungleichheiten (bei letzteren erhält entweder Person A oder B zu viel).

Dieses Gleiche wird im Fall des Öffentlichen „geometrisch" proportional bestimmt, sodass derjenige, dem mehr zusteht (z. B. aufgrund seiner Würde), mehr erhält; im Privaten hingegen ist das Maß „arithmetisch": Denn es ist gleich, ob ein guter oder ein schlechter Mensch einen Ehebruch begeht – die Strafe ist die gleiche.

Bei der privaten Form der Ausgleichsgerechtigkeit regelt das Geld den gerechten Austausch:

„Das proportionale reziproke Geben [der Tausch, d. V.] kommt durch die Verbindung diametraler Gegensätze zustande. Sei A ein Baumeister, B ein Schuster, C ein Haus, D ein Schuh. Dann muss also der Baumeister vom

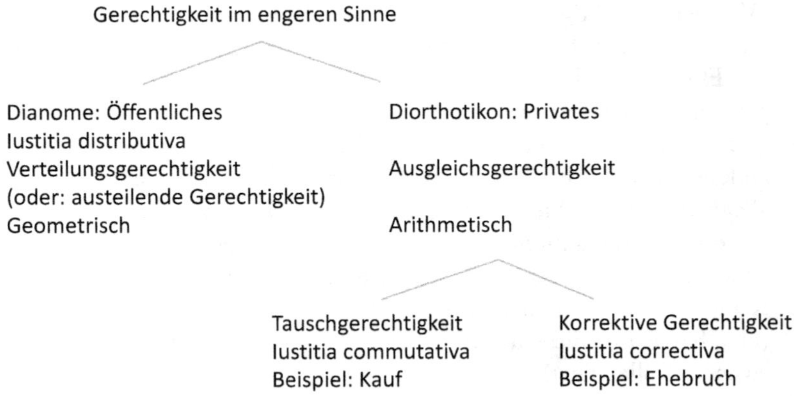

```
Gerechtigkeit im engeren Sinne
         ┌──────────┴──────────┐
Dianome: Öffentliches        Diorthotikon: Privates
Iustitia distributiva
Verteilungsgerechtigkeit     Ausgleichsgerechtigkeit
(oder: austeilende Gerechtigkeit)
Geometrisch                  Arithmetisch
                                   ┌──────────┴──────────┐
                         Tauschgerechtigkeit    Korrektive Gerechtigkeit
                         Iustitia commutativa   Iustitia correctiva
                         Beispiel: Kauf         Beispiel: Ehebruch
```

Eigene Darstellung

**Abb. 9.1** Gerechtigkeit bei Aristoteles

Schuster dessen Produkt (ergon) nehmen, und er selbst muss jenem sein eigenes Produkt zum Ausgleich geben.

Wenn nun zuerst eine proportionale Gleichheit der Güter besteht und dann eine reziproke Handlung stattfindet, so geschieht das, was wir meinen. Wenn aber nicht, besteht keine Gleichheit, und es hält nichts die Parteien zusammen. Denn es könnte leicht der Fall sein, dass das Produkt des einen dem des anderen überlegen ist; folglich muss man zwischen diesen Gleichheit herstellen.

(Das gilt auch für die anderen Arten des Herstellungswissens. Sie würden nämlich aufgehoben, wenn nicht das, was der Herstellende bewirkt, dem entspräche, was das Bearbeitete erleidet, und zwar auch in der Quantität und Qualität.) Denn nicht aus zwei Ärzten entsteht eine Gemeinschaft, sondern aus einem Arzt und einem Bauern und allgemein aus Menschen, die verschieden und nicht gleich sind. Und zwischen diesen muss man Gleichheit herstellen.

Darum müssen alle Dinge, von denen es einen Austausch gibt, irgendwie vergleichbar sein. Dazu ist das Geld aufgekommen, und es wird in gewisser Weise zu einem Mittleren. Denn es misst alles, also auch das Übermaß und den Mangel, etwa wie viele Schuhe einem Haus oder einer bestimmten Menge an Nahrungsmitteln gleich sind. Folglich muss sich, wie der Hausbauer zum Schuster, eine so und so große Zahl von Schuhen zu einem Haus oder einer Nahrungsmenge verhalten. Ist das nicht der Fall, werden keine Transaktion und keine Tauschgemeinschaft zustande kommen. Das wird aber nicht der Fall sein, wenn die beiden Seiten nicht irgendwie gleich sind. Man muss also, wie schon gesagt, alles mit einer bestimmten Einheit messen ...

Es sei A ein Bauer, C Nahrung, B ein Schuhmacher und D sein Produkt, das dem des Bauern gleich gemacht wurde. Wenn nicht auf diese Weise Reziprozität möglich wäre, gäbe es keine Gemeinschaft ... Das Geld macht alle Dinge kommensurabel, denn alle werden durch das Geld gemessen. Sei A ein Haus, B zehn Minen, C ein Bett. A ist die Hälfte von B, wenn das Haus fünf Minen wert oder ihnen gleich ist. Das Bett, C, ist ein Zehntel von B. Es ist demnach klar, wie viele Betten einem Haus gleich sind, nämlich fünf. Dass der Tausch so vonstatten ging, ehe es Geld gab, ist klar. Denn es ist gleichgültig, ob fünf Betten für ein Haus getauscht werden oder der Geldwert von fünf Betten." (AaO., S. 173 ff.)

Man wird Aristoteles in seiner Überlegung zustimmen, dass „Gerechtigkeit" manchmal eine gleiche, manchmal eine ungleiche Verteilung impliziert. Auch hat er richtig gesehen, dass Güter manchmal nach Leistung, manchmal nach Bedarf, und manchmal nach Vertrag zugeteilt werden.

Allerdings hat er sie auf unzutreffende Weise verschiedenen Lebensbereichen zugeordnet, wie man sich leicht klarmacht: Bei einer öffentlichen Olympiade werden die Medaillen nach Leistung verteilt; aber im öffentlichen Krankenhaus (bzw. in der Antike: im Tempel) erhalten alle bedarfsgerecht die gleiche Behandlung. Es ist also falsch, das „Öffentliche" mit dem Leistungsprinzip gleichzusetzen. – Dieser Fehler tritt beim Nachdenken über Gerechtigkeit offenbar leicht auf; Michael Walzer (2006) z. B. erkennt ebenfalls richtig die Verteilungsprinzipien (Leistung, Bedarf, Vertrag), ordnet sie aber fälschlich verschiedenen *Produkt*gruppen zu. Das ist auch falsch, wie man sich leicht am bereits erwähnten Helikopterflug klarmacht – einen Flug zum Vergnügen bezahlt man selbst (gemäß Vertrag); wird man nach einem Unfall in eine Klinik geflogen, zahlt die Krankenversicherung (nach Bedarf). Dasselbe Gut – der Helikopterflug – wird also je nach Situation unterschiedlich behandelt.

Richtig ist, dass das jeweilige Verteilungsprinzip sich auf die Anspruchsgrundlage des Berechtigten bezieht.

Im Übrigen würde man das Strafrecht heute nicht mehr zum Privaten rechnen.

Aristoteles beschäftigte sich auch schon mit der Frage, wie das Verhältnis zwischen „Gesetz" und „Gerechtigkeit" ist. Modern gesprochen vertreten Naturrechtler die Ansicht, dass es erkennbare Grundregeln der Gerechtigkeit gibt, denen auch jedes Gesetz folgen muss. Zum Beispiel ist Mord immer ungerecht und kann nicht durch Gesetz zu Recht erklärt werden (wie es aus ethnischen, rassischen u. a. Gründen historisch immer wieder geschah). Gesetzespositivisten meinen hingegen, „gerecht" sei, was im Gesetz steht. Aristoteles wählt einen mittleren Weg: So gebe es Rechtsbereiche, die überall gleich seien (so wie ein Feuer in Persien genauso brennt wie in Griechenland), während andere sich von Region zu Region unterscheiden. Leider gibt er nicht an, welche spezifischen Rechtsbereiche zu der einen oder anderen Gruppe gehören.

Und schließlich sieht er auch, dass ein gerechtes Gesetz immer der Korrektur aufgrund von Billigkeitserwägungen bedarf; denn Gesetze regeln den allgemeinen Fall, während der Richter jeden Fall in seiner Besonderheit sehen muss. „Fringsen" nennt man es seit 1946, wenn jemand, der zu erfrieren droht, im Winter Kohle von einem Kohlenzug klaut, nach dem Kölner Kardinal Frings, der in seiner Silvesterpredigt sagte: „Wir leben in Zeiten, da in der Not auch der Einzelne das wird nehmen dürfen, was er zur Erhaltung seines Lebens und seiner Gesundheit notwendig hat, wenn er es auf andere Weise, durch seine Arbeit oder durch Bitten, nicht erlangen kann."

**Zusammenfassung der antiken Gerechtigkeitsdefinitionen**
Zusammenfassend kann man feststellen, dass seit der Antike die folgenden Fragen die Diskussion um „Gerechtigkeit", insbesondere auch um die gerechte Verteilung von Gütern und Strafen beherrschen (hier nach unserem Gerechtigkeitsmodell sortiert):

- Sind Gerechtigkeit und Moral das Gleiche (so in Ägypten) oder ist Gerechtigkeit Teil der Moral (so bei Aristoteles)?
- Zum „Machthaber" und seinen Regeln:
  Wer oder was kann „gerecht" sein? Personen, Handlungen, Ergebnisse …? Gibt es eine „gerechte" Weltordnung bzw. ein

„Naturrecht"? Falls ja, handelt es sich dabei um das Recht des Stärkeren? Oder gibt es unveräußerliche Rechte aller Individuen oder die Würde des Menschen – und kann man sie auf andere Gründe zurückführen? Beruht „Gerechtigkeit" allein auf Konvention bzw. Vertrag? Falls ja: Kann man dann begründen, dass eine bestimmte Verteilung „gerecht" ist, oder hängt die Verteilung allein von der Zufälligkeit des Vertrages ab? Wie ist das Verhältnis von „Gerechtigkeit" und positivem Recht (d. h. Gesetz)? Kann man das eine aus dem anderen ableiten? Kann man sagen, was die Gerechtigkeit einer Person ist? Ihr Charakter (Aristoteles) oder die Richtigkeit im Zusammenwirken ihrer seelischen Bestandteile (Platon) oder anderes?

- Zum Verteilten:
Auf welche Güter bzw. Strafen bezieht sich Gerechtigkeit? (Dingliche Güter, Ehre, Strafen …)?
- Zu den Empfängern:
Was ist eine gerechte Verteilung? Jedem das Seine zu geben – und was ist das „Seine"? Gibt es Bereiche, in denen eine ungleiche Verteilung gerecht ist (z. B. bei der Verteilung „Ehre, wem Ehre gebührt")? Falls ja: Wann ist gleich zu verteilen, wann nicht?

Tatsächlich kommen später keine wesentlichen neuen Aspekte hinzu, was ein deutlicher Hinweis darauf ist, dass „Gerechtigkeit" im Kern ein sehr vertrautes und stabiles Thema ist.

Selbstverständlich werden einige Spezialthemen weiter entfaltet. Ich werde im Folgenden nur auf einige wenige davon näher eingehen. Natürlich ist sehr verwegen, alle Autoren nach Aristoteles innerhalb weniger Seiten abzuhandeln. Aber die vorliegende Analyse soll keine Geschichte der Gerechtigkeitstheorie bieten (eine sehr gute Übersicht findet man z. B. bei Heidenreich, 2011), sondern nur die Leitgedanken der Diskussion zusammenfassen – und die sind seit der Antike weitgehend bekannt.

### Mittelalterliche Autoren

Im Vergleich zur Antike ändern sich im – rund tausend Jahre umfassenden – Mittelalter vor allem drei Dinge:

- Das Neue Testament wird zentral für die Deutung auch des Gerechtigkeitsbegriffs. Gott garantiert eine gerechte Welt; dass er die verstorbenen Menschen richtet, hilft, diesseitige Ungerechtigkeit auszuhalten.
- Die zuletzt enormen Rechts- und Vermögensunterschiede werden wieder geringer. Die Sklaverei wird abgeschafft.
- Wie schon erwähnt: „Wirtschaft" ist in die mittelalterliche Gesellschaft eingebettet. „Korn" ist Teil des Agrarwesens und allenfalls der Religion (Gott gibt gutes Wetter), aber nicht primär Ware; „Zins" ist keine Frage für Ökonomen, sondern für Theologen. Geld kommt vor, spielt aber eine geringere Rolle als heute.

### Neuzeit

Mit der Reformation entstehen konkurrierende Theologien; deshalb ist nicht mehr die (ehemals einige) Kirche, sondern der sich entwickelnde Staat Garant der Gerechtigkeit. Entsprechend wichtiger werden Theorien über die richtige Staatsverfassung, insbesondere in Form der Vertragstheorien.

Thomas Hobbes argumentiert in seinem *Leviathan* (1651), dass Menschen im Naturzustand in Anarchie und Rechtlosigkeit leben und sich gegenseitig bekämpfen („Krieg aller gegen alle"). Um das zu ändern, geben sie sich nicht nur Verträge, sondern vor allem eine übergeordnete, machtvolle Instanz, die sozial erwünschtes Verhalten erzwingen kann. Hintergrund der Hobbes'schen Konzeption ist der englische Bürgerkrieg mit seinen Verheerungen, in dem tatsächlich gleichsam jeder gegen jeden kämpfte. Zugleich liefert seine Theorie die Rechtfertigung für absolutistische Herrscher.

Etwa ab dem 15. Jahrhundert setzt der (Früh-)Kapitalismus ein; damit beginnt die Ökonomie, sich aus den übrigen gesellschaftlichen Bezügen zu „entbetten" (Polanyi). Dadurch unterliegt die „Wirtschaft" nicht mehr den Vorgaben der „Gerechtigkeit" oder der Theologie, sondern scheint –

wie die Natur – eigenen „Gesetzen" zu folgen. Später wird die Neoklassik solche „Gesetze" zur Grundlage ihrer Deutung der Ökonomie machen, z. B. die „Homo-oeconomicus"-Verhaltensannahme.

Im Rahmen der Aufklärung setzt sich die Idee durch, dass Menschen gleich „würdig" sind (besonders ausgeprägt bei Kant). Dadurch fallen Standesunterschiede, nach denen z. B. für Adlige andere Gesetze gelten als für Bürgerliche.

Der Gedanke des Gesellschaftsvertrages wird von verschiedenen Autoren weiter entfaltet, allerdings mit ganz unterschiedlichen Konsequenzen: Rousseau kennt wie Hobbes einen Gesellschaftsvertrag, jedoch führt er gerade nicht zu mehr Wohlstand, sondern nur zur Zementierung von Ungleichheit, vor allem durch die Einführung von Eigentums- und Herrschaftsverhältnissen, die es im Naturzustand nicht gab.

**Moderne**
Wahrscheinlich die wichtigste neuere Gerechtigkeitstheorie stammt von J. Rawls. Unter einer Gesellschaft versteht er eine „mehr oder weniger selbstgenügsame Vereinigung, die von einer gemeinsamen Gerechtigkeitsvorstellung reguliert wird und darauf ausgerichtet ist, das Wohl ihrer Mitglieder zu vergrößern" (Rawls, 2002). Der Ausdruck der „Vereinigung" darf nicht darüber hinwegtäuschen, dass man einer Gesellschaft nicht freiwillig angehört (Rawls, 2006, S. 23). In dieser Gesellschaft entstehen sowohl gemeinsame Interessen als auch Konflikte: Durch Zusammenarbeit kann die Gesellschaft mehr Güter erzeugen, als den jeweils einzelnen Mitgliedern in Summe möglich wäre; andererseits aber entstehen Konflikte bei der Verteilung der Güter. Die Kernfrage ist nun, wie eine gerechte Verteilung der Güter erfolgen könnte. Rawls diskutiert zunächst die utilitaristische Antwort (s. u.) auf diese Frage und lehnt sie ab, weil er meint, dass jedem Gesellschaftsmitglied eine prinzipielle Unverletzlichkeit zukommt; Gerechtigkeitsüberlegungen dürfen daher nicht nur die Wohlfahrtssumme betrachten, sondern müssen sich auch mit ihrer Verteilung beschäftigen. Daher muss das Gerechtigkeitsprinzip als „Gesellschaftsvertrag" konstruiert werden, also als (fiktiver) Vertrag, den die Gesellschaftsmitglieder freiwillig untereinander schließen und nach dessen Regeln anschließend verfahren wird (z. B. bei der Güterverteilung). Spezifisch für Rawls ist die weitere Annahme, dass die Gesell-

schaftsmitglieder diesen Vertrag schließen, ohne ihre spätere Güterausstattung zu kennen: Während sie sich auf die Prinzipien festlegen, die später die Güterverteilung regeln, wissen sie nicht, ob sie z. B. ein reicher Fabrikant oder ein armer Schlucker sind.

„Die Vertragstheorie geht davon aus, daß rationale Individuen, die zur Gesellschaft gehören, in einem gemeinsamen Akt wählen müssen, was unter ihnen als gerecht oder ungerecht zu gelten hat. Sie müssen untereinander ein für allemal entscheiden, was ihre Gerechtigkeitsvorstellung sein soll. Diese Entscheidung kann man sich als eine solche vorstellen, die in einer passend definierten Ausgangssituation getroffen wird; eines der bedeutsamen Merkmale dieser Situation besteht darin, daß niemand seine Position in der Gesellschaft kennt, ja noch nicht einmal seine Stellung bei der Verteilung von natürlichen Talenten und Fähigkeiten. Die Gerechtigkeitsprinzipien, an die alle für immer gebunden sind, werden in Abwesenheit dieser Art von spezifischer Information gewählt. Ein Schleier des Nichtwissens bewahrt jeden davor, durch die Unverfügbarkeiten von sozialer Klasse und Vermögen bevorzugt oder benachteiligt zu werden. Daher wird die Wahl nicht von den Verhandlungsproblemen beeinflußt, die im Alltagsleben aus dem Besitz dieses Wissens entstehen (Rawls, 2002)."

In der beschriebenen Situation legen nun die Gesellschaftsmitglieder fest, nach welchen Prinzipien später in der Gesellschaft entschieden wird, also z. B. Güter verteilt werden. Rawls macht plausibel, dass unter dem Schleier des Nichtwissens jeder sich für Prinzipien entscheidet, die die Situation des jeweils am schlechtesten gestellten Gesellschaftsmitglieds maximieren. Man wählt also im Beispiel Prinzipien, die den armen Schlucker auf Kosten des reichen Fabrikanten besserstellen. Sollte sich später herausstellen, dass man der Fabrikant ist, so hat man nicht viel verloren; aber, wenn man der arme Schlucker ist, hat man viel gewonnen. Rawls zeigt dies anhand verschiedener, z. T. entscheidungs- und spieltheoretischer (also „wirtschaftswissenschaftlicher") Überlegungen.

Da die Gesellschaft außerdem die Gesamtmenge an Gütern optimieren möchte, kommt Rawls zum Ergebnis, dass die Gesellschaft genau zwei Gerechtigkeitsprinzipien wählt:

„a) Jede Person hat den gleichen unabdingbaren Anspruch auf ein völlig adäquates System gleicher Grundfreiheiten, das mit demselben System von Freiheiten für alle vereinbar ist.
b) Soziale und ökonomische Ungleichheiten müssen zwei Bedingungen erfüllen: erstens müssen sie mit Ämtern und Positionen verbunden sein, die unter Bedingungen fairer Chancengleichheit allen offenstehen; und zweitens müssen sie den am wenigsten begünstigten Angehörigen der Gesellschaft den größten Vorteil bringen (Differenzprinzip) (Rawls, 2006, S. 78)."

Sehr grob vereinfacht könnte man sagen: Es gibt in diesem Gesellschaftsvertrag keine Ungleichheit – keinen Geburtsadel, keine Vermögensunterschiede usw. –, es sei denn, dass alle und insbesondere der „Ärmste" davon profitieren.

Interessanterweise kann das gedankliche Konstrukt des Gesellschaftsvertrages auch zu ganz anderen Ergebnissen führen. So kommt R. Nozick zu dem Resultat, dass in einer völlig gerechten Welt die Frage der Gerechtigkeit bei Besitztümern ausschließlich davon abhängt, ob der Besitz rechtmäßig angeeignet bzw. rechtmäßig übertragen wurde. Eine Umverteilung von Besitz außerhalb der Aneignung herrenloser Gegenstände oder freiwilligen Tausches ist damit niemals gerecht. „Der Minimalstaat ist der am weitesten gehende Staat, der sich rechtfertigen lässt" (Nozick, 2001).

Dieser im Ergebnis extreme Unterschied zwischen Rawls und Nozick, der zunächst überrascht, weil beide von einer Vertragstheorie der Gerechtigkeit ausgehen, beruht darauf, dass bei Nozick Eigentumsrechte feststehen, bevor der Gesellschaftsvertrag geschlossen wird, während sie bei Rawls Verhandlungsgegenstand sind. Im Kapitel über Anwendungen werde ich zeigen, dass der Eigentumsbegriff Nozicks unvollständig ist.

A. Sen hat Rawls dafür kritisiert, dass sich in seinem Entwurf das Prinzip der Gerechtigkeit als solche und ihre politisch-rechtliche Umsetzung mischen. Auch werde darin nicht klar, ob sich alle Gesellschaftsmitglieder nach dem Lüften des Schleiers der Unwissenheit an die Regeln halten werden, denen sie vorher zugestimmt haben, und wie man notfalls diese Regeln durchsetzt (Sen, 2017).

Sen selbst schlägt vor, nicht weiter nach „vollkommenen" Gerechtigkeitsregeln zu suchen, sondern lieber nach „komparativen" Ansätzen, die zumindest in solchen Fällen, in denen erkennbar ungerechte Zustände herrschen, soziale Verbesserungen erreichen können – gewissermaßen nach der Regel: lieber ein Spatz in der Hand als eine Taube auf dem Dach. Am Beispiel dreier Kinder, die um eine Flöte streiten, meint er illustrieren zu können, dass die Suche nach Grundprinzipien der Gerechtigkeit aussichtslos sei (Sen, 2017, S. 41 u. ö.): Drei Kinder streiten um eine Flöte. Das eine beansprucht die Flöte, weil es sie selbst hergestellt hat; das zweite Kind ist das einzige, das auf der Flöte spielen kann; und das dritte hat sonst kein Spielzeug. Sens Argumentation weist aber zwei schwerwiegende Probleme auf: Erstens ist es schwer, irgendwo Ungerechtigkeit zu identifizieren, wenn man die Gerechtigkeit als Maßstab aufgibt. Zweitens ist das Flötenproblem sehr wohl lösbar (s. Teil III des Buches, Kap. 11).

Rawls hat insofern eine neue Sichtweise gebracht, als Autoren der Moderne sich ansonsten weniger für „Gerechtigkeit", sondern eher für Moral insgesamt interessiert haben. Im Zentrum steht der seit dem 19. Jahrhundert schwelende Streit zwischen utilitaristischen und deontologischen Ethiken. Da dieses Buch auf Gerechtigkeit im engeren Sinne zielt, skizziere ich die wichtigsten allgemein-ethischen Theorien nur ganz kurz.

Für Jeremy Bentham, den Begründer des Utilitarismus, ist etwas moralisch richtig, wenn es das Wohlbefinden der Gesellschaft vermehrt. Das war Ende des 18. Jahrhunderts eine nützliche Idee, weil sie sich gegen willkürliche Vorrechte des Adels richtete: Maximiert wird die Gesamtsumme, nicht bloß die Zufriedenheit einiger absolutistischer Herrscher. In einer modernen demokratischen Gesellschaft kann man das als vorausgesetzt betrachten (was die politische Teilhabe betrifft, nicht die finanzielle).

Aus dieser Annahme haben sich verschiedene Versionen entwickelt, und zwar entlang der folgenden Fragen:

1. Geht es um Handlungen oder um Regeln? Das heißt: Beurteilt man jede einzelne Handlung danach, ob sie moralisch gut ist (so Bentham), oder stellt man Regeln auf, die das Wohlbefinden fördern (so Mill)? – Wikipedia macht dies an einem hübschen Beispiel anschaulich: Herr

Müller lässt seinen Rasen vom Nachbarjungen mähen, dem er dafür 10 Euro zugesagt hat. Während der Junge die Arbeit macht, fragt sich Herr Müller, ob das Gesamtwohlbefinden nicht doch stärker steigt, wenn er die 10 Euro der Welthungerhilfe spendet, womit er allerdings den Vertrag bricht. – Mill würde sagen, dass eine Einzelbetrachtung zu unplausiblen Ergebnissen führt (denn dann müsste tatsächlich Herr Müller den Jungen übervorteilen und das Geld für Hungernde spenden) und man daher Regeln braucht, hier z. B.: dass Verträge zu halten sind. Bentham würde entgegnen, dass Mill nicht berücksichtigt hat, dass der Vertragsbruch selbst zu unerwünschten Konsequenzen führt, die schwerer wiegen als die Spende an die Hungerhilfe (dass nämlich Verträge insgesamt unsicher werden).
2. Was ist Wohlbefinden und wie misst man es? Bentham fordert, „pleasure" zu mehren und „pain" zu mindern. Wie ist es mit Maßnahmen, die beides zugleich mehren – wie „verrechnet" man Glück und Elend, Spaß und Schmerz?
Sind alle Freuden gleich gut oder gibt es Unterschiede?
3. Kann man Wohlbefinden quantitativ (in „utils" für „utility") messen, oder kann man nur bessere und weniger gute Zustände unterscheiden (d. h., eine ordinale Präferenzordnung angeben)?
In der neoklassischen Wirtschaftswissenschaft ist das beste Maß für den Wert, den ein Individuum einem Gut beimisst, dessen Zahlungsbereitschaft. In der Gesundheitsökonomie hingegen verwendet man qualitätsadjustierte Lebensjahre, d. h., man unterstellt, dass ein gesundes Lebensjahr für Patient A ebenso gut ist wie für Patient B. Ein Neoklassiker würde sagen, dass das nicht stimmt: Es kann ja durchaus so sein, dass Person A Gesundheit mehr bedeutet als Person B und dass man ihr daher erlauben sollte, mehr Gesundheit einzukaufen. Neoklassiker würden daher auch Gesundheitsgüter auf dem Markt handeln (und Patienten, die nicht zahlen wollen – oder können – sterben lassen). Letzteres ist für sie deswegen kein Problem, weil diese Patienten, wie oben gesehen (Kap. 3), in der neoklassischen Welt freiwillig sterben.
4. Kann man das Wohlbefinden verschiedener Personen gegeneinander aufrechnen und wie konstruiert man eine soziale Wohlfahrtsfunktion?

Angenommen, man hat die Wahl, dass Person A und Person B sterben oder dass Person C stirbt. Kann man sagen, dass eine Variante besser ist als die andere? Kann man ein Leben gegen ein anderes aufrechnen?

Bentham meinte, dass das Ziel allen ethisch richtigen Handelns die Maximierung der Summe des Wohlbefindens sei, dass man also Leben gegen Leben aufrechnen könne. Das kann allerdings unplausible Ergebnisse verursachen. Beispielsweise kann es sein, dass ein Erbe mit dem Vermögen seines Onkels mehr anfangen kann, dass also die Wohlfahrtssumme steigt, wenn er den Onkel ermordet. Der bekannte utilitaristische Ethiker P. Singer meint, dass man Tiere töten und essen darf, wenn man für jedes getötete ein anderes Tier erzeugt, damit die Wohlbefindenssumme der Tiere gleich bleibt (Singer, 1984, S. 219).

Wieder eine andere Wohlfahrtsfunktion liefert das im ersten Teil hergeleitete Pareto-Kriterium: Auch dabei wird die Wohlfahrt maximiert, aber nur dadurch, dass man nichts wegwirft. Steuern z. B. sind nicht zulässig, weil man niemanden gegen seinen Willen schlechter stellen darf.

Zwischen diesen Extremen – man darf dem Einzelnen sogar sein Leben nehmen, solange dies der Wohlbefindenssumme nützt, bzw., man darf ihm nicht einmal einen Groschen an Steuern aufbürden, um einen Verhungernden zu retten – sind natürlich beliebig viele Zwischenstufen (d. h. verschiedene utilitaristische Theorien) denkbar. Eine dieser Zwischenformen ist das Kaldor-Hicks-Kriterium, das besagt, dass ein Wohlstandsanstieg vorliegt, wenn diejenigen, die einen Wohlstandsanstieg erfahren, jene Individuen voll entschädigen können, welche Wohlfahrtseinbußen erleiden (unabhängig davon, ob sie das tun). Ein Beispiel: Im Ausgangszustand hat A 50 Nutzeneinheiten, B 40. Man kann einen anderen Zustand erreichen, in dem A 60 Nutzeneinheiten hat, und B 39; und A kann (muss aber nicht) von seinen Einheiten z. B. 5 an B abgeben. Nach Kaldor-Hicks ist der zweite Zustand besser.

## 9 Philosophische Untersuchungen zur „Gerechtigkeit"

Das Gegenstück zum Utilitarismus bildet die Deontologie, weil sie Handlungen moralisch nicht danach beurteilt, welche Konsequenzen sie haben, sondern, ob sie den richtigen Beweggründen folgen. Kant als der wohl bedeutendste Vertreter dieser Ethik meint, dass viele Dinge, die man gewöhnlich für gut hält, nicht immer moralisch richtig sein müssen. Beispielsweise werden viele Menschen Macht oder Geld für erstrebenswert halten, aber in den Händen eines Übeltäters richten sie eher Schaden an. Daher ist nur die reine Absicht, richtig handeln zu wollen, moralisch immer gut, was Kant den kategorischen Imperativ nennt: „Handle nur nach derjenigen Maxime, durch die du zugleich wollen kannst, dass sie ein allgemeines Gesetz werde." Das heißt: Moralisch richtig handelt, wer von seinem Beweggrund sagen kann, dass er auch universell (d. h., als Gesetz) gültig sein könnte.

Das reine sittliche Wollen – eine Absicht, die nicht auf etwaige Folgen einer konkreten Handlung zielt, sondern aus Pflicht (nicht aus Neigung) dem allgemeinen Sittengesetz genügt – gab der Deontologie den Namen („to deon" ist die Pflicht). (Viele Autoren sind der Meinung, dass Kants Untersuchung seit der Antike der erste wirklich neue Gedanke in dieser Diskussion ist.)

Sittliches Handeln respektiert zugleich die Würde anderer Menschen. Für Kant ist der o. g. kategorische Imperativ gleichbedeutend mit der folgenden Formulierung: „Handle so, dass du die Menschheit sowohl in deiner Person, als in der Person eines jeden anderen jederzeit zugleich als Zweck, niemals bloß als Mittel brauchst."

Die merkwürdige Unbestimmtheit utilitaristischer Theorien – dass sie zwar die Gesamtsumme des Wohlbefindens maximieren, aber sich darin widersprechen, wie mit Konflikten umzugehen ist – klärt auch das Missverständnis, deontologische Theorien seien ein Teil des Utilitarismus oder falsch. Die (proutilitaristische) Argumentation läuft so: Entweder stimmen Deontologen mit Utilitaristen darin überein, dass man die Wohlfahrt maximieren wolle – dann seien sie selbst Utilitaristen; oder sie wichen davon ab und zerstörten unnötig Wohlfahrt, dann ist ihre Theorie falsch (so z. B. Smart & Williams, 1973). Tatsächlich ist der hier wesentliche Unterschied der Umgang mit Konflikten. Kantianer wie Rawls (als typische Deontologen) billigen jedem Menschen seine unverlierbare Würde zu – d. h., auch in Konfliktfällen kann man ihnen

Grundrechte nicht nehmen. Man darf z. B. nicht einen Menschen opfern, um die Gesamtsumme der Wohlfahrt zu maximieren. Ich komme in Teil III darauf zurück.

Schließlich lebt in der *Rechts*philosophie der Moderne der Streit zwischen Kallikles und Sokrates als Naturrechtslehre vs. Rechtspositivismus wieder auf. Während der Rechtspositivismus davon ausgeht, dass Gesetze (nur) gesetzt sind, also durch Übereinkunft entstehen – ein Indiz dafür ist, dass zu unterschiedlichen Zeiten und an unterschiedlichen Orten jeweils andere Dinge für „gerecht" gehalten werden (man denke z. B. an das Wahlrecht für Frauen) –, gehen Naturrechtler davon aus, dass es Rechte gibt, die immer und von Natur aus vorhanden sind und daher nicht zur Disposition stehen, also z. B. das Recht auf Leben, Unversehrtheit u. a.

Ein rechtspositivistischer Ökonom könnte z. B. argumentieren: Warum sollte A sich nicht an B als Sklave verkaufen dürfen, wenn sich dadurch hinterher beide besser stehen (weil A den Kaufpreis höher bewertet als seine Freiheit und B genügend Geld übrighat, das er gerne gegen einen Sklaven eintauscht.) Naturrechtler würden einwenden, dass Sklaverei die Würde des Menschen verletzt und daher unzulässig ist. Diese Haltung, die (wie oben gezeigt wurde) auch diejenige Platons ist, dürfte den meisten Menschen als plausibel erscheinen. Allerdings hat sie das Problem, dass es schwierig geworden ist, eine Grundlage für sie zu finden; die Berufung auf Gott z. B., die früheren Naturrechtslehrern (z. B. Pufendorf) noch zur Verfügung stand, wird heute kaum mehr als hinreichender wissenschaftlicher Beleg akzeptiert.

Diese Frage der Begründung des Naturrechts ist für die Gültigkeit einer allgemeinen Gerechtigkeitsnorm bzw. der Ethik offensichtlich von größter Bedeutung. Kant versucht in seiner *Kritik der praktischen Vernunft*, eine Ethik zu konstruieren, die unabhängig von empirischen Umständen ist, also zu allen Zeiten an allen Orten gültig ist.

Selbstverständlich spricht die oben hergeleitete medizinische, entwicklungspsychologische und evolutionsbiologische Fundierung des Gerechtigkeitsempfindens sehr für ein naturrechtliches Verständnis zumindest dieses Teils der Rechtsphilosophie.

Schließlich seien noch moderne Autoren erwähnt, die – wie Aristoteles – darauf hinweisen, dass Gerechtigkeit sich nicht nur auf Güter im

Sinne von Produkten und Dienstleistungen bezieht, sondern auch auf Dinge wie „Ehre", Respekt, Teilhabe und die Möglichkeit, ein sinnvolles Leben zu führen (z. B. Honneth, 1994).

## Literatur

Aristoteles. (2006). *Nikomachische Ethik* (S. 161). Übersetzung: U. Wolf. Rowohlt.
Assmann, J. (2006). *Ma'at. Gerechtigkeit und Unsterblichkeit im Alten Ägypten*. Beck.
Epikur. (1986). *Briefe, Sprüche, Werkfragmente*. Reclam.
Fink, G. (2006). *Die griechische Sprache*. Patmos.
Heidenreich, F. (2011). *Theorien der Gerechtigkeit*. Budrich.
Honneth, A. (1994). *Kampf um Anerkennung*. Suhrkamp.
Hornung, E. (1996). *Altägyptische Dichtung*. Reclam.
Hornung, E. (Hrsg.). (1998). *Das Totenbuch der Ägypter*. Patmos.
Nietzsche, F. (1999). *Menschliches, Allzumenschliches*. dtv.
Nozick, R. (2001). *Anarchie, Staat, Utopia*. Olzog.
Platon. (1973). *Der Staat*. Kröner.
Rawls, J. (2002). Distributive Justice. In P. Laslett & W. G. Runciman (Hrsg.), *Philosophy, politics, and society*. Oxford 1962, hier zit. in der Übersetzung von C. Mieth, in: Horn, C., Scarano, N.: Philosophie der Gerechtigkeit. Suhrkamp.
Rawls, J. (2006). *Gerechtigkeit als Fairneß* (S. 23). Suhrkamp.
Sen, A. (2017). *Die Idee der Gerechtigkeit*. dtv.
Singer, P. (1984). *Praktische Ethik* (S. 219). Reclam.
Smart, J. J. C., & Williams, B. (1973). *Utilitarianism for & against*. Cambridge University Press.
Walzer, M. (2006). *Sphären der Gerechtigkeit*. Campus.

# 10

# Ein finaler Stresstest für das Modell

In ihrem sehr guten Buch zur Philosophie der Gerechtigkeit beschreiben Horn und Scarano vier Hauptprobleme, die eine Gerechtigkeitstheorie lösen muss (und die bisher ungelöst waren):

„Was ist nun im eigentlichen Sinn gerecht oder ungerecht? Sind es Personen, deren Handlungen, Institutionen, abstrakte Verteilungstheorien, Verteilungsprozeduren, Verteilungsresultate oder Verteilungszustände? In der Theoriegeschichte von Gerechtigkeit wurden dazu äußerst unterschiedliche Auffassungen vertreten. Während viele ältere Theorien, angelehnt an Platon, zu personalistischen Auffassungen neigen, scheint der Schwerpunkt der modernen Debatten bei den institutionalistischen Ansätzen zu liegen. Vielleicht ist es sinnvoll, das Problem, an welchem Phänomen sich Gerechtigkeit vorrangig festmachen läßt, als *Frage nach dem Primärobjekt von Gerechtigkeit* zu bezeichnen. Umfassende Gerechtigkeitstheorien versuchen, ausgehend von dem von ihnen gewählten Primärobjekt, auch die aus ihrer Sicht sekundären Aspekte in die Theorie zu integrieren. Es gibt jedoch auch Ansätze, die sich ganz bewußt auf den Teilbereich der politischen Gerechtigkeit beschränken, um dadurch innerhalb pluralistischer Gesellschaften als eine geteilte Basis für öffentliche Argumentationen dienen zu können (vgl. zu einer solche Auffassung insbesondere Rawls …).

Gerechtigkeitstheorien können die unterschiedlichste Gestalt annehmen, und je nach Theoriestruktur werden verschiedene Themen im Mittelpunkt stehen. Drei zentrale Fragestellungen verdienen jedoch besonders hervorgehoben zu werden. Die *erste* läßt sich als *Dissensproblem* bezeichnen. Dieses betrifft den Umgang mit den in der Gesellschaft und zwischen den Kulturen beobachtbaren Differenzen in bezug auf Gerechtigkeitsfragen. Lassen sich die auf den ersten Blick sehr unterschiedlichen Gerechtigkeitsvorstellungen unter einen einheitlichen Begriff bringen oder sogar auf ein Prinzip zurückführen? Oder sind sie in ihrer Vielfalt nicht weiter analysierbar und systematisierbar? Mit dieser Frage ist zugleich das Problem einer angemessenen Methode für normative Gerechtigkeitstheorien angesprochen.

Das Problem, um das es bei der *zweiten* Fragestellung geht, könnte als *Positivitätsproblem* bezeichnet werden. Es bezieht sich auf den Zusammenhang zwischen der normativen Idee der Gerechtigkeit und den existierenden gesellschaftlichen Institutionen, vor allem den bestehenden Rechtsordnungen. In der älteren Debatte wurde besonders die Frage diskutiert, ob Gerechtigkeit einen normativen und damit systemtranszendenten Aspekt darstellt oder ob sie durch eine bestehende Rechtsordnung erst generiert wird. Eine modernere Variante dieses Problems wird in der Auseinandersetzung mit dem Rechtspositivismus kontrovers erörtert: Läßt sich das existierende Recht überhaupt als Recht erkennen, ohne dabei normative Begriffe in Anspruch zu nehmen? Oder muß die positive Rechtsordnung nicht vielmehr normativ neutral beschrieben werden, um sie auf argumentativ nachvollziehbare Weise an den Ansprüchen der Gerechtigkeit messen zu können?

Die *dritte* Frage betrifft das *Egalitarismusproblem*, in dem es um den Zusammenhang zwischen Gerechtigkeit und Gleichheit geht. Muß man Gerechtigkeit im Sinn eines strikten Egalitarismus oder aber im Sinn einer adressatenrelativen Ungleichverteilung verstehen?

Einerseits läßt sich die Auffassung stark machen, unsere Grundintuition in Sachen Gerechtigkeit sei eine egalitaristische: und zwar entweder im Sinn eines distributiven Egalitarismus, bei dem die jeweiligen Güter gleich verteilt werden, oder im Sinn eines Verfahrensegalitarismus, der eine gleiche und faire Regelanwendung vorsieht, oder im Sinn eines Ergebnisegalitarismus, bei dem bestehende Ungleichheiten nivelliert oder kompensiert werden. Andererseits scheint es attraktiv, einen personenbezogenen Inegalitarismus zu vertreten, der stärker auf die individuellen Voraus-

## 10 Ein finaler Stresstest für das Modell

setzungen und die soziokulturellen Kontexte der Verteilungsadressaten achtet (Horn & Scarano, 2002)."

Kann unser Modell diese Fragen beantworten?

Betrachten wir zunächst die Frage nach dem Primärobjekt der Gerechtigkeit. Wir hatten gesehen, dass das Gerechtigkeitsempfinden medizinisch-anthropologisch sehr tief im Menschen verankert ist, sowohl historisch gesehen (weil es mindestens bei anderen Primaten vorkommt) als auch in der frühkindlichen Entwicklung. Auch ließ sich zeigen, dass die Inhalte dieses Gerechtigkeitsempfindens sehr stabil sind, nämlich „gleicher Lohn für gleiche Leistung", „bei Not muss man helfen", und „Verträge muss man halten".

Weiterhin wurde deutlich, dass an diesem Gerechtigkeitsverständnis Handlungen und ihre Ergebnisse gemessen werden, die (u. U. konflikthaft) Güter und Strafen verteilen, und dass dabei unterschiedliche Umfeldsituationen berücksichtigt werden.

Primär ist demnach das Gerechtigkeitsempfinden; es richtet sich auf konkrete Handlungen und Ergebnisse, die es beurteilt. Da konfliktäre Verteilungen häufig sind, gibt es auch viele „gerechte" bzw. „ungerechte" Vorgänge und Gegenstände (von der Einkommensteuer über das Strafrecht bis zum Fußballergebnis).

Selbstverständlich kann es Sinn machen, gesellschaftliche Strukturen daraufhin zu prüfen, ob sie gerechte Verteilungen fördern oder nicht (etwa: ob der Welthandel Güter gerecht verteilt). Aber diese Strukturen sind sekundär; Grundlage der Gerechtigkeit ist das Empfinden, wie es sich im Primatenhirn abbildet. (Ich sage: „abbildet", weil ich mich hier nicht zur Frage äußere, ob Geist und Gehirn dasselbe sind; das ist eine an sich sehr interessante Frage, aber nicht für die Gerechtigkeit.)

Nebenbei bemerkt lässt sich so auch Platons Frage beantworten, ob gerechtes Handeln gut ist für die Seele. Ja, das stimmt: Ungerechtigkeit löst, wie gesehen, sowohl beim Täter als auch beim Opfer massive Gefühle der Unlust bzw. der „Unrichtigkeit" aus.

Das Dissensproblem entsteht bei genauem Hinsehen nicht aus dem Konzept der Gerechtigkeit, sondern

(i) aus unterschiedlichen Deutungen der Umwelt,
(ii) Wahrnehmungsfehlern,
(iii) Unehrlichkeit, Krankheit oder Persönlichkeitsstörungen, und
(iv) unterschiedlicher Gewichtung der drei Anspruchsgrundlagen.

Der erste Fall tritt auf, wenn Teile der Umwelt unterschiedlich verstanden werden, z. B. die Mitmenschen. „Du sollst nicht ohne Grund anderen Menschen das Leben nehmen" ist eine Gerechtigkeitsregel, über die anthropologisch kein Dissens besteht. Wenn aber beispielsweise aufgrund von fehlerhafter Wahrnehmung unterschiedlicher Ethnien Menschen zu Nichtmenschen erklärt werden und/oder ihnen das Lebensrecht abgesprochen wird, dann kann es „gerecht" sein, sie zu töten. Auch (andere) Wahrnehmungsfehler können dazu führen, dass sich z. B. wahnhaft eine Gruppe von Menschen von einer anderen bedroht fühlt und daher meint, sie töten zu müssen.

Natürlich kann jeder sein eigenes Gerechtigkeitsempfinden bewusst außer Kraft setzen – etwa ein Dieb, dem die Erlangung des Diebesgutes wichtiger ist, als richtig zu handeln; und es gibt Psychopathen, deren Gerechtigkeitsempfinden auf krankhafte Weise gestört ist.

Schließlich mischen sich in der Realität häufig verschiedene Gerechtigkeitsbereiche, die (in gewissem Umfang) unterschiedlich gewichtet werden können, z. B. im Arbeitsvertrag: Einerseits gilt, dass gleiche Leistung gleich bezahlt werden soll, andererseits soll der Lohn zum Leben reichen, und außerdem ist der Vertrag frei verhandelbar.

Insgesamt besteht der Dissens *nicht* hinsichtlich der Gerechtigkeit als solcher. Kants Begeisterung für das Sittengesetz lässt sich naturwissenschaftlich bestätigen.

Das gilt ebenso umgekehrt: Wenn Mächtige Gerechtigkeitsvorstellungen manipulieren („die Hungernden in der Dritten Welt sind selbst schuld, weil sie faul sind"), dann verzerren sie damit nicht das Gerechtigkeitsempfinden als solches, sondern die Realitätswahrnehmung der Manipulierten. Das bedeutet, dass mehr Gerechtigkeit durch bessere Information entstehen kann (ich komme darauf bei der praktischen Umsetzung zurück, siehe Kap. 11, 12 und 13).

Das Positivitätsproblem lässt sich mit Verweis auf die natürlichen Grundlagen des Gerechtigkeitsempfindens lösen: Wie gesehen, gibt es sogar ein anatomisches Substrat für die Gerechtigkeit. Es ist schlicht falsch, die Existenz der Gerechtigkeit zu bezweifeln.

Bleibt das Egalitarismusproblem: Warum ist es manchmal gerecht, alle gleich zu behandeln, und manchmal ungerecht? Weil die Leistung, der Bedarf und die Verträge unterschiedlich sein können, und weil bei Bedarf gleich, bei (unterschiedlicher) Leistung ungleich behandelt werden soll. Wenn zwei Patienten denselben Blinddarmdurchbruch haben, werden sie gleich behandelt (operiert). Wer bei der Olympiade am schnellsten rennt, bekommt als Einziger die Goldmedaille.

**Offene Fragen**

Es ist also – so weit möglich – klar, was „Gerechtigkeit" ist. Im dritten Teil werde ich sie auf einige typische Fälle anwenden. Dabei werde ich auch (skizzenhaft) die Frage berühren, wie man Gerechtigkeit erreicht, also juristisch und politisch umsetzt. Braucht man z. B. politische Einrichtungen, um Bösewichte zu kontrollieren – und, falls ja, wer kontrolliert die Regierung?

## Literatur

Horn, C., & Scarano, N. (2002). *Philosophie der Gerechtigkeit*. Suhrkamp.

# Teil III

## Anwendungen

# 11

# Die Struktur des Gerechtigkeitsbegriffs

Im letzten Teil des Buches soll an einigen Beispielen gezeigt werden, wie man die hier im Buch bisher erreichten Ergebnisse zum Gerechtigkeitsempfinden fruchtbar macht, d. h. auf praktische Probleme anwendet. Viele solcher Probleme lassen sich mit den Grundprinzipien der Gerechtigkeit erstaunlich einfach lösen. – Ich werde zunächst auf den Begriff der Gerechtigkeit selbst eingehen und danach auf einige typische Probleme.

## 11.1 Gibt es „Gerechtigkeit"?

Der zweite Teil des Buches hat gezeigt, dass es anatomische, d. h. physikalische Substrate der Gerechtigkeit gibt – man kann u. a. die Gehirnzentren *sehen*, die Gerechtigkeitsprobleme verarbeiten. Es ist daher nicht eine Meinung, sondern faktisch falsch, wenn Friedrich von Hayek und viele andere, vor allem Ökonomen, behaupten, der Begriff der Gerechtigkeit sei in der Realität eine Dummheit – jedenfalls so lange, bis die hier zitierten medizinischen Untersuchungen mittels bildgebender Verfahren und die evolutionsbiologischen Verhaltensstudien ebenso widerlegt wurden wie diejenigen zur Entwicklung des Gerechtigkeitsempfindens bei Kindern.

*Innerhalb* des neoklassischen Wirtschaftsmodells (das Homines oeconomici in vollkommenen Märkten betrachtet) ist der Begriff der Gerechtigkeit in der Tat sinnleer (s. dazu Kap. 1) – aber eben nicht bei realen Menschen in einer realen (Markt-)Umwelt. Dieser Befund spricht gegen das neoklassische Modell, nicht gegen den Gerechtigkeitsbegriff.

## 11.2 Die Bestimmtheit der Gerechtigkeit

Viele Autoren meinen, dass man inhaltlich nicht genau genug bestimmen könne, was „Gerechtigkeit" bedeutet. Ein bekanntes Beispiel ist das Flötengleichnis von A. Sen (2009): Drei Kinder streiten um eine Flöte. Das eine beansprucht die Flöte, weil es sie selbst hergestellt hat; das zweite Kind ist das einzige, das auf der Flöte spielen kann; und das dritte hat sonst kein Spielzeug. Sen möchte anhand dieses Beispiels beweisen, dass es bei Gerechtigkeitsfragen verschiedene, jeweils für sich gut begründete Standpunkte gibt, zwischen denen man nicht entscheiden könne.

Mit unserem Gerechtigkeitsmodell lässt sich das Flötenproblem aber lösen:

- Das erste Kind hat die Flöte hergestellt, beansprucht also das Ergebnis seiner Leistung.
- Beim zweiten Kind (das Flöte spielen kann) ist kaum einzusehen, warum es gegen den Willen der anderen Kinder die Flöte bekommen sollte. Einen Anspruch erwirkt es erst aus Vertrag: Wenn etwa das erste Kind zustimmt, ihm die Flöte zeitweilig zu überlassen, um sich gemeinsam am Flötenspiel zu erfreuen. – Sen weist selbst darauf hin, dass dieses Kind einen utilitaristischen Anspruch in spezifischer Form anmeldet: dass nämlich der Gesamtnutzen einer Gesellschaft auch dann zu maximieren sei, wenn das einzelnen Mitgliedern schadet. Wie im zweiten Teil gezeigt wurde, gilt dieser Anspruch aber ohne weitere Bedingungen nicht (sonst dürfte der Erbe auch seinen Erbonkel ermorden, wenn dadurch der Gesamtnutzen stiege).
- Das dritte Kind meint, einen Bedarf auf die Flöte anmelden zu können, weil es keine anderen Spielsachen hat. Ein Anspruch aus Bedarf sticht genau dann denjenigen aus Leistung, wenn es um lebenswichtige

Dinge geht: wenn etwa das Leben des dritten Kindes vom Besitz der Flöte abhängt. In anderen Fällen darf das erste Kind die Flöte behalten; wenn das dritte Kind darunter leidet, kein Spielzeug zu besitzen, wird man ihm anderweitig helfen.

Grundsätzlich ist also der Flötenfall lösbar, weil man recht genau angeben kann, was „gerecht" inhaltlich bedeutet: Gleiches gleich behandeln, d. h., je nach Lebensbereich gleiche Leistung gleich vergüten (bzw. gleiche Missetaten mit gleichen Strafen ahnden), Notleidenden helfen, Verträge einhalten. Natürlich gibt es eine gewisse Grauzone: Ab wann ist der Bedarf des dritten Kindes „lebenswichtig"? Und existiert wirklich gar keine andere Möglichkeit, seinen Wunsch nach Spielzeug zu befriedigen, als dem ersten Kind die Flöte wegzunehmen? – Das hängt von den konkreten Umständen ab und wird sich in der Regel lösen lassen.

An der Grenze zwischen konkurrierenden Gerechtigkeitsprinzipien besteht eine Unschärfe, die manchmal Diskussionen erfordert. In der Realität betrifft das z. B. die Frage, welche Leistungen zur medizinischen Versorgung solidarisch finanziert werden sollen. Bei lebenserhaltenden Operationen ist die Frage unstreitig zu bejahen, und bei Zahnpasta ebenso unstreitig zu verneinen.

## 11.3 Gleichheit und Gerechtigkeit

Damit löst sich auch das immer wieder vorgebrachte, deshalb aber nicht richtige Argument, „Gerechtigkeit" sei deshalb nicht definierbar, weil es unklar sei, ob sie fordere, alle gleich zu behandeln. Letzteres ist einfach nicht richtig. Da es drei verschiedene Dinge gibt, die Ansprüche erzeugen (Leistung, Bedarf und Vertrag), gibt es auch verschiedene gerechte Entscheidungen. Bei Leistung ist es richtig, Menschen ungleich zu behandeln, wenn sie ungleiche Leistungen bringen; beim Bedarf richtet sich gerechte Behandlung eben nach dem Bedarf; sonst nach Vertrag (wenn er nicht offensichtlich unbillig ist). – Selbstverständlich und insbesondere folgt aus der Idee, Gleiches gleich zu behandeln, nicht, dass Güter gerechterweise immer gleich verteilt werden müssten.

## 11.4 Andere logische Probleme

Die Fokussierung auf die „Physiologie" der Gerechtigkeit, also die tatsächlichen (anthropologischen) Grundregeln gerechten Entscheidens in konkreten Situationen, hilft auch, Spekulationen zu vermeiden, die sonst schwer aufzulösen sind, z. B. Fragen der Art: „Ist Freiheit oder Gleichheit oder Gerechtigkeit wichtiger?" Solche Spekulationen sind häufig leer – obwohl sehr viel gedankliche Arbeit auf sie verwendet wurde –, weil sie ohne weitere Angaben zum jeweiligen Fall nicht lösbar sind.

Zwar sind die Grundregeln gerechter Entscheidungen klar, aber der jeweilige Schweregrad muss im Einzelfall bestimmt werden – bei Sens Flötenrätsel z. B. hinsichtlich der Frage, wie dringend der Bedarf des dritten Kindes ist. Wenn es ohne Flöte stirbt, hat es einen Anspruch; wenn es nur um einen anderweitig erfüllbaren Bedarf geht, nicht.

## 11.5 Die „Neiddebatte"

Mitunter wird die Gerechtigkeitsdiskussion mit dem Argument abgelehnt, es gehe lediglich um „Neid" bzw. eine „Neiddebatte". Mithilfe des Gerechtigkeitsmodells lässt sich auch diese Frage differenzierter und genauer betrachten.

„Neid" ist, wenn man jemandem etwas missgönnt, was ihm gerechterweise durch Leistung, Bedarf oder (gerechten) Vertrag zusteht – z. B., wenn der Zweite bei einem Wettbewerb dem Sieger die Goldmedaille nicht gönnt. Hingegen hat die Beschwerde darüber, dass jemand tatsächlich ungerecht behandelt wird, mit „Neid" nichts zu tun.

Für die „Neiddebatte" bedeutet das: Wenn zutreffenderweise ungerechte Zustände angeprangert werden, ist der Ausdruck fehl am Platz. Möglicherweise dient er öfters dazu, Ungerechtigkeiten zu verbergen und eine faire Diskussion darüber zu verhindern.

## Literatur

Sen, A. (2009). *Die Idee der Gerechtigkeit* (S. 41). dtv.

# 12

# Wirtschaftliche Gerechtigkeitsfragen

Am besten wäre es, wenn der folgende Teil des Buches wie ein Lehrbuch über Krankheiten funktionieren würde: Darin wären alle Arten von Ungerechtigkeit fein säuberlich sortiert, und ihre Diagnostik und Therapie wäre klar. Leider geht das (bisher) aus verschiedenen Gründen nicht.

Erstens gibt es für Ungerechtigkeiten, die mit wirtschaftlichen Vorgängen zu tun haben, keine funktionierende Anatomie, auf der die „Krankheitslehre" aufbauen könnte. Das gilt bereits für sehr zentrale Dinge, wie z. B. das Geldsystem. Bis heute streiten Wirtschaftswissenschaftler nicht nur darüber, was Geld *ist*; noch schwerer wiegt, dass sie nicht wissen, ob „Geld" überhaupt von Bedeutung für die Wirtschaft ist. In der neoklassischen Lehre, also dem Hauptstrom der Volkswirtschaftslehre, ist Geld nur ein „Schleier", der über der eigentlichen Wirtschaft liegt. Preise ergeben sich darin einfach aus Geldmenge, Umlaufgeschwindigkeit und Summe aller Transaktionen. Würde man z. B. bei sonst gleichen Gegebenheiten die Geldmenge verdoppeln, dann verdoppelten sich auch alle Preise.

Es ist hier wie im Brotmodell aus Teil I: In vollkommen Märkten (unendlich schnelle Reaktion, keine Transaktionskosten, alle Marktteilnehmer kennen alle Preise usw.) stimmt die neoklassische Annahme. In realen Märkten stimmt sie in der Regel nicht. Keynesianer sind daher der Meinung, dass Geld mehr ist als nur ein Schleier und direkt auf das wirtschaftliche Geschehen einwirken kann.

Das ist für unseren Zweck außerordentlich hinderlich, weil viele Gerechtigkeitsfragen mit Geld und seiner Verteilung zu tun haben und es daher sehr hilfreich wäre, wenn man eine funktionierende Geldtheorie hätte. Es ist ein bisschen so, als wollte man Herzkrankheiten beschreiben, während die Fachleute – Kardiologen – noch darüber zanken, ob es einen Blutkreislauf gibt (oder ob, wie man in der Antike annahm, das Blut als Nährbrei langsam durch die Gefäße sickert) und ob der Kreislauf, falls er existiert, irgendetwas bedeutet.

Daraus folgt als zweites Problem, dass es schwierig ist, Gerechtigkeitsprobleme zu kategorisieren. Sehr viele Dinge können gerecht oder ungerecht sein, z. B. menschliche Handlungen, Regeln und Strukturen. Schließlich leben wir in einer Welt, in der es viele Ungerechtigkeiten gibt. Das ist an sich noch kein schwieriges Problem (schließlich gibt es auch viele Kranke und viele Krankheiten, und die Medizin kommt trotzdem damit zurecht), aber ohne Einteilung in verschiedene Arten von Ungerechtigkeit ist es schwer, sie präzise und überlappungsfrei zu beschreiben. Außerdem erschwert dieser Umstand, Gerechtigkeits*theorien* und Klagen über einzelne Ungerechtigkeiten aufeinander zu beziehen.

Im Folgenden werde ich, wie es in der Medizin üblich ist, von den Betroffenen (den ungerecht Behandelten) ausgehen und versuchen, Ungerechtigkeiten zusammenzufassen, die jeweils Gruppen von Menschen betreffen. Denn eine „Krankheit" ist ja auch nichts anderes als die pragmatische Zusammenfassung von Umständen, an denen mehrere bis viele Patienten leiden. Diese Zusammenfassung ist „pragmatisch" angelegt, weil sie sich weniger an der reinen Wissenschaft orientiert, sondern daran, wie es den Patienten ergeht bzw. wie man ihnen am besten helfen kann. Die häufige „Herzinsuffizienz" (die Pumpleistung des Herzens reicht nicht und verursacht Probleme) z. B. ist gar keine „Krankheit", sondern streng genommen ein Symptom einer ganzen Reihe verschiedener Krankheiten, die es verursachen. Da es aber viele Menschen gibt, die daran leiden, und Diagnostik und Therapie ähnlich sind, macht es trotzdem Sinn, wenn sich die Medizin mit diesem Thema als „Herzinsuffizienz" befasst.

Geht man also von den ungerecht Behandelten aus, dann fallen vor allem *fünf Faktoren* auf, die Ungerechtigkeiten strukturieren können, insbesondere:

- Der Grund, den ein Empfänger vorbringt, wenn er sich über Ungerechtigkeit beschwert (Bedarf, Leistung oder Vertrag),
- Eigenschaften der Betroffenen (z. B. Geschlecht, ethnische Zugehörigkeit, Religion, sozialer Status und Bildung), die Ungerechtigkeit auslösen, und die dazugehörigen (ungerechten) Gründe,
- dasjenige, was den ungerecht Behandelten vorenthalten wird, z. B. Güter (wie Nahrung, Zugang zu medizinischer Versorgung usw.), Freiheit, Respekt, Teilhabe an sinnvollem Leben oder politischer Einfluss,
- Ursachen für die jeweilige ungerechte Behandlung, z. B. ungerechte Verhaltensregeln oder Strukturen,
- die Region, in der die Betroffenen leben.

Es ist schwer zu sehen, welcher dieser Faktoren am besten geeignet ist, um verschiedene Formen von Ungerechtigkeit zu systematisieren. Ich verwende im Folgenden als oberste Ebene das, was von ungerecht Behandelten vorgebracht wird. Mir scheint das analog zur Medizin zu sein, die auch vom Kranken und seiner Krankheit her denkt. Die Analogie hat freilich Grenzen: Krankheiten kann man nicht immer behandeln, Ungerechtigkeiten schon (soweit sie menschengemacht sind).

## 12.1 Bedarf

Die in diesem Abschnitt zusammengefassten Ungerechtigkeiten betreffen Menschen, die sich in einer Notlage befinden, aus der sie sich nicht selbst befreien können und die daher eigentlich Anspruch auf Hilfe hätten (gemäß der Regel: Menschen in Not muss man helfen). Gleichzeitig muss den anderen Hilfe zumutbar sein.

Die schwersten denkbaren Notlagen sind akute Gefahr für Leben und Gesundheit, z. B. aufgrund von Nahrungsmangel oder fehlender medizinischer Versorgung. Nur sie werden hier beispielhaft besprochen.

## 12.1.1 Lebensmittelversorgung und die Frage, warum es Menschen gibt, die hungern

Etwa 8 Millionen Menschen verhungern jedes Jahr; beträfe dies Deutschland, dann wäre die Nation nach 10 Jahren verschwunden. Ist das ungerecht? Oder vielleicht unvermeidlich? Wäre alles noch viel schlimmer, wenn man versuchte, Güter so umzuverteilen, dass niemand verhungert?

Wir hatten gesehen, dass Gerechtigkeit voraussetzt, dass jemand, der etwas zu verteilen hat, über das zu Verteilende entscheiden kann und dass der Empfänger einen Anspruch haben muss, der auf Bedarf, Leistung oder Vertrag beruht. Betrachten wir diese Anforderungen der Reihe nach.

**Gibt es genug Nahrungsmittel für alle?**
Es wäre denkbar, dass Hunger dadurch entsteht, dass es einfach nicht genügend Nahrungsmittel für alle gibt. Malthus (1826) hatte gefordert, Arme verhungern zu lassen, weil sich Menschen zu schnell vermehrten und daher ohnehin nicht zu ernähren seien. Diese Meinung wurde gerade in der zweiten Hälfte des letzten Jahrhunderts häufig vertreten, dadurch wird sie aber nicht richtiger. Bei steigendem sozioökonomischem Status sinkt die Geburtenrate; europäische Gesellschaften schrumpfen.

Derzeit (im Jahr 2020) gibt es etwa 8 Milliarden Menschen. Das entspricht der Untergrenze der Menschenzahl, die man bei geeigneten Produktionsverfahren ernähren kann (ca. 8 bis 12 Milliarden; z. B. Cassidy et al., 2013). Dabei bestehen noch Reserven hinsichtlich der Nahrungszusammensetzung. Da ca. 10 pflanzliche Kalorien verbraucht werden, um eine Fleischkalorie zu erzeugen, würde allein eine vegetarische Lebensweise deutlich mehr Menschen ernähren können.

Das heißt nicht, dass die Bevölkerungszahl nicht beeinflusst werden sollte. Aktuelle Schätzungen gehen davon aus, dass um 2070 das Bevölkerungsmaximum mit ca. 10 Milliarden Menschen weltweit erreicht ist (z. B. Vollset et al., 2020). Ich betrachte an dieser Stelle nur die verfügbare Nahrung und nicht andere Effekte, die sie beeinflussen, z. B. den Klimawandel. Auf letzteren komme ich später zurück.

Zumindest aktuell gibt es genügend Lebensmittel für alle. Sie sind nur schlecht verteilt; Überschüssen im Westen (ca. 30 % der hiesigen Nahrung werden laut Umweltbundesamt, 2021 weggeworfen) steht Mangel in anderen Teilen der Welt gegenüber.

**Sind die Hungernden selbst schuld?**
Eine typische Antwort auf die Frage nach Hunger ist, dass die Hungernden selbst die Schuld an ihrer Misere tragen und deshalb auch keinen Anspruch auf Hilfe haben. In Kap. 1 hatte ich gezeigt, dass das in einem neoklassischen Markt sogar immer gilt, denn dort erhält jeder genau das, was ihm zusteht (der hungernde Inder, der nicht mehr hungern will, braucht ja nur seine Bank um einen Kredit zu bitten und einen Autokonzern zu gründen).

Auch für reale Märkte glauben viele, dass der Hunger selbst gemacht ist, und zwar mit einer Reihe möglicher Begründungen, z. B.:

- Die Hungernden sind schuld, weil sie zu dumm oder nicht unternehmerisch genug sind.
- In Westeuropa hat der Wiederaufbau nach dem Zweiten Weltkrieg auch geklappt, warum sollte das in der Dritten Welt anders sein?

Das Argument der Dummheit wird schon lange geführt; typischerweise wird angenommen, dass Misserfolg bzw. Erfolg genetisch bedingt ist (so argumentierte vor 50 Jahren z. B. Eysenck). Vor einigen Jahren meinten zwei Wissenschafter in der weltweit führenden ökonomischen Zeitschrift, dem *American Economic Review*, nachweisen zu können, dass im Verlauf des prähistorischen Exodus des modernen Menschen (Homo sapiens) aus Afrika die Variation der Migrationsentfernung zu verschiedenen Siedlungen auf der ganzen Welt die genetische Vielfalt beeinflusste und einen anhaltenden u-förmigen Effekt auf die wirtschaftliche Entwicklung hatte. Das führte ihrer Meinung nach dazu, dass die indianische Bevölkerung zu wenig und die afrikanische zu viel genetische Variabilität hatten, was sich nachteilig auf die Entwicklung dieser Regionen auswirkte. Hingegen war die mittlere Vielfalt der europäischen und asiatischen Bevölkerung für deren Entwicklung förderlich. – Afrika sei also aus genetischen Gründen arm (Ashraf & Galor, 2013).

Allerdings weist diese Untersuchung schwerste handwerkliche Mängel auf (D'Alpoim Guedes et al., 2013). Insgesamt besteht derzeit keine Evidenz für die Annahme, dass Hungernde aufgrund mangelhafter biologischer Fertigkeiten zu ihrem Schicksal verdammt sind.

Ebenso ist unklar, ob der Westen über mehr „Unternehmertum" verfügt als die Dritte Welt. Belastbare Untersuchungen gibt es nicht, schon deswegen nicht, weil das Konzept „Unternehmertum" kaum präzise zu fassen ist. Aber schon einfache Plausibilitätsüberlegungen sprechen dagegen, denn immerhin dürfte es erheblich schwieriger sein, eine Familie unter den Bedingungen schwerer Armut am Leben zu halten, als im noch relativ sicheren Westen ein durchschnittliches Leben zu führen.

Das dritte Argument – der europäische Wiederaufbau – scheitert daran, dass der Zweite Weltkrieg zwar weite Teile der europäischen Infrastruktur und des Wohnungsbestandes zerstörte, die industrielle Struktur aber selbst in Deutschland einigermaßen intakt blieb und deswegen auch in der Nachkriegszeit relativ schnell wiederhergestellt werden konnte. Teile der Dritten Welt verfügen nicht einmal über eine zerstörte Infrastruktur.

**Produktivität und Wachstum**
Als Methode zur Lösung des Hungerproblems wird – typischerweise von Ökonomen – bessere Versorgung durch Wachstum vorgeschlagen. Daran ist richtig, dass bei höherer Produktivität mehr Güter und Dienstleistungen erzeugt werden können. (Ein bewässerter Boden erbringt z. B. – je nach Region – 15-mal mehr Nahrung als ein unbewässerter.)

Die „Commission for Africa" (2005) formulierte es so:

> „Armut ist mehr als nur ein Mangel an materiellen Dingen. Arme Menschen sind von der Entscheidungsfindung ebenso ausgeschlossen wie von Grundleistungen, die staatliche Organisationen erbringen sollten. So sollten auch den ärmsten Menschen in Afrika Schulen und Kliniken zur Ver-

fügung stehen. Dies ist eine dringende Grundfrage der Menschenrechte und der sozialen Gerechtigkeit, aber auch der Wirtschaft: eine gesunde und qualifizierte Belegschaft ist produktiver, was zugleich mehr Güter und ein würdevolles Leben erzeugt …

Afrika ist letztendlich arm, weil seine Wirtschaft nicht gewachsen ist. Öffentliche und private Sektoren müssen zusammenarbeiten, um ein Klima zu schaffen, das das Unternehmertum entfesselt, Beschäftigung schafft und Einzelpersonen und Unternehmen aus In- und Ausland ermutigt, zu investieren. Änderungen in der Governance sind erforderlich, um das Investitionsklima zu verbessern …

Wachstum wird auch massive Investitionen in die Infrastruktur erfordern … – von Landstraßen und kleinen Bewässerungsanlagen bis hin zu regionalen Autobahnen, Eisenbahnen, größeren Energieprojekten und Informations- und Kommunikationstechnologien (IKT). Die Investitionen müssen sowohl die Entwicklung des ländlichen Raums als auch die Modernisierung der Slums umfassen, ohne die arme Menschen in Afrika nicht am Wachstum teilnehmen können. Und Wachstumspolitik muss die ärmsten Gruppen aktiv einbeziehen – und darauf achten, sie nicht auszuschließen. Dabei sollte besonderes Augenmerk auf der Landwirtschaft und auf der Unterstützung kleiner Unternehmen liegen, sowie ein Fokus auf Frauen und Jugendlichen. Damit das Wachstum nachhaltig ist, werden die Umwelt und die Bewältigung der Risiken des Klimawandels ein wesentlicher Bestandteil der Programme sein."

Im neoklassischen Verständnis ist „Wachstum" präzise definiert als Steigerung des Bruttosozialproduktes (BSP). Versteht man es so, dann ist es fraglich, ob bloßes Wachstum alleine – noch dazu primär vermittelt durch „entfesseltes Unternehmertum" – für die Lösung des Hungerproblems ausreicht, denn es mangelt ja nicht an Nahrungsmitteln an sich, sondern an ihrer gerechten Verteilung.

Auch muss Wachstum als solches nicht unbedingt Wohlfahrt erzeugen. Auch schädliche Effekte führen zur Erhöhung des BSP, wie das Beispiel von Horst Stowasser (2016, S. 86) zeigt:

„Ich fahre mit meinem Auto gegen einen Tanklastzug, der Chemikalien geladen hat, ins Schleudern gerät, umkippt und ausläuft. Mit Knochenbrüchen und Quetschungen befinde ich mich im Wrack meines Wagens, halb in eine Schilderbrücke geschoben, die bedenklich ramponiert ist. Der Rettungshubschrauber bringt mich ins Krankenhaus, während die Feuerwehr den Tanklastzug birgt. Nach zwei Wochen hat eine Spezialfirma das verseuchte Erdreich ausgehoben, die Autobahnmeisterei die Schilderbrücke instandgesetzt und ein Versicherungsarzt mir lebenslange Berufsunfähigkeit attestiert. Nun bin ich Invalide.

Man könnte meinen, ich hätte Pech gehabt.

Nun ja, ich vielleicht, aber alles in allem war es ein Glücksfall. Ökonomisch gesehen. Die ganze Kalamität hat nämlich das Bruttosozialprodukt um gut eine Million Mark gesteigert, und das ist in der Volkswirtschaft unumstritten positiv. Denn unsere Wirtschaft fragt nicht nach einem vernünftigen Sinn, sondern einzig nach dem monetären Effekt. Nicht Vernunft ist ihr Motor, sondern Wachstum.

Mit einer Ökonomie, die eine Katastrophe als positiv verbucht, kann etwas nicht stimmen."

Zweitens führt Wachstum häufig zu einer ungleichmäßigeren Vermögens- und Einkommensverteilung. Es kann dann passieren, dass zwar der Kuchen insgesamt zunimmt, aber das Stück für die Armen trotzdem schrumpft.

**Liberalisierung**
Im Zusammenhang mit der Frage des Wachstums wird oft gefordert, Länder der Dritten Welt sollten ihre Märkte liberalisieren (z. B. Collier, 2017). Dadurch, dass sie Handelsschranken abbauen, sollen ihre Industrien wettbewerbsfähig werden. – Das ist, wie andere Ökonomen gezeigt haben, mörderischer Unsinn: Regelmäßig werden die Industrien dieser Länder durch Liberalisierung nicht modernisiert, sondern zerstört. Denn im Wettbewerb können sie mit den sehr viel stärkeren Unternehmen des Westens einfach nicht mithalten. (Ich hatte im Teil I das Beispiel der Nahrungsindustrie vorgestellt.) Tatsächlich sind diejenigen Länder der Dritten Welt erfolgreich, die ihre Wirtschaft durch Schutzzölle so lange aufpäppeln, bis sie im internationalen Wettbewerb bestehen können (Chang, 2012).

**Das Problem der Bildung**
Ein ebenfalls sehr häufig genannter Grund für Hunger ist mangelnde Bildung. „Bildung ist der Schlüssel zur Hungerbekämpfung", schreibt

z. B. die Welthungerhilfe (2020). Ganz so einfach ist es dann aber doch nicht. In vielen Branchen ist die Produktivität eines Arbeiters unabhängig von seiner Bildung. Auch verbessert Bildung den Ertrag regelmäßig nur dann, wenn auch ausreichend Kapital bereitsteht: Viel Bildung und eine Schippe erzeugen ein kleineres Loch als ein Bagger und wenig Bildung.

Allenfalls kann man argumentieren, dass Bildung immer hilft, Zusammenhänge zu durchschauen, Abhängigkeiten zu überwinden und politisch erfolgreicher zu agieren – und, in Kombination mit Kapital, auch eine bessere Versorgung zu erreichen.

**Die „Produktion" von Hunger – Dependenztheorien**
Hunger wird nicht immer bekämpft, sondern durchaus auch produziert, und zwar sowohl innerhalb armer Regionen als auch von außerhalb induziert. Diese Produktion von Hunger ist besonders ungerecht und empörend, wenn sie billigend in Kauf genommen oder sogar bewusst herbeigeführt wird.

Die dazu gehörende politische Lage ist komplex und vielschichtig; hier werden nur einige Aspekte betrachtet. – Teile der Dritten Welt bestehen aus sehr ungleichen Gesellschaften, in denen eine sehr schmale Oberschicht den Rest der Bevölkerung ausbeutet und/oder Bodenschätze und den Boden selbst unter Wert an den Westen verkauft („land grabbing"). So war es beispielsweise während der Schahregierung im Iran: Der Großteil der Wertschöpfung aus der Ölförderung ging an Großbritannien und die USA. Der Schah ersetzte den demokratisch gewählten (!) Präsident Mossadegh, der, als er versuchte, die Verträge neu zu verhandeln, 1953 von US-amerikanischen und britischen Geheimdiensten gestürzt wurde.

Westliche Politik sucht gelegentlich gezielt, Märkte in anderen Regionen der Welt auch dann zu erschließen, also westliche Produkte dort zu verkaufen, wenn das für diese Regionen nachteilig ist. Auch sichert sie (notfalls geheimdienstlich, durch sogenannte „economic hitmen" – ökonomische „Killer" –, oder militärisch) den Zugang zu billigen Rohstoffen. Hier zwei Beispiele: Devisen sind ein sehr einfaches Instrument, um Dritte-Welt-Staaten zu kontrollieren, sobald sie sich einmal verschuldet haben. Denn die Rückzahlung erfolgt nicht in ihrer jeweiligen Landeswährung, sondern typischerweise in Dollar. Letztere erhalten solche Staaten aber häufig nur durch den Verkauf billiger, wenig veredelter Waren (Duchrow et al., 1989, 2006).

Diese Verschuldung wird – auch zum Zweck der „Entwicklung" – von Finanzinstitutionen, die vom Westen kontrolliert sind (v. a. Weltbank und IWF), gezielt politisch eingesetzt.

Freilich können Kredite durchaus hilfreich sein, wenn sie der Stärkung der Konkurrenzfähigkeit und/oder der Produktivität dienen und erträgliche Zinsen verursachen. Es hängt demnach vom jeweiligen Einzelfall ab, ob ein Kredit nützt oder schadet.

Zur Abwehr fremder (nichtwestlicher) Einflussnahme werden mitunter diktatorische Regimes unterstützt (so in Irak und Libyen, bis deren Machthaber im Westen in Ungnade fielen). Auch Syrien leidet massiv unter dem Stellvertreterkrieg, der dort zwischen dem Westen und Russland geführt wurde.

Schließlich wirken auch manche Unternehmen bei der Produktion von Hunger mit, z. B. durch Spekulation auf Nahrungsmittel oder direkte politische Einflussnahme und Korruption. Bekannt wurde der Fall der Firma Nestlé, die wider besseres Wissen Milchpulver zur Herstellung von Babynahrung in Dritte-Welt-Länder verkaufte, obwohl das dortige Trinkwasser dafür nicht geeignet war und den Säuglingen schwer schadete, z. B. durch Infektionen (Arbeitsgruppe Dritte Welt, 1976).

**Andere Erklärungen für Hunger und Lösungsansätze**
Die hier skizzierte Liste an Ursachen ist nicht abschließend; genannt werden in der Literatur außerdem z. B. das „Pech der Rohstoffe": Rohstoffreichtum kann dazu führen, dass Länder nicht wohlhabend, sondern im Gegenteil ausgebeutet und unterdrückt werden.

Auch eine geografische Binnenlage wird als Grund für einen mangelnden Zugang zum Weltmarkt angeführt.

Wichtiger noch ist der Hinweis auf Terrorismus als Folge des Massenelends. R. Kurz (2003) wurde nicht müde, darauf hinzuweisen, wie der Westen einerseits durch ökonomische Ungleichheit zerfallende Staaten erzeugt, in denen in der Folge Bandentum, Hungerkriminalität und

Terrorismus entstehen, und dann ebendiesen Terrorismus im Namen westlicher Werte militärisch bekämpft.

**Das Fehlen einer historischen Geografie des Hungers**
Lebensmittel sind ausreichend vorhanden; eine Umverteilung ist grundsätzlich möglich; und Hungernde haben in der Regel ihren Anspruch auf Lebensmittel nicht dadurch verwirkt, dass sie ihren Hunger selbst herbeigeführt hätten. Hunger ist ungerecht. – Es gibt keinen erkennbaren Grund, warum diese Gerechtigkeitsregel in der Dritten Welt außer Kraft gesetzt sein sollte. Auch dort haben Menschen einen Anspruch auf lebenserhaltende Güter. Man müsste schon rassistisch oder nationalistisch argumentieren, wenn man begründen wollte, warum Europäer mehr Lebensrecht haben als Afrikaner oder Asiaten. Das Gleichnis des barmherzigen Samariters drängt sich auf (LK 10, 25–32):

> „Und siehe, da stand ein Gesetzeslehrer auf, versuchte ihn und sprach: Meister, was muss ich tun, dass ich das ewige Leben ererbe? 26 Er aber sprach zu ihm: Was steht im Gesetz geschrieben? Was liest du? 27 Er antwortete und sprach: ‚Du sollst den Herrn, deinen Gott, lieben von ganzem Herzen, von ganzer Seele und mit all deiner Kraft und deinem ganzen Gemüt, und deinen Nächsten wie dich selbst' (5. Mose 6,5; 3. Mose 19,18). 28 Er aber sprach zu ihm: Du hast recht geantwortet; tu das, so wirst du leben. 29 Er aber wollte sich selbst rechtfertigen und sprach zu Jesus: Wer ist denn mein Nächster? 30 Da antwortete Jesus und sprach: Es war ein Mensch, der ging von Jerusalem hinab nach Jericho und fiel unter die Räuber; die zogen ihn aus und schlugen ihn und machten sich davon und ließen ihn halb tot liegen. 31 Es traf sich aber, dass ein Priester dieselbe Straße hinabzog; und als er ihn sah, ging er vorüber. 32 Desgleichen auch ein Levit: Als er zu der Stelle kam und ihn sah, ging er vorüber. 33 Ein Samariter aber, der auf der Reise war, kam dahin; und als er ihn sah, jammerte es ihn; 34 und er ging zu ihm, goss Öl und Wein auf seine Wunden und verband sie ihm, hob ihn auf sein Tier und brachte ihn in eine Herberge und pflegte ihn. 35 Am nächsten Tag zog er zwei Silbergroschen heraus, gab sie dem Wirt und sprach: Pflege ihn; und wenn du mehr ausgibst, will ich dir's bezahlen, wenn ich wiederkomme. 36 Wer von diesen dreien, meinst du, ist der Nächste geworden dem, der unter die Räuber gefallen war? 37 Er sprach: Der die Barmherzigkeit an ihm tat. Da sprach Jesus zu ihm: So geh hin und tu desgleichen!"

Um das Hungerproblem sauber zu differenzieren, brauchte man eine historische Geografie des Hungers – also eine präzise Beschreibung, wie sich Hunger in den verschiedenen Regionen bis heute entwickelt hat (Hersel, 2004). Hunger in Indonesien hat eine andere Geschichte als Hunger im Südsudan, und die Hungerprobleme „funktionieren" auch anders. Leider gibt es bisher nur erste Ansätze einer solchen „Pathologie und Pathophysiologie" des Hungers (Caparrós, 2015; Ziegler, 2011).

Ein Teil des Problems ist, dass für diesen Zweck viel zu wenig Forschungskapazität zur Verfügung steht – aus Sicht der reichen Staaten ist das Thema einfach nicht interessant genug.

Wenn also Hunger ein gigantisches Gerechtigkeitsproblem ist, kann man entlang unseres Modells fragen: Wer ist verantwortlich für diese ungerechte Verteilung (Misereor, 2020)? Wer ist also der „Machthaber", der über die Verteilung wacht? Vorbehaltlich einer vernünftigen historischen Geografie des Hungers, die erst noch zu entwickeln wäre, gilt:

- Soweit Lebensmittel über Märkte vermittelt werden, sind die Regeln des Marktes und diejenigen Institutionen, die sie durchsetzen (Handelsorganisationen, Militär usw.) selbst Teil des Problems. Daraus folgt, dass man über diese Regeln sprechen muss, wenn man Hunger wirksam bekämpfen möchte, jedenfalls insoweit diese Regeln selbst nicht dazu führen, Hunger zu beenden. Anders gesagt: Wenn man eine weltweite gerechte Lebensmittelversorgung durchsetzen will und Märkte das von alleine nicht schaffen, wird man in Märkte eingreifen müssen.
- Die Regeln des Marktes sind letztlich Vereinbarungen, die von Regierungen getroffen werden. Bei demokratisch legitimierten Regierungen ist damit das Wahlvolk verantwortlich.
- Am Hunger sind letztlich viele „Machthaber" beteiligt, was zur Verantwortungsstreuung führt und die Problemlösung erschwert. Das ändert jedoch nichts daran, dass Verhungernlassen und erst recht die Herstellung von Hunger ganz offenbar ungerecht sind.

Aus Sicht des Gerechtigkeitsmodells folgt nicht, dass Nahrungsmittel oder andere lebenswichtige Güter grundsätzlich auf eine bestimmte Weise (z. B. privatwirtschaftlich, staatlich oder genossenschaftlich) bereitgestellt werden sollten; es folgt aber, dass ihre Bereitstellung so kontrolliert werden muss, dass niemand ausgeschlossen wird und kein unerwünschtes (und vermeidbares) Markt- oder Staatsversagen auftritt. Dafür muss man die jeweils einzelnen Märkte betrachten. Zum Beispiel funktioniert in Deutschland die Brotversorgung (mitsamt Wettbewerb und staatlicher Lebensmittelkontrolle) gut. Wenn aber z. B. jemand – ein Investor oder eine Behörde – große Teile der Ackerfläche aufkaufen und dann als Monopolist überhöhte Preise diktieren würde (wie es in anderen Branchen passiert), dann sollte (auch) politisch gegengesteuert werden. Das setzt Handlungsfähigkeit der Politik voraus.

Ähnliches gilt für andere lebenswichtige Bedarfe, z. B. medizinische Versorgung. – Nebenbei bemerkt gilt das nicht nur für Länder der Dritten Welt. Laut Robert Koch-Institut klafft die gesunde Lebenserwartung in Deutschland in Abhängigkeit vom sozioökonomischen Status bei Männern um 15 Jahre auseinander (Lampert et al., 2016):

Lebenserwartung bei Geburt und gesunde Lebenserwartung bei Geburt nach Einkommen (in Jahren). Datenbasis: Sozio-oekonomisches Panel und Periodensterbetafeln 1995–2005 [46]

| | Lebenserwartung bei Geburt | | Gesunde Lebenserwartung[a] bei Geburt | |
|---|---|---|---|---|
| | Männer | Frauen | Männer | Frauen |
| Netto-Äquivalenzeinkommen[b] | | | | |
| <60% | 70,1 | 76,9 | 56,8 | 60,8 |
| 60%–<80% | 73,4 | 81,9 | 61,2 | 66,2 |
| 80%–<100% | 75,2 | 82,0 | 64,5 | 67,1 |
| 100%–<150% | 77,2 | 84,4 | 66,8 | 69,1 |
| ≥150% | 80,9 | 85,3 | 71,1 | 71,0 |

[a] Anzahl der Lebensjahre, die bei guter oder sehr guter Gesundheit verbracht werden
[b] Anteil vom mittleren Netto-Äquivalenzeinkommen

## 12.1.2 Klimawandel

Ob der Klimawandel, also die Zunahme der durchschnittlichen Jahrestemperatur, wirklich durch $CO_2$-Emissionen (oder z. B. durch natürliche Schwankungen der Sonnenaktivität) verursacht wird, ist zwar noch nicht endgültig bewiesen; es ist aber so wahrscheinlich, dass es viel zu gefährlich wäre, darauf nicht zu reagieren. Immerhin hat die Erderwärmung das Potenzial, die Bewohnbarkeit unseres Planeten nachhaltig zu schädigen.

Aus der Sicht der Gerechtigkeitstheorie sind hier zwei Aspekte interessant. *Erstens* geht es offensichtlich um einen wichtigen „Bedarf" derjenigen, deren Leben vom Klimawandel bedroht ist. Ähnlich wie beim Hunger haben sie Anspruch auf Hilfe.

*Zweitens* ist die derzeitige marktliche Allokation von Gütern alleine nicht geeignet, dem Klimawandel zu begegnen. Profitorientierte Unternehmen sind auch dann zur Gewinnmaximierung gezwungen, wenn sie dadurch das Klima schädigen. Der „Preis" der Umweltverwüstung ist eine typische Externalität; sie ist (wenn dies nicht anders gesetzlich vorgeschrieben ist) im Preis klimaschädlicher Produkte nicht enthalten, weshalb davon in einem Markt zu viel hergestellt wird. Das heißt, schon in neoklassischer Sicht versagt der Markt; erst recht in keynesianischer Sicht.

Damit hängt die Frage zusammen, mit welchen Methoden man klimaschädliche Produktion vermeiden kann. Ökonomen empfehlen gerne den Handel mit Verschmutzungsrechten. Sie haben (zumindest theoretisch) den Vorteil, dass $CO_2$ effizient eingespart wird. Die Logik ist wie bei jedem Markt: Derjenige, der dringend $CO_2$ ausstoßen muss (weil es z. B. technisch nicht möglich ist, die Produktion umzustellen) und ein sehr wertvolles Gut herstellt, wird eine höhere Zahlungsbereitschaft für Verschmutzungsrechte haben als jemand, der leicht $CO_2$ einsparen kann.

In der Praxis kann das freilich anders aussehen. Es kann z. B. passieren, dass Diktatoren in Entwicklungsländern ihre Macht missbrauchen und auf eigene Rechnung $CO_2$-Emissionsrechte an Industrieländer verhökern oder dass arme Länder nicht genügend Kapital besitzen, um Dreckschleudern stillzulegen. Regierungen dort sind dann faktisch gezwungen, z. B. veraltete Kohlekraftwerke weiter zu betreiben, um ihre Bevölkerung mit Strom zu versorgen (und zusätzliche Kosten für Verschmutzungsrechte zu zahlen). Gerecht wird dieser Handel erst, wenn niemand aufgrund ungleicher Machtverhältnisse ausgenutzt wird.

Ein anderes Argument gegen den Handel mit Verschmutzungsrechten hat M. Sandel (2015) vorgebracht: Dadurch, dass man das Recht, die Umwelt zu verschmutzen, kaufen kann, verändert sich der Charakter der Handlung; sie ist jetzt nicht mehr „schlecht", sondern „business as usual" – man hat ja bezahlt. Das führt dazu, dass Mechanismen gegen „schlechte" Handlungen (z. B. ihre öffentliche Ächtung) nicht mehr greifen. Obendrein handelt es sich beim Klimaschutz nicht mehr um ein gemeinschaftliches Anliegen, denn für ein Unternehmen, das bezahlt hat, ist die Sache erledigt. – Sandel wurde von Ökonomen für seine Meinung sehr gescholten; sein ehemaliger Ökonomielehrer bat ihn sogar, nicht mehr öffentlich zu machen, dass er bei ihm Wirtschaftswissenschaften gelernt hatte.

## 12.2 Leistung

In weiten Bereichen des Lebens werden Güter, Ehre usw. nach erbrachter Leistung verteilt. Wenn Leistung und Vergütung (im weiteren Sinne) sich nicht entsprechen, entsteht Ungerechtigkeit. Dabei kann die Vergütung nach oben oder unten abweichen.

### 12.2.1 Leistungslose Einkommen aus Vermögen

Solange viele Menschen für ihr Einkommen arbeiten müssen, sind leistungslose Einkommen, die nicht an Lebensphasen gekoppelt sind, ungerecht. Mit dem Verweis auf Lebensphasen ist gemeint, dass Kinder und Rentner selbstverständlich ohne Gegenleistung Güter erhalten: Kinder können nicht arbeiten, und Rentner haben in ihrer Arbeitszeit andere versorgt. Mit leistungslosem Einkommen sind vor allem Bezüge aus Vermögen gemeint.

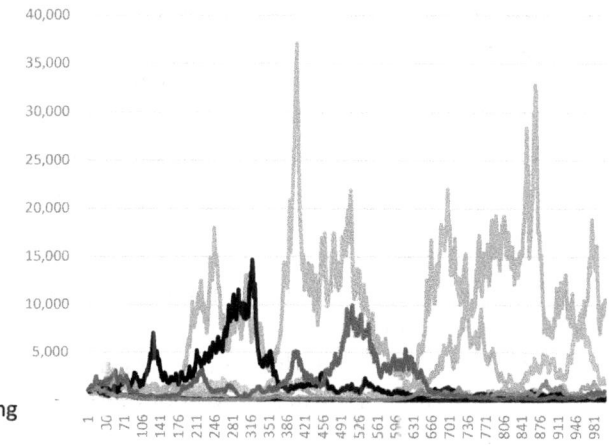

Eigene Darstellung

**Abb. 12.1** Leistungsloses Einkommen aus Vermögen – zufällige Vermögensschwankungen

Leistungsloses Einkommen aus Vermögen ist gerecht, wenn es durch frühere Leistung erworben wurde. Ungerecht wird es dann, wenn das Vermögen auf ungerechte Weise erworben wurde oder von selbst so anschwillt, dass es anderen schadet. Empirisch können Vermögen aus ganz unterschiedlichen Gründen entstehen:

- Zufällige Vermögensschwankungen können über die Zeit sehr stabile und zugleich sehr ungleiche Vermögensverteilungen erzeugen. Nimmt man z. B. 10 Familien, die mit dem gleichen Vermögen von 1000 Vermögenseinheiten starten, und lässt man ihr Einkommen monatlich *zufällig* um -20 % bis +20 % schwanken (sodass im Durchschnitt die prozentuale Schwankung null beträgt), dann bauen sich über längere Zeiträume enorme Unterschiede auf. Abb. 12.1 zeigt einen solchen Versuch – man sieht, wie eine Familie – wohlgemerkt, rein zufällig – riesige Vermögen aufbaut.
- Konsumverzicht mag zu geringen Rücklagen führen, sicher aber nicht zu großen Vermögen. Der reichste Mensch der Welt besaß 2020 rund 200 Milliarden Dollar. Ein durchschnittlicher Angestellter müsste demnach (bei einem Gehalt von 50.000 Euro pro Jahr) rund vier Millionen Jahre lang auf jegliche Ausgabe verzichten.
- In Deutschland ist der häufigste relevante Grund für den Erwerb eines größeren Vermögens von über einer Million Euro das Erben (67 %), meist in Kombination mit Unternehmensbesitz – also der Möglichkeit, andere für sich arbeiten zu lassen (Lauterbach et al., 2016). Vor allem bei Frauen kommt Heiraten als Grund hinzu (Heirat ist bei 36 % der Frauen relevanter Grund, bei 21 % Hauptgrund des Vermögenserwerbs).
- Über die Entstehung großer Vermögen ist international wenig bekannt. Bei reichen Familien steht – wie in Deutschland – Erben als Ursache im Vordergrund.
- Bei Einzelpersonen sieht das Bild etwas anders aus: Hier kommen auch die Nutzung natürlicher Monopole, Korruption, sehr langes, erfolgreiches Investieren u. a. Gründe vor.
- Natürliche Monopole entstehen, wenn größere Firmen im Wettbewerb allein aufgrund ihrer Größe Vorteile haben. Sie verdrängen dann von

selbst kleinere Konkurrenten, bis nur noch ein einziges Unternehmen übrig bleibt. Das gilt z. B. für Betriebssysteme, die sich umso leichter verkaufen lassen, je mehr Nutzer sie bereits kennen; oder für sogenannte soziale Netzwerke, die für Kunden umso attraktiver sind, je mehr andere bereits teilnehmen. C. Keese (2014) hat gezeigt, dass Firmen im Silicon Valley einen erheblichen Startvorteil haben, weil dort jährlich 15 Milliarden Wagniskapital investiert werden – etwa 20-mal so viel wie in ganz Deutschland. Wenn zeitgleich zwei Firmen starten, von denen eine über ein erheblich größeres Werbebudget verfügt, dann wird sie im Falle eines natürlichen Monopols die andere vom Markt verdrängen. Monopole sind, wie ich im ersten Teil dargestellt hatte, selbst in der neoklassischen Theorie wohlfahrtsschädlich, erst recht in der Realität.

Wenn es um Gerechtigkeit geht, müsste man also bei jedem Vermögen untersuchen, inwieweit es leistungsgerecht ist. Das ist leider bisher nicht möglich, weil die Daten dazu fehlen. Zumindest solche Einkommen, die auf ungesetzlich erworbenen Vermögen beruhen oder solche, die auf Kosten Unbeteiligter entstanden sind (etwa durch künstliche Verknappung von Rohstoffen oder Nahrungsmitteln), sind zweifellos ungerecht.

Der Armutsforscher Butterwegge berichtete 2018 über eine alte Frau aus München,

„die abends im Dunkeln sitzt, um Strom zu sparen. Sie trinkt ein Glas Milch, weil ihre Großmutter ihr während der Kindheit erzählt hat, dass man den Hunger nicht spürt, wenn man warme Milch trinkt. Es handelt sich um eine Kleinstrentnerin, die mit einem Druckereibesitzer verheiratet war. Nach der Insolvenz seiner Firma war das ganze Ersparte des Ehepaares weg, auch die für das Alter gedachte Kapitallebensversicherung."

Der Forscher wies auch darauf hin, dass im selben Jahr die BMW-Erben etwas über eine Milliarde Euro Dividenden von BMW erhielten.

Große Vermögen führen nicht nur zu leistungslosen Einkommen, sie haben auch eine Reihe von unerwünschten Eigenschaften:

1. Wenn mittlere bis große Vermögen einmal entstanden sind, zieht sich das Feld von selbst auseinander, weil sie umso schneller wachsen, je größer sie sind. T. Piketty (2014, S. 598) hat für das Stiftungskapital von 850 amerikanischen Unternehmen gezeigt, dass ein loglinearer Zusammenhang besteht: Stiftungsvermögen mit mehr als einer Milliarde Dollar wachsen (über 30 Jahre gemittelt) mit 10,2 % jährlich, solche unter 100 Millionen Dollar mit 6,2 %, der Rest liegt – ebenfalls nach Größe gestaffelt – genau dazwischen. Darüber, woran das liegt, kann man bisher nur spekulieren: Größere Vermögen bedeuten mehr Macht und mehr Information (z. B. durch Zugang zu Politikern; das kann durchaus korruptionsfrei passieren, weil Regierungsmitglieder im Zweifel eher von erfolg- und einflussreichen Menschen Rat erhoffen als von Durchschnittsbürgern), aber auch mehr Anlagemöglichkeiten, v. a. untypischer Art, etwa durch Kauf großer Immobilien oder ganzer Firmen. Wer mehr Geld hat, kann teurere (und vielleicht bessere) Manager einstellen.

T. Piketty (2014) hat außerdem gezeigt, dass in allen entwickelten Ländern die Ungleichverteilung von Vermögen erheblich zugenommen hat. Zusätzlich hat er berechnet, dass vor den Weltkriegen das Verhältnis zwischen Vermögen und Bruttosozialprodukt (also dem, was jedes Jahr in einem Land erzeugt wird) etwa 7:1 betrug; durch die Kapitalvernichtung in den Kriegen sank das Verhältnis auf 3:1; seit 1945 steigt es wieder an.

Das heißt, dass Vermögen, wenn sie nicht steuerlich belastet werden, sich von selbst so entwickeln, dass am Ende ein einzelner Mensch alles Vermögen besitzt und alle anderen gar nichts.

Inzwischen besitzen 45 Menschen in Deutschland so viel wie die ärmere Hälfte der gesamten Bevölkerung (Diekmann, 2018). Dieses Verhältnis gilt in etwa auch global: Schätzungen reichen von ca. 10 bis ca. 50 Superreichen, die so viel Vermögen haben wie die ärmere Hälfte der Menschheit (Oxfam, 2017).

Dadurch wächst auch der Anteil des Bruttosozialproduktes, der an Kapitalbesitzer fließt, auf Kosten der Lohnempfänger. Das lässt sich empirisch leicht zeigen: Während sich die Löhne (nominal, in Deutschland) zwischen 1950 und 2000 rund vervierfachten, stieg das

Geldvermögen um den Faktor 10–30 (je nach Berechnung und Bezugsjahr; Creutz, 2014, S. 137).
- Das wirkt sich z. B. im deutschen Gesundheitswesen aus. Da die gesetzliche Krankenversicherung ihre Einnahmen ganz überwiegend aus Löhnen und Gehältern (und nicht aus Kapitaleinkünften) bezieht, muss der Beitragssatz steigen, wenn die Lohnquote sinkt. Der Anstieg des GKV-Beitragssatzes von rund 11 % (1980) auf rund 15 % (2020) beruht also nicht etwa auf der Zunahme der Ausgaben (trotz demografischem Wandel und technischem Fortschritt!), sondern ganz überwiegend auf der sinkenden Lohnquote. Das hat übrigens der Ärztetag (1996) – der nicht im Verdacht steht, politisch „linke" Positionen zu vertreten – schon 1996 in seinem Beschlussprotokoll festgestellt: „Es hätte in diesem Zeitraum keine Steigerung der Beitragssätze in der GKV gegeben, wenn die Lohnquote konstant geblieben wäre"; und auch der Sachverständigenrat schloss sich einige Jahre später dieser Einschätzung an.
2. Vermögen verteilen Geld unbemerkt und ungesteuert von unten nach oben um. Der Zins, den ein Kapitalanleger erhält, steckt in der Realwirtschaft im Produktpreis. Bisher existieren wenige Schätzungen darüber, wie hoch dieser Anteil liegt; sie reichen von ca. 10–25 % der durchschnittlichen Produktpreise. Das heißt, bei jedem Kauf fließen 10–25 % des Kaufpreises vom Käufer an Kapitalgeber. Davon profitieren die reichsten 10 % der Bevölkerung, für die 80 % bezahlen (bei den restlichen 10 % verrechnen sich die Effekte zu null). Allerdings ist die Verteilung bei den reichsten 10 % sehr ungleich: Auch hier erhalten die Superreichen naturgemäß sehr viel mehr als die nicht ganz so Reichen (Schneegans, 2003).
3. Insbesondere Geldvermögen müssen irgendwie angelegt werden. Dafür gibt es grundsätzlich zwei Möglichkeiten: Sie können in Produktions- oder andere Anlagen fließen. In der Produktion erhöhen sie das Bruttosozialprodukt, bei Finanzanlagen den Preis der jeweiligen Güter (Aktien, Immobilien). Nebenbei bemerkt ist es inhaltlich nicht richtig, dass nur Preissteigerungen bei Konsumgütern als „Inflation" bezeichnet werden, während Preisanstiege bei Geldanlagen als „Wertsteigerung" betrachtet werden.

Eine zunehmend ungleiche Verteilung von Vermögen bewirkt eine Abnahme des Konsums, weil der ärmere und weiter verarmende Teil der Bevölkerung weniger Geld ausgeben kann; die Reichen können diesen Ausfall nicht durch Mehrkonsum ausgleichen (sie können, um zum Brotmodell zurückzukommen, auch nur eine bestimmte Anzahl an Broten pro Tag essen). Dadurch wird aber auch die Investition in produktive Verwendungen uninteressanter, weil es weniger Käufer für die Produkte gibt; ein Investor wird daher zögern, neue Produktionskapazitäten aufzubauen. Stattdessen investiert er z. B. in nichtproduktive Verwendungen, etwa Finanzanlagen. Tendenziell führt das zur Verringerung des Arbeitsangebotes, jedenfalls dann, wenn diese unproduktiven Verwendungen weniger Arbeit benötigen. Das ist z. B. der Fall, wenn Geld lediglich in den Kauf von Immobilien fließt (mit dem Ziel der „Wertsteigerung" dieser Immobilien), statt neue Häuser zu bauen.

Insgesamt führt also die Akkumulation von Kapital zum Rückgang des Angebots an Arbeit und damit zu steigender Arbeitslosigkeit. Freilich könnte man dies nur dann genau zeigen, wenn man auf einer funktionierenden Wirtschaftsanatomie aufsetzen könnte.

Solche nichtproduktiven Investitionen können unerwünschte Wirkungen haben, z. B., wenn gezielt Preise manipuliert werden, z. B. bei Immobilien, Aktien oder Devisen. Binswanger (2015) hat nachgewiesen, dass in den letzten Jahren die Zunahme der Geldmenge mit dem Kauf von Immobilien korrelierte, also (wahrscheinlich) das neu geschaffene Geld vor allem in den Kauf bereits existierender Immobilien floss.

4. Große Vermögen sind politisch kaum noch kontrollierbar; im Gegenteil hat sich der Kontrollfluss weitgehend umgekehrt. Bereits 1992 (am „Schwarzen Freitag") konnten Devisenspekulanten die *Bank of England* in die Knie zwingen. Faktisch haben Nationalstaaten die Kontrolle über ihre Währungen verloren. Erwünscht wäre aus gesellschaftlicher Sicht, dass die Zentralbanken regulierend in die Geldschöpfung der übrigen Geldinstitute eingreifen können.

Da inzwischen ganze Staaten untereinander um Kapital konkurrieren, besteht international ein Trend zu sinkenden Unternehmenssteuersätzen. Der durchschnittliche Unternehmenssteuersatz der 28

## 12 Wirtschaftliche Gerechtigkeitsfragen

EU-Mitgliedstaaten reduzierte sich zwischen 1996 und 2018 von 38 auf 21,3 % (bpb, 2019).

Die Finanzialisierung der Wirtschaft, also die Verschiebung der Gewinnerzeugung weg von produktiven Unternehmen hin zur Finanzwirtschaft führt zu merkwürdigen Folgen (Jenner, 2000):

„140.000 abhängig Beschäftigte der Gruppe Peugeot erwirtschafteten im ersten Halbjahr 1998 einen Gewinn von 2,2 Milliarden Francs oder 330 Millionen Dollar (bei einem Kurs von 6 Francs zu einem Dollar) – ein Rekorderfolg. Im gleichen Zeitraum brachten es aber ganze 340 Händler der Citibank mit ihren Devisenspekulationen zu einem Gewinn von 552 Millionen Dollar – pro Person entspricht dies einem 400 mal so großen Erfolg!

Reale volkswirtschaftliche Leistung und Einkommen auf ihre Kosten verhalten sich hier also wie 1 zu 400! Kein Wunder, daß die Spekulation ein exponentielles Wachstum verzeichnet, weil die reale Leistung unter diesen Bedingungen immer weniger zu motivieren vermag. … Die persönliche Leistung verschafft zunehmend weniger, das Vermögen zunehmend mehr Erfolg. Ohne den Eingriff der Gesellschaft muß dieses System an seiner Instabilität und den inneren Widersprüchen zerbrechen."

Die Firma Blackrock verwaltet aktuell (2020) ca. 8 Billionen Dollar. Sie ist u. a. bei der Hälfte der deutschen DAX-Unternehmen größter Einzelaktionär; bei Unternehmen, die in der gleichen Branche tätig sind, hat Blackrock wenig Interesse daran, dass sie heftig gegeneinander konkurrieren. Eine solche Konzentration führt tatsächlich nachweisbar zur Verringerung des Wettbewerbs.

Einflussreiche Politiker sind Angestellte des Unternehmens, z. B. der frühere britische Finanzminister G. Osborne oder der ehemalige CDU-Fraktionsvorsitzende F. Merz, der 2020 als Kanzlerkandidat auftrat. Osborne verschaffte der Branche nicht nur eine Steuererleichterung von jährlich rund 200 Millionen Euro, sondern brachte Altersersparnisse im Wert von 25 Milliarden Dollar in Bewegung, indem er während seiner Amtszeit als Minister dafür sorgte, dass Rentner ihre Rente nicht mehr in jährlichen Raten beziehen müssen, sondern sich nun die gesamte angesparte Summe auszahlen lassen und selbst anlegen können (Schumann & Simantke, 2018).

Im Übrigen bestimmen große Unternehmen wesentlich darüber, welche Art von Arbeit – welche Berufsfelder, in welcher Anzahl, an welchen Orten – es überhaupt gibt.
5. Schließlich können mit freiem Vermögen auch Unternehmen vernichtet werden. Zum Beispiel kann ein Investor unterbewertete Firmen kaufen und dann die verdeckten Vermögenswerte ausschlachten, z. B. Grundstücke und Immobilien verkaufen. Auch ist es bei Unternehmen, die einen relativ hohen Eigenkapitalanteil aufweisen, möglich, die Firma umsonst zu bekommen, wenn man den Kaufpreis „zeigen" kann: Der Käufer erwirbt die Firma und zwingt sie dann, ihm einen zinslosen Kredit in Höhe des Kaufpreises zu überweisen.

Ähnlich unerwünscht ist, wenn gemeinnützige, nicht gewinnorientierte Organisationen gekauft werden mit dem Ziel, durch Mitarbeiterentlassung den vorher nahe null liegenden Gewinn zu erhöhen und das so wertgesteigerte Unternehmen (das jetzt Gewinn macht) weiterzuverkaufen. Mitte der 2010er-Jahre war das ein typisches Geschäftsmodell bei Alten- und Pflegeheimen in Deutschland.

Leistungslose Einkommen sind schon an sich ungerecht, aber wenn Eigentümer großer Vermögen den anderen das Leben diktieren können, verschärft sich das Problem.
6. Die zunehmend ungleiche Vermögensverteilung wirkt auf die Gesellschaft. Sehr ungleich verteilte Vermögen erzeugen soziale Spannungen und Machtmissbrauch; außerdem sind solche Gesellschaften tendenziell unfriedlich (wie etwa der europäische Nationalismus und Militarismus der Vorkriegszeit). Um 1900 wurden in Frankreich 90 % aller Vermögen vererbt und 10 % erarbeitet; nach dem Krieg betrug das Verhältnis 50/50. Man konnte also durchaus ein Häuschen durch ehrliche Arbeit erwerben; in Kürze ist wieder ein Zustand erreicht, in dem man allenfalls durch Heiraten oder Erben wohlhabend wird (Piketty, 2014).

Auch historisch neigen Macht und Vermögen zur Akkumulation; nur größere Störungen wie Kriege oder Seuchen schwächen diesen Trend vorübergehend ab (Scheidel, 2017). Deutschland ist, was die Ungleichheit der Vermögensverteilung betrifft, derzeit etwa auf dem Niveau von Marokko (Sackmann, 2017).

## 12 Wirtschaftliche Gerechtigkeitsfragen

Zusammenfassend kann man feststellen, dass Vermögen dann gerecht sind, wenn sie leistungsgerecht sind. Empirisch ist zumindest ein Teil der großen Vermögen in diesem Sinne nicht gerecht:

- Alle Vermögen, die unehrlich erworben wurden oder bei deren Erwerb Dritte geschädigt werden (z. B. beim Ausnutzen von Monopolen) sind ungerecht.
- Die leistungslose Zunahme des Vermögens ist nicht gerecht, wenn sie dazu führt, dass Teile der Gesellschaft den Vorsprung der Vermögensbesitzer nicht mehr einholen können (das ist global betrachtet längst der Fall). Ein Verteilungssystem, das selbsttätig dazu führt, dass genau ein Mensch alles Vermögen besitzt und alle anderen gar nichts, ist offenbar ebenfalls ungerecht.
- Ungerecht ist auch der Machtzuwachs, der mit dieser Zunahme einhergeht.

Eine Vermögenssteuer ist dann gerecht, wenn sie die Umverteilung von unten nach oben (wie sie u. a. durch verdeckte Zinsen erfolgt) bremst und dabei nicht in gerade gerecht erworbene Vermögen eingreift. Es ist wie beim Ballastkiel, der ein Segelboot vor dem Kentern bewahrt: Bei geringer Auslenkung wirkt er kaum, aber je stärker die Schieflage wird, umso stärker richtet er das Boot auf.

Es ist auch nicht ungerecht, wenn Gesellschaften in das Eigentum ihrer Mitglieder eingreifen; insbesondere stimmt es nicht, dass jeder über sich selbst und seine Rechte völlig frei verfügen darf. Sonst wäre gegen einvernehmlichen Kannibalismus unter Erwachsenen nichts einzuwenden (eine Formulierung von M. Sandel (2013)); und es wäre auch schwer zu begründen, warum es verboten ist, sich selbst in die Sklaverei zu verkaufen. Tatsächlich verbieten die meisten entwickelten Gesellschaften aus guten Gründen ihren Mitgliedern, sich zu Sklaven zu machen oder töten und aufessen zu lassen.

Ein Sonderfall sind Erbschaften, weil sie mehrere Personen involvieren, bei denen die Gerechtigkeitstheorie unterschiedliche Ergebnisse liefert. Der Erblasser kann selbstverständlich mit seinem Geld machen, was er will, solange er niemandem schadet. Insbesondere kann er sein Vermögen auch verschenken oder vererben. Beim Erben stellt es allerdings leistungsloses Vermögen dar, mit allen oben genannten Problemen. Es gibt kein Recht, Familienangehörigen per wiederholter Vererbung und Zinseszins die uneinholbare Dominanz über ganze Gesellschaften zu verschaffen.

Gegen eine Erbschaftssteuer auf Unternehmen wird oft vorgebracht, dadurch würden die jeweiligen Unternehmen in ihrem Bestand gefährdet. Das ist offensichtlich Unsinn. Wenn beispielsweise im Erbfall 30 % des Unternehmenswertes vom Staat übernommen werden, dann muss dieser Wert nicht sofort in bar fällig sein. Man kann z. B. die Zahlung strecken (wie es beim Lastenausgleich nach dem Zweiten Weltkrieg tausendfach erfolgreich praktiziert wurde) oder in eine (möglicherweise stille) Beteiligung umwandeln.

Inwieweit eine gerechte Vermögensverteilung in die Eigentumsordnung als solche eingreift, also den Begriff des „Eigentums" verändert, lässt sich ohne funktionierende Anatomie der Wirtschaft kaum sagen. So gibt es Güter, deren Produktion und Verteilung in der gegenwärtigen kapitalistischen Wirtschaftsverfassung gut funktioniert (z. B. die Brotversorgung), während andere knapp sind (z. B. Mietwohnungen in Ballungsgebieten). Ob bei manchen Gütern Veränderungen der Eigentumsstruktur der Güter selbst oder ihrer Produktions- und Verteilungsweise (z. B. durch genossenschaftliches Eigentum) zu besseren Ergebnissen führen, lässt sich nicht pauschal sagen, sondern muss für jeden gestörten Markt (jedes „Organsystem" mit seiner jeweiligen „Krankheit") spezifisch ermittelt werden.

**Exkurs: Der Eigentumsbegriff**

Die Diskussion über „Eigentum" ist ähnlich alt und verwickelt wie die der Gerechtigkeit, lässt sich aber ebenfalls lösen. (Eine gute Übersicht bieten Eckl und Ludwig (2005)).

Platon (in seinem Spätwerk Nomoi, Gesetze) und Aristoteles haben sich ebenso dazu geäußert wie zeitgenössische Autoren, z. B. Nozick und Rawls. „Eigentum" ist ein wichtiges Thema in vielen philosophischen, sozialen bzw. soziologischen, rechtlichen und politischen Zusammenhängen.

Dabei standen folgende Fragen im Vordergrund: Wie wird Eigentum erworben? Begründet Eigentum Verpflichtungen anderen gegenüber? Sollen Produktionsmittel (in der Antike: Boden) in beliebigem Ausmaß Privateigentum sein oder gibt es dafür Grenzen? Ist Eigentum eine Eigenschaft des jeweiligen Gegenstandes?

## 12 Wirtschaftliche Gerechtigkeitsfragen

Die letzte Frage führt auf die Spur zur Lösung. Eigentum bezieht sich zwar auch auf Gegenstände, aber nicht nur; es regelt, wer diese Gegenstände für welche Zwecke nutzen darf, und zwar gegenüber anderen. Das macht man sich leicht klar, wenn man sich überlegt, dass „Eigentum" für einen Einzelnen keine Bedeutung hat. Wenn ich auf einer einsamen Insel alleine bin, kann ich alle Gegenstände zu meinem Eigentum erklären, aber das ändert – nichts.

„Eigentum" beschreibt also, welche Rechte mir zugeteilt werden im Bezug auf die jeweiligen Güter und andere Menschen. Damit greifen wieder die (naturwissenschaftlichen) Prinzipien der Verteilung.

Eigentum wird durch Leistung erworben. Wer einen Gegenstand herstellt oder auf andere Weise Arbeit aufwendet, um ihn zu verbessern, erwirbt Eigentum daran. (Darüber besteht auch in der Philosophiegeschichte weitgehend Einigkeit.) Ungerecht ist es hingegen, wenn jemand seine Macht missbraucht, um das Resultat fremder Leistung an sich zu reißen, also Eigentumsrechte durchzusetzen. Auch das Ausnutzen eines Informationsvorsprungs oder extremer Knappheit (z. B. in Form von erpresserischen Preisen) ist ungerecht. Gesellschaften behalten sich in der Regel vor, solches Eigentum zu entziehen.

Dass Eigentum sich auf die Nutzung von Gegenständen vis-à-vis anderer bezieht, bedeutet auch, dass es selbstverständlich sozial verpflichtet. Hier greift die Bedarfsregel. Angenommen, jemand muss dringend in eine Klinik transportiert werden: Dann darf ein zufällig anwesender Autofahrer sich nicht darauf berufen, dass sein Fahrzeug sein Eigentum ist, über das nur er selbst verfügen dürfe. Auch darf (das hat schon Fichte gesehen) niemand sterben, weil er zu wenig Eigentum abbekommt; diejenigen, die in solchen Fällen zu viel haben, verlieren ihre Eigentumsrechte. Insofern liegt Nozick falsch, wenn er behauptet, dass Eigentum nur freiwillig übertragen werden dürfe. Auch hier „sticht" der Bedarf die Leistung.

Schließlich impliziert die Begründung von Eigentum durch Leistung auch, dass Eigentum nicht leistungslos erworben wird. Das erklärt auch, warum alle monotheistischen Religionen, aber auch Aristoteles und alle Kirchenväter dem Zins kritisch gegenüberstehen. Wenn sich jemand an einem Vorhaben beteiligt und dafür eine Leistung erbringt (auch in Form von Risiko, das er übernimmt), erwirbt er Eigentum. Anders ist es, wenn jemand leistungsloses Einkommen (und damit Eigentum) erwirbt – z. B., weil er als Einziger über Kapital verfügt, das er selbst gar nicht benötigt, aber so lange hortet, bis andere darauf angewiesen sind, und dessen Einsatz er sich vergüten lässt, obwohl für ihn kein Risiko entsteht.

## 12.2.2 Gehälter – gibt es einen gerechten Lohn?

Gehälter sind genau dann gerecht, wenn sie leistungsgerecht sind: gleicher Lohn für gleiche Arbeit. Das spielt z. B. eine Rolle bei der Vergütung von Männern und Frauen, die zumindest bei gleicher Tätigkeit auch das gleiche Gehalt beziehen sollen. Zugleich müssen Gehälter den Lebensbedarf der Empfänger decken, wenn sie keine anderen Einkünfte haben.

In einem neoklassischen Modell sind sie Gehälter von selbst „gerecht": Denn Gehälter bilden genau wie Preise die Bedürfnisse der Marktteilnehmer und die Knappheit von Gütern ab. Jeder bekommt genau das, was er verdient.

In der Realität sieht es anders aus. Eine 45-jährige, talentierte und fleißige Mitarbeiterin einer Reinigungsfirma kann, auch wenn sie schlecht bezahlt und behandelt wird, nicht ohne Weiteres zum Fußballprofi umschulen.

Tatsächlich bestimmen sich Gehälter – wie Preise – durch ganz unterschiedliche Gründe, je nach historischem, geografischem, sozialpsychologischem, ökonomischem und kulturellem Kontext, wie man leicht an Beispielen sieht:

- Dass auch in der Realität leistungsgerechte Löhne angestrebt werden, lässt sich leicht zeigen. So wird innerhalb von Unternehmen bis etwa zur Ebene des mittleren Managements durchaus versucht, „gerechte" Gehälter zu zahlen. Vorgesetzte bemühen sich (meist), Mitarbeitern mit vergleichbarer Leistung auch gleiche Löhne zu verschaffen. Dass das nicht immer gelingt, dürfte eine der Ursachen sein, dass Mitarbeitern in vielen Unternehmen untersagt ist, über ihre Löhne zu sprechen. Bei der Verhandlung von Tarifvereinbarungen zwischen Gewerkschaften und Arbeitgebern ebenso wie im öffentlichen Dienst werden ebenfalls Mitarbeiter nach Lohngruppen eingeteilt, damit sie „gerechte" Löhne erhalten.
- Allerdings gibt es Einflüsse, die die Lohngerechtigkeit verzerren. Dass das Gehalt eines indischen Busfahrers etwa ein Fünfzigstel von dem beträgt, was sein schwedischer Kollege erhält, liegt nicht daran, dass er schlechter fährt, und bei vergleichbaren Bussen auch nicht an geringe-

rer Produktivität, sondern daran, dass das Lohnniveau insgesamt in Indien sehr viel niedriger ist (was mit Kapitalmangel und kolonialer Ausbeutung zu tun hat).
- Die meisten Menschen wollen arbeiten, und ohne ausreichendes Vermögen müssen sie es auch. Zwar unterstützen westliche Gesellschaften Arbeitslose, halten Arbeitsfähige aber auch zur Arbeit an. Wenn nun Arbeitsfähige nur bestimmte Arbeiten annehmen können, z. B., weil sie für andere nicht qualifiziert sind, dann kann es sein, dass – genügend Arbeitssuchende vorausgesetzt – diese Tätigkeiten schlecht bezahlt werden. – Das betrifft häufig einfache und nicht sehr angesehene Arbeiten („Putzen"): Wahrscheinlich wären die Löhne höher, wenn jeder die Wahl hätte, ob er diese Arbeit annimmt oder nicht.
- Löhne reagieren auf Veränderungen in der Firmenlandschaft. Wenn ein Mitarbeiter einen Karrierepfad gewählt hat, bleibt er meist daran gebunden – auch dann, wenn der Pfad verschwindet. Mitarbeiter von Reisebüros beispielsweise spüren deutlich, wenn ihre Arbeitsstellen von Internetunternehmen verdrängt werden.

Insgesamt mischen sich bei der Lohnfindung Gerechtigkeitsüberlegungen mit ganz zufälligen Einflüssen. Offensichtlich ist das Ergebnis aus Sicht der Gerechtigkeit unterschiedlich gut.

Von gerade empörender Ungerechtigkeit erscheinen manche Gehälter im Topmanagement und in einzelnen Branchen. Beispielhaft wurden bereits erwähnt Joe Cassano, der 300 Millionen Dollar mit dem Untergang der AIG verdiente, und Paul Singer, der sich an Entwicklungshilfegeldern bediente. Die Aufarbeitung der Finanzkrise beschreibt J. Berger (2020) so:

> „Mit der Einstellung der Verfahren gegen den ehemaligen Hypo-Real-Estate-Chef Georg Funke und seinen Finanzvorstand Markus Fell gegen geringe Geldstrafen ist die Aufarbeitung der wohl spektakulärsten deutschen Pleite während der ‚Finanzkrise' durch die deutsche Rechtsprechung abgeschlossen. Bis auf den Revisionsprozess gegen die HSH-Nordbank-Manager sind bislang sämtliche Prozesse mit Freisprüchen oder sehr milden Strafen ausgegangen. Obgleich es unstrittig ist, dass zahlreiche Banker mit hoher krimineller Energie Kollegen, Anleger und Aufsichtsbehörden

täuschten und der Schaden alleine für den deutschen Staat bei mindestens 40 Mrd. Euro liegt, musste kein einziger Banker ins Gefängnis. Doch Deutschland ist nicht alleine. Auch in Großbritannien kam es zu keiner einzigen Haftstrafe, in den USA musste ein einziger Abteilungsleiter hinter Gitter. Das Strafgesetz ist heute offenbar in fast allen westlichen Ländern nicht mehr in der Lage, komplexere Finanzstraftaten zu ahnden. Eigentlich müsste man aus diesem Staatsversagen ja Schlüsse ziehen, doch das Gegenteil ist der Fall.

Die Manager der Münchner Hypo Real Estate machten aus einer ehemals soliden Immobilienbank die zeitweise ‚renditestärkste' Investmentbank Deutschlands. Möglich wurde dies durch ein Schneeballsystem, bei dem Risiken grob falsch bewertet und verschleiert wurden. Nach dem Lehman-Kollaps drohte das System zu implodieren und die Gläubiger, allen voran die Deutsche Bank, konnten den damaligen Finanzminister Steinbrück davon überzeugen, die Risiken der Pleitebank zu übernehmen. Die Verluste für den Steuerzahler summieren sich bis heute auf mindestens 29,2 Mrd. Euro. Dennoch wurde kein einziger involvierter Banker verurteilt. Gegen Gerhard Bruckermann, der als ehemaliger Chef der Depfa für die manipulierten Bilanzen mitverantwortlich ist, wurde noch nicht einmal Klage erhoben – laut Manager Magazin ist er mit seiner Prämie in Höhe von 120 Millionen Euro in einem ‚Schweizer Nobelort untergetaucht'. Gegen den gesamten HRE-Vorstand wurde Klage erhoben. Die Verfahren gegen sechs weitere Vorstände wurden 2016, eineinhalb bzw. zweieinhalb Jahre vor der Verjährung der Straftaten gegen Geldstrafen zwischen 30.000 und 80.000 Euro eingestellt.

Nur gegen die Hauptangeklagten Funke und Fell wurde überhaupt der Prozess eröffnet – am 20. März 2017, genau ein Jahr vor Verjährung der ‚vermeintlich' falschen Bilanzen aus dem Jahr 2007 und eineinhalb Jahre vor der kompletten Verjährung. Die Staatsanwaltschaft hat es also in neun Jahren nicht geschafft, die kompletten Daten auszuwerten und eine tragfähige Anklage auf die Beine zu stellen. Wahrscheinlich stand ihnen nur eine Halbtagsstelle zur Verfügung. Die Richter am Münchner Landgericht waren – Prozessbeobachtern zufolge – mit der komplexen Materie rund um die Fragen internationaler Bankenbilanzierungsregeln komplett überfordert und der vom Gericht beauftragte Sachverständige kapitulierte ebenfalls, da noch sehr viele Zeugen hätten vernommen werden müssen. Nun, dazu hatte man zwar zehn Jahre Zeit, aber wenn das Hauptverfahren erst kurz vor Toresschluss mit Personal eröffnet wird, das sich sonst um

## 12 Wirtschaftliche Gerechtigkeitsfragen 235

Gebrauchtwagenhändler oder Handwerker kümmert, ist es wohl nicht erstaunlich, dass die Münchner Justiz derart kläglich versagt hat. Georg Funke muss nun 18.000 Euro Strafe bezahlen. Bei der HRE hat er in seinem letzten Jahr 3,1 Millionen Euro verdient und die Bank nach seinem Rauswurf auch noch auf 12 Millionen Euro Schadensersatz verklagt."

Unvergessen sind auch die Ereignisse um die Mannesmann-Übernahme durch Vodafone, als der Mannesmann-Vorstand seinen Widerstand gegen die Fusion aufgab und 30 Millionen Euro erhielt. Der *Tagesspiegel* schrieb: „Der Name Vodafone steht für maßlose Gier, eitle Arroganz, Verachtung des Rechtsstaats, Verhöhnung der Gesellschaft" (Maroldt, 2004).

Ein weiteres Gerechtigkeitsproblem besteht darin, dass die Einkommensverteilung mit der Zeit tendenziell ungleicher wird. In den USA hat sich der Anteil des einkommensstärksten Hundertstels an der gesamten Lohnsumme seit den 1970er-Jahren (bis 2012) von 5 % auf 10 % verdoppelt (Piketty, 2014). Ähnliche Entwicklungen gab es in den anderen angelsächsischen Ländern und auch in Westeuropa, dort allerdings zeitlich verzögert. Auch sonst fallen sicher jedem Leser Menschen ein, die unangemessen viel oder wenig verdienen.

Grundsätzlich ließen sich über Steuern leistungsgerechte Gehälter durchsetzen. Die Steuer sollte dann so wirken, dass das tatsächliche Einkommen der jeweiligen Leistung entspricht („Leistung muss sich lohnen"). – Ein Beispiel verdeutlicht, was gemeint ist: Angenommen, zwei Spitzensportler trainieren gleich hart, aber einer von ihnen hat das Glück, dass er den idealen Körperbau für seinen Sport hat, und erzielt damit ein Einkommen von über 200 Mio. Euro pro Jahr, während der andere bei 10 Mio. Euro liegt. Gerecht wäre, beiden die erarbeiteten 10 Mio. zu belassen und die bloß durch Glück erworbenen überschüssigen 190 Millionen des ersten hoch zu besteuern (selbst in den USA lag der Spitzensteuersatz während und nach dem Zweiten Weltkrieg über 80 %). – Steuerflucht ist ein weiteres Gerechtigkeitsproblem, das ich hier nur erwähne.

Leider gibt es sehr wenige wissenschaftliche Untersuchungen über die Gerechtigkeit (oder Ungerechtigkeit) von Löhnen und Gehältern. Das ist zunächst überraschend, denn immerhin hängt das Leben vieler Menschen von Löhnen und Gehältern ab; und es ist ja prinzipiell durchaus möglich, die Leistung von Menschen zu messen und unterschiedlichen Vergütungen gegenüber zu stellen. Das heißt, wenn man (i) weiß, was gerecht ist, und (ii) Leistung und Löhne messen kann, muss man gerechte Löhne nur wollen.

Allerdings können neoklassische VWL-Autoren (und damit der Hauptstrom der Wirtschaftswissenschaften), wie gesehen, keine Gerechtigkeitsüberlegungen anstellen, weil in ihren Modellen kein Platz dafür ist; und soziologische Untersuchungen werden von Ökonomen als fachfremd zurückgewiesen.

Selbst betriebswirtschaftlich orientierte Untersuchungen über „Management" gehen in aller Regel von einem wenig reflektierten Begriff der „Arbeit" aus. In führenden BWL-Büchern wird zwar Arbeit „gemanagt", es wird aber nicht einmal definiert, was „Arbeit" ist.

Dabei weist „Arbeit" in der Realität einige interessante und untersuchungswürdige Eigenschaften auf: Sie erzeugt z. B. zugleich „Sinn", aber auch „Arbeitsleid". Viele Menschen definieren sich über ihre Arbeit; sie „brauchen" Arbeit und sind daher bereit, sie zur Not auch unter Wert anzubieten. Verschiedene Arten von „Arbeit" unterscheiden sich sehr, sowohl in finanzieller Sicht, aber auch im Hinblick auf Sinnstiftung, je nachdem, ob jemand als Rechtsanwältin, Sexarbeiter oder Mechatroniker arbeitet. Auch hat sich das, was man mit „Arbeit" verbindet, über die Zeit geändert; in der Antike waren nur Landwirtschaft und Politik eines Freien würdig; heute definieren sich die meisten Menschen wesentlich über ihren „Beruf", der manchen zugleich „Berufung" ist.

Bedenklich ist es daher, wenn selbst Studiengänge zunehmend dem Ziel der „Employability" dienen, also der Verwertung von Arbeitskraft, und nicht mehr (wie bei Humboldt) dem Ideal, Fähigkeiten und Persönlichkeit des Studierenden zu bilden, sodass er die Welt besser versteht (Humboldt: „sich anverwandelt") und sich darin zurechtfindet, was kritische Reflexion einschließt.

Anarchisten merken zu Recht an, dass auch andere Verfahren der Arbeitsverteilung denkbar sind als die gegenwärtigen: Warum muss man eigentlich immer fremdbestimmt arbeiten? Warum hängt es von den Zufälligkeiten von Geburt und Markt ab, welche Tätigkeiten man ausüben darf? Wäre es nicht gerecht, wenn alle die gleichen Chancen hätten, das zu tun, was sie für richtig halten – und nicht nur die, die es sich leisten können, so zu leben, wie sie wollen? Wenn man dieser Überlegung folgt, scheint ein bedingungsloses Grundeinkommen naheliegend und richtig. – Ob überhaupt alle tatsächlich verrichtete Arbeit notwendig ist oder ob man auf manche nicht besser verzichtete, ist ebenfalls offen.

Märkte können, wie gesehen, Arbeit weder „sinnvoll" noch „gerecht" verteilen, denn „Sinn" und „Gerechtigkeit" sind keine Kategorien der unsichtbaren Hand. Sie können auch nicht unnötige Arbeit reduzieren; das müssen schon politische Gremien tun, z. B. durch eine international abgestimmte Reduktion der Arbeitszeit.

**Gehälter und Vertragsfreiheit**
Unabhängig von der Leistungsgerechtigkeit der Gehälter greift aber auch die Regel: Verträge sind zu halten. Da Arbeitnehmer und Arbeitgeber die Freiheit haben, unterschiedliche Vergütungen zu verhandeln, besteht grundsätzlich die Möglichkeit, dass ungerechte Arbeitsverträge entstehen, die dann – als Verträge – befolgt werden müssen.

Dabei ist im Zweifel der Arbeitgeber in der günstigeren Position: Er kann auf Angestellte verzichten, aber der Arbeiter braucht eine Arbeit, um seinen Lebensunterhalt zu verdienen. Das schlägt sich darin nieder, dass Arbeitgeber nur dann einstellen, wenn sie davon ausgehen, dass die Erlöse, die der jeweilige Mitarbeiter produziert, höher sind als sein Lohn.

Häufig wird argumentiert, dass der Arbeitgeber das unternehmerische Risiko trage; zumindest bei größeren Unternehmen ist aber kaum zu sehen, dass jemand eingestellt wird, der weniger als sein Gehalt einbringt (also ein Risiko verursacht).

In westlichen Ländern hat die Arbeiterbewegung etwa seit Mitte des 19. Jahrhunderts eine Verbesserung der Situation der Arbeiter erstritten, z. B. das Recht auf Arbeitsschutz, auf die Mitgliedschaft in Gewerkschaften, auf Mindestlöhne, u. v. m. Auch sonst schränken Gesellschaften wie bei allen Verträgen die Vertragsfreiheit ein (Verbot des Verstoßes gegen die guten Sitten; Verbot der Diskriminierung von Minderheiten usw.).

**Exkurs: Bedingungsloses Grundeinkommen**

Beim bedingungslosen Grundeinkommen (bG) scheiden sich die Geister; und es scheint auf den ersten Blick, als ob Befürworter bzw. Gegner unterschiedliche Vorstellungen darüber hätten, was „gerecht" ist. Tatsächlich handelt es sich um ein sehr schönes Beispiel, um zu zeigen, wie das Gerechtigkeitsmodell (mit den Elementen Bedarf, Leistung und Vertrag) die Diskussion erhellt.

Sowohl Befürworter als auch (fast) alle Gegner des bedingungslosen Grundeinkommens stimmen darin überein, dass jemand, der nicht selbst für seinen Lebensunterhalt und eine Mindestform an Teilhabe sorgen kann, Anspruch auf Unterstützung hat. Insofern zweifelt (fast) niemand daran, dass es gerecht ist, in solchen Fällen Sozialhilfe (oder ähnliche Leistungen) zu gewähren.

Unterschiedlich sehen sie hingegen die Frage, ob dieser Anspruch (durch Bedarf) auch dann gilt, wenn jemand für sich selbst sorgen kann. Denn „Bedarf", der „Leistung" sticht, setzt voraus, dass jemand in Not ist. Wer sich selbst helfen kann, soll das auch tun.

Befürworter des bedingungslosen Grundeinkommens verweisen darauf, dass alle Arbeitnehmer insofern „in Not" sind, als sie ihre Arbeit verkaufen müssen, um an Geld zu kommen. Wenn nicht genügend Arbeit zur Verfügung steht, kann der Bedarf hart sein. Im Übrigen halten sie den Kontrollaufwand, ob jemand arbeitsfähig ist, für ineffizient – er kostet möglicherweise mehr, als die Arbeit solcherart „Ertappter" wert ist.

Gegner des bedingungslosen Grundeinkommens hingegen meinen, dass in Deutschland aktuell genügend zumutbare Arbeit vorhanden sei und dass das bG zu einem Wohlfahrtsverlust führt, weil dann der Druck zur Arbeit nachlässt und möglicherweise nicht mehr genügend Arbeit angeboten wird.

Im Ergebnis unterscheiden sich die Gerechtigkeitsvorstellungen nicht; unterschiedlich ist die Einschätzung von Sachfragen (die prinzipiell geklärt werden können – die Diskussion wird dadurch erheblich verbessert): Gibt es genügend zumutbare Arbeit für alle? Wie effizient ist die Überprüfung der Arbeitsbereitschaft Bedürftiger? Wie wirkt sich ein bG auf das Arbeitsangebot aus?

### 12.2.3 Sozialleistungen – Beispiel Kindergeld

Sehr nützlich ist die Anwendung des Gerechtigkeitsmodells auf sogenannte Sozialleistungen, z. B. das Kindergeld. Es handelt sich hier weniger um eine Frage des „Bedarfs", sondern der „Leistung" (d. h., Kindergeld wird gerechterweise nicht deshalb gewährt, um den Bedarf von

## 12 Wirtschaftliche Gerechtigkeitsfragen

Familien zu decken, sondern deshalb, weil sie eine Leistung erbringen). Eine Gesellschaft ohne Kindergeld wäre sehr ungerecht, wie man sich leicht an einem Beispiel klarmacht. Angenommen, es gäbe nur zwei Arten von Familien: solche mit und solche ohne Kinder. Dann würden die Familien mit Kindern die Kosten der Kindererziehung alleine tragen. Arbeitende Familienangehörige bezahlen sowohl für ihre Kinder als auch für die Renten der Kinderlosen. Die Kinderlosen sparen den Aufwand der Kinderbetreuung, erhalten aber ihre Rente von den dann erwachsenen Kindern der anderen.

Gerecht wäre, die Kosten der Kindererziehung genau auszugleichen. Das heißt, ein gerechtes Kindergeld entspricht genau den Kosten, die aufgrund der Kindererziehung anfallen (Wohnen, Nahrung, Bildung und Freizeit etc.). Dabei müssten nicht nur das Kindergeld, sondern auch sonstige Vorteile berücksichtigt werden (z. B. Rentengutschriften). Diese Berechnung für eine einigermaßen repräsentative Auswahl an Bürgern verschiedener sozioökonomischer Status wäre relativ simpel durchzuführen (wenn der politische Wille bestünde).

Gegner eines gerechten Kindergeldes könnten einwenden, dass die Familien mit Kindern dann keine Mehrkosten mehr tragen, dafür aber die Freude an den Kindern haben. Das Argument geht fehl, denn es steht ja jedem frei, Kinder zu haben oder nicht. Es werden nur nicht mehr diejenigen, die Kosten haben, damit später auch andere Menschen Renten erhalten, zusätzlich finanziell belastet.

Das gilt auch für ungewollte Kinderlosigkeit: Denn die Betroffenen zahlen zwar für die Kinder anderer, erhalten aber später auch ihre Rente aus deren Arbeitserträgen.

Allerdings könnte man ungewollte Kinderlosigkeit als Nachteil betrachten und daraus einen gerechten Ausgleich ableiten; dieser beruht dann aber nicht auf „Leistung", sondern auf „Bedarf". Wenn z. B. ungewollt Kinderlose unter der Situation leiden, haben sie Anspruch auf geeignete Behandlung. – Dahinter steckt die Ungerechtigkeit der Natur, die Intelligenz, Schönheit und andere Fähigkeiten sehr ungleich verteilt; Gesellschaften geben sich viel Mühe, dies im Leben auszugleichen (z. B. durch die Missbilligung protzigen Auftretens, höfliche Rücksichtnahme usw.).

Ich werde auf weitere Themen, z. B. die Arbeitslosenunterstützung, nicht weiter eingehen; aber die Anwendung der oben hergeleiteten Gerechtigkeitsprinzipien gelingt auch hierzu ganz analog.

### 12.2.4 Responsivität – Sind Demokratien immer repräsentativ?

Ein relativ neues Untersuchungsgebiet ist die sogenannte Responsivität. Vergleicht man die Meinung der Bevölkerung, die man vor Gesetzesvorhaben befragt, gestaffelt nach sozioökonomischem Status, mit tatsächlich im Parlament getroffenen Entscheidungen, dann findet sich empirisch eine Übereinstimmung zwischen der Meinung der wohlhabenden Minderheit und dem Parlament, aber nicht zwischen der Mehrheit der Bevölkerung oder gar der ärmeren Schicht (Elsässer et al., 2016). Da vor dem Gesetz alle gleich sein sollten und da auch nicht zu erkennen ist, warum die Interessen reicher Bürger grundsätzlich mehr politisches Gewicht haben sollten als diejenigen Armer, ist diese Ungleichbehandlung ungerecht.

Die häufig auf Tocqueville zurückgeführte Befürchtung, dass es in einer parlamentarischen Demokratie zu einer „Tyrannei der Mehrheit" komme, weil durch Gleichmacherei individuelle Freiräume verloren gingen, bestätigt sich gerade nicht. Es ist empirisch genau umgekehrt: Ökonomisch werden Einkommen und Vermögen von unten nach oben umverteilt, und politisch setzen Wohlhabende ihre Vorstellungen durch.

### 12.2.5 Wissenschaft und Leistung

Schon Aristoteles hat darauf hingewiesen, dass nicht nur Güter, sondern auch Ehrungen verteilt werden, und zwar nach Leistung. Ein besonders wichtiger Bereich ist die Wissenschaft.

Einer der Hauptgründe für den Fortschritt Europas seit dem frühen Mittelalter dürfte die institutionelle Verankerung von Forschung und Lehre in den mittelalterlichen Universitäten gewesen sein. Aktuell beansprucht die Wissenschaft die Deutungshoheit über alle wesentlichen

Fragen; zugleich lädt sie sich, wie H. Poser (2001) es nennt, metaphysisch auf, indem sie Verbesserung der Lebensumstände verspricht. Umso schwerer wiegt es, wenn sie versagt.

R. Münch (2011) hat gezeigt, wie die zunehmende Drittmittelorientierung Wissenschaftler vom eigentlichen Zweck der Wahrheitsfindung zur bloß profitsteigernden Forschung treibt.

Tatsächlich sind die Wirtschaftswissenschaften dafür besonders gefährdet, weil sie keine Anatomie bzw. Physiologie haben, aufgrund deren man den Wahrheitsgehalt ihrer Aussagen messen könnte. Der Ansatz der herrschenden Neoklassik (das Homo-oeconomicus-Modell, der vollkommene Markt usf.) ist, wie in Kap. 1 gezeigt, spekulativ; es gibt keine Möglichkeit, zu entscheiden, was in der Realität stimmt. Die Neoklassik ist daher auch anfällig für interessengetriebene Desinformation.

Das gilt auch für die Betriebswirtschaftslehre, die eine Reihe von Annahmen von der älteren VWL übernommen hat. So nehmen BWLer (meist) an, dass Spitzengehälter die tatsächliche Leistung der Empfänger widerspiegeln; entsprechend muss jemand, der viele Millionen Dollar jährlich erhält, auch so viel wert sein, also auf genialische Weise den Unternehmenswert vergrößern. Entsprechend suchen 40(!) % der Leadershipuntersuchungen in führenden Managementjournals die Begründung des Unternehmenserfolgs in Eigenschaften der Leader (und nicht in Marktstrukturen, zufälligen Entwicklungen, z. B. Erfindungen, in Rahmenbedingungen usf.). Eine geradezu gruselige Zusammenstellung inhaltlich falscher bis hin zu platt gefälschten Forschungen bietet Tourish (2019); analog für die VWL Orrell (2010).

Das ist in der Medizin anders. Möglicherweise würden auch medizinische Forscher zur Erlangung von Drittmitteln mehr lügen, wenn sie könnten. Ihr „Problem" ist, dass ihre Befunde relativ leicht nachprüfbar sind (der Patient merkt schließlich schnell, was ihm hilft), weshalb es riskant ist, bewusst die Unwahrheit zu vertreten.

Ein bekanntes Beispiel für interessengeleitete ökonomische Aussagen betrifft die Frage, ob Rentenversicherungen kapitalgedeckt oder umlagefinanziert sein sollten. Momentan funktioniert die Rentenversicherung in Deutschland überwiegend nach dem Umlageverfahren, d. h., die aktuell Arbeitenden zahlen die Rente der früheren Arbeiter und Angestellten.

Ein häufiges Argument für Kapitaldeckung lautet, dass die Rentner sich damit besser stehen, weil ihre Rente anwachse, im Gegensatz zur umlagefinanzierten Rente.

Dieses Argument ist nützlich für Unternehmen, die Kapital verwalten, denn eine Umstellung der Rente würde zu einer massiven Zunahme ihrer Umsätze und Gewinne führen. Es ist aber inhaltlich falsch, wie man sich leicht klarmacht. Angenommen, das Bruttosozialprodukt pro Kopf nimmt real innerhalb von 30 Jahren um 25 % zu. Rentenbeitragssatz und Lohnquote bleiben konstant. Dann erhalten Arbeitnehmer pro Kopf real 25 % mehr Güter und die Rentner ebenfalls. Man nennt das auch die Sozialrendite. Weiter angenommen, dass Kapital im gleichen Zeitraum so verzinst wird, dass es ebenfalls um 25 % wächst, dann ist es für den Rentner ganz gleich, ob er seine Rente umlage- oder kapitalgedeckt erhält.

Bei anderen Rahmenbedingungen (in Abhängigkeit von Kapitalstock, Bruttosozialprodukt, Lohnquote usw.) könnte auch es passieren, dass Rentner sich mit Kapitaldeckung besser oder auch schlechter stehen als mit dem Umlageverfahren. Was in der Realität tatsächlich passiert, könnte man nur vorhersagen, wenn man eine funktionierende Anatomie der Wirtschaft hätte. Jedenfalls ist es falsch, dass Kapitaldeckung *immer* besser wäre.

Es ist auch falsch, dass Kapitaldeckung demografiefest wäre (wie oft behauptet wird). Die entsprechenden Berechnungen sind etwas komplizierter, aber die Logik des Gegenbeweises macht man sich klar, wenn man annimmt, dass aufgrund des demografischen Wandels nur noch ein sehr geringes Bruttosozialprodukt erwirtschaftet wird, das zur Verteilung auf sehr viele Rentner zur Verfügung steht (ich lasse Importe aus dem Ausland der Einfachheit halber außer Betracht). Dann nützt das Kapital der kapitalgedeckten Renten wenig, denn es kann ja nur das an Dienstleistungen und verderblichen Gütern verteilt werden, was im jeweiligen Jahr erwirtschaftet wurde. Wenn es zu wenig Brot gibt, hungern die Rentner unabhängig davon, ob sie mit ihren Renten oder mit ihrem Kapital darum konkurrieren. Nur sehr langlebige Güter (z. B. Wohnungen) kann man demografiefest anlegen.

K. G. Zinn (2006) zeigte sehr deutlich, wie Wirtschaftswissenschaft „gemacht" wird:

„Ende der sechziger Jahre, also zur Zeit der Dollar-Krise und des sich abzeichnenden Auslaufens der Nachkriegsprosperität, geriet der Keynesianismus in die Defensive. Der Hauptvorwurf an seine Adresse lautete, er sei ungeeignet, die Inflation zu bekämpfen, trage vielmehr durch seine Interventionen gerade zur Instabilität der gesamtwirtschaftlichen Entwicklung bei. Unter dem Namen ‚Monetarismus' trat die Orthodoxie zur Gegenrevolution an und bewirkte schließlich die Renaissance der Vormachtstellung der klassischen Wirtschaftslehre ... Die Propagierung der neuen Orthodoxie glich einer breiten, strategisch angelegten Meinungsoffensive. Nicht zufällig wurde 1968 von der Schwedischen Reichsbank in Abstimmung mit der Schwedischen Akademie der Wissenschaften eine hoch dotierte Auszeichnung für Wirtschaftswissenschaftler geschaffen, der von den Massenmedien die prestigehaltige, aber unzutreffende Bezeichnung ‚Nobelpreis' für Wirtschaftswissenschaft gegeben wurde. Doch es handelt sich nicht um einen ‚Original-Nobelpreis' wie für Friedenseinsatz, Literatur, Medizin, Physik oder Chemie, sondern um einen von der Schwedischen Reichsbank finanziell dotierten ‚Gedächtnispreis' für Nobel, eben nur um einen so genannten ‚Nobelpreis'. Wie hätte das auch anders sein können: Alfred Nobel (1833–1896) war 1968 bereits seit 72 Jahren tot. Dieser Preis für Wirtschaftswissenschaftler kam auf Initiative von Leuten zustande, die mehrheitlich zur neoliberalistischen Schule gehören und dem (schwedischen) Wohlfahrtsstaat kritisch bis feindlich gegenüber stehen ... Der größte Teil der bisherigen Preisträger jener Reputation schenkenden Auszeichnung für Wirtschaftswissenschaftler gehört denn auch dem konservativ-liberalistischen Lager an. Die Stiftung dieser Auszeichnung für Ökonomen durch die Schwedische Reichsbank steht in dem größeren Zusammenhang der ideologischen Strategie des Neoliberalismus, die Freiheit im und für den Kapitalismus global zu sichern."

Was von Hayek und Lucas zur Gerechtigkeit sagten – dass es sie nicht gebe und dass die Beschäftigung mit ihr gefährlich sei –, ist schlicht falsch. Das hinderte nicht, dass sie den Nobelpreis erhielten. Ihre Aussagen sind zwar unrichtig, aber für Kapitaleigentümer sehr nützlich. Bei einer drittmittelorientierten Wissenschaft kommt ein Kreislauf in Gang: Kapitaleigentümer fördern neoklassische Autoren, deren Aussagen zur Kapitalakkumulation beitragen, was zu mehr Drittmitteln für diese Autoren führt usf. Private Kapitalakkumulation schwächt öffentliche Haushalte (z. B. durch zunehmende Arbeitslosigkeit und sinkende Steuereinnahmen), wodurch Forschungseinrichtungen vermehrt auf Drittmittel angewiesen sind. Auch die Schwächung des Sozialstaates trägt sich selbst: Erstens nimmt die Solidarität ab, wenn jeder um sein Dasein fürchtet; und wenn der Mittelstand zerrieben wird, nimmt politische Kontrolle der Wirtschaft ab.

Bereits 2005 sollte Josef Ackermann, der damalige Vorstandssprecher und spätere Vorstandsvorsitzende der Deutschen Bank, zum Professor an der Universität Frankfurt berufen werden. Insidern zufolge gab es in der Fakultät Zweifel an Ackermanns wissenschaftlicher Leistung. Außerdem war Ackermann im Zusammenhang mit der Mannesmann-Übernahme durch Vodafone gerade zu einer Geldstrafe verurteilt worden. Einige Jahre später – möglicherweise auch wegen einer Spende der Bank an die Uni – erfolgte die Berufung dann doch (Lemhöfer, 2008).

Hinzu kommt, dass auch nichtwissenschaftliche Informationsquellen sehr stark von Eigentümerstrukturen abhängen. 2015 besaßen fünf Verlegerfamilien fast alle einflussreichen Tageszeitungen in Deutschland. Allein die *Bild*-Zeitung hat enormen Einfluss auf die Meinung der Bevölkerung; Politiker hüten sich davor, den Zorn ihrer Redaktion zu erregen. – Internetquellen nehmen (wie soziale Medien) häufig die Form natürlicher Monopole an, sind also gewissermaßen von selbst hoch konzentriert. Ob das einer gerechten Verbreitung von Informationen dient, scheint zumindest fraglich.

### 12.2.6 Ausgleich von Behinderungen

Ein letztes Beispiel für prinzipiell lösbare Fragen: Inwieweit sollten natürliche Behinderungen ausgeglichen werden? So erhalten gut aussehende Menschen bei gleicher Tat mildere Strafen als hässliche; Menschen mit höherer angeborener Intelligenz verdienen mehr. Das ist ungerecht, weil es weder mit Bedarf noch mit Leistung zu tun hat. Gerecht wäre es, solche Nachteile auszugleichen. Bei ausgeprägten Fällen passiert das ja auch, etwa, wenn Behinderte bei der Vergabe von Arbeitsplätzen, beim Parken usw. bevorzugt werden. Allerdings bestehen erhebliche Zweifel, ob solche Nachteile bereits ausreichend ausgeglichen werden.

## 12.3 Vertrag

Wenn Homines oeconomici freiwillig und im Wissen um alle relevanten Informationen auf vollkommenen Märkten Verträge abschließen, dann ist die Verhandlungsmacht ideal balanciert. Keiner der Vertragspartner kann seine Macht einsetzen, um den anderen zu übervorteilen, und daher kann auch kein Gerechtigkeitsproblem auftreten; Gerechtigkeit ist ja nichts anderes als ein Maß für die richtige Anwendung von Macht.

In der Realität weichen Verträge freilich vom Ideal ab, und dadurch können sie ungerecht sein. Das betrifft z. B. Informationsmängel jeder Art – hereingelegte Käufer sind seit Jahrtausenden sprichwörtlich, und moderne Gesellschaften geben sich alle Mühe, Transparenz herzustellen (von der Schulbildung bis zu Verbraucherinformationszentren).

Regelmäßig dürfte die Macht der Vertragspartner unterschiedlich verteilt sein. Auf Arbeitsverträge wurde schon verwiesen, wobei je nach Branche und Beruf die Ausgangspositionen sehr schwanken.

Schließlich werden Verträge auch immer wieder gebrochen, sodass Gerichte und Polizei zu ihrer Durchsetzung eingesetzt werden.

Grundsätzlich wäre es möglich, Verträge daraufhin zu untersuchen, ob die jeweiligen Leistungen sich entsprechen, und in extremen Fällen von Ungerechtigkeit erfolgt das ja auch (z. B. im Rahmen einer gerichtlichen Klärung). Eine branchenspezifische Untersuchung über den Gerechtigkeitsgehalt typischer Verträge wäre grundsätzlich möglich, ist aber bisher nicht versucht worden.

## Literatur

Arbeitsgruppe Dritte Welt. (1976). *Exportinteressen gegen Muttermilch: Der tödliche Fortschritt durch Babynahrung*. Rowohlt.

Ärztetag. (1996). Beschlussprotokoll des 99. Deutschen Ärztetages vom 04.–08. Juni 1996 in Köln. https://www.bundesaerztekammer.de/fileadmin/user_upload/downloads/Beschlussprotokoll_99_DAeT_Koeln.pdf. Zugegriffen am 22.09.2021.

Ashraf, Q., & Galor, O. (2013). The ‚out of Africa' hypothesis, human genetic diversity, and comparative economic development. *American Economic Review, 103*(1), 1–46.

Berger, J. (2020). https://www.nachdenkseiten.de/?p=40396. Zugegriffen am 17.11.2020.

Binswanger, M. (2015). *Geld aus dem Nichts*. Wiley.

Bpb (Bundeszentrale für politische Bildung). (2019). https://www.bpb.de/nachschlagen/zahlen-und-fakten/europa/70564/unternehmenssteuern. Zugegriffen am 22.09.2021.

Butterwegge. (2018). https://www.sueddeutsche.de/politik/armutsdebatte-ein-glas-milch-bei-dunkelheit-1.3904343. Zugegriffen am 15.10.2020.

Caparrós, M. (2015). *Der Hunger*. Suhrkamp.

Cassidy, E. S., West, P. C., Gerber, J. S., & Foley, J. A. (2013). Redefining agricultural yields: From tonnes to people nourished per hectare. *Environmental Research Letters, 8*, 034015.

Chang, H.-J. (2012). *23 things they don't tell you about capitalism*. Penguin.

Collier, P. (2017). *Die unterste Milliarde: Warum die ärmsten Länder scheitern und was man dagegen tun kann*. Pantheon.

Commission for Africa. Our Common Interest. (2005). Die Kommission wurde von der britischen Regierung eingesetzt. Ihre ursprüngliche Webseite (www.commissionforafrica.info) (o. V., o. J.) ist aktuell nicht mehr zugänglich, aber der Report wird an verschiedenen Stellen im Internet zum Download angeboten.

Creutz, H. (2014). *Das Geldsyndrom 2012*. Mainz.

D'Alpoim Guedes, J., Bestor, T. C., Carrasco, D., Flad, R., Fosse, E., Herzfeld, M., Lamberg-Karlovsky, C. C., Lewis, C. M., Liebmann, M., Meadow, R., Patterson, N., Price, M., Reiches, M., Richardson, S., Shattuck-Heidorn, H., Ur, J., Urton, G., & Warinner, C. (2013). Is poverty in our genes? *Current Anthropolgy, 54*(1), 71–79.

Diekmann. (2018). https://www.spiegel.de/wirtschaft/soziales/vermoegen-45-superreiche-besitzen-so-viel-wie-die-halbe-deutsche-bevoelkerung-a-1189111.html. Zugegriffen am 20.09.2021.

Duchrow, U., Eisenbürger, G., & Hippler, J. (1989). *Totaler Krieg gegen die Armen*. Kaiser.

Duchrow, U., et al. (2006). *Solidarisch Mensch werden*. VSA.

Eckl, A., & Ludwig, B. (2005). *Was ist Eigentum?* Beck.

Elsässer, L., Hense, S., & Schäfer, A. (2016). *Systematisch verzerrte Entscheidungen? Die Responsivität der deutschen Politik von 1998 bis 2015*. Endbericht. O. V.

Hersel, P. (2004). *Das internationale Finanzsystem: Katalysator der Inwertsetzung, Zerstörung und Umverteilung der natürlichen Ressourcen des Südens.* Papier im Auftrag des Wuppertal Institut für Klima, Umwelt, Energie. O. V.

Jenner, G. (2000). Der Mythos vom ökonomischen Gleichgewicht. In V. Freystedt (Hrsg.), *Für einen neuen Geldpluralismus. Bietet eine Vielfalt von komplementären Währungen einen Ausweg aus der Krise?* (S. 65–67). Symposiumsdokumentation, Steyerberg

Keese, C. (2014). *Silicon Valley* (S. 137). Knaus.

Kurz, R. (2003). *Weltordnungskrieg.* Horlemann.

Lampert, T., Richter, M., Schneider, S., Spallek, J., & Dragano, N. (2016). Soziale Ungleichheit und Gesundheit. Stand und Perspektiven der sozialepidemiologischen Forschung in Deutschland. *Bundesgesundheitsbl, 59*, 153–165.

Lauterbach, W., Ströing, M., Grabka, M., & Schröder, C. (2016). *HViD – Hochvermögende in Deutschland.* Abschlussbericht zu den Ergebnissen der Befragung. O. V.

Lemhöfer, A. (2008). https://www.fr.de/rhein-main/nichts-dazugelernt-11604195.html. Zugegriffen am 24.09.2021.

Malthus, T. (1826). *Eine Abhandlung über das Bevölkerungsgesetz oder eine Untersuchung seiner Bedeutung für die menschliche Wohlfahrt in Vergangenheit und Zukunft, nebst einer Prüfung unserer Aussichten auf eine künftige Beseitigung oder Linderung der Übel, die es verursacht.* Aus dem Englischen Original, und zwar nach der Ausgabe letzter Hand (6. Aufl.), ins Deutsche übertr. von Valentine Dorn u. eingeleitet von Heinrich Waentig (Bd. 1–2, 2. Aufl.) (Sammlung sozialwissenschaftlicher Meister, Bd. 6–7), Jena: Fischer [1924–1925].

Maroldt, L. (08. Juni 2004) Der Vodafone-Deal. *Der Tagesspiegel.*

Misereor. (2020). *Positionspapier Welternährung 2020.* Aachen o. V.

Münch, R. (2011). *Akademischer Kapitalismus.* Suhrkamp.

Orrell, D. (2010). *Economyths.* Icon Books.

Oxfam. (2017). https://www.oxfam.de/ueber-uns/aktuelles/2017-01-16-8-maenner-besitzen-so-viel-aermere-haelfte-weltbevoelkerung. Zugegriffen am 21.09.2021.

Piketty, T. (2014). Das Kapital im 21. *Jahrhundert* (S. 298). Beck.

Poser, H. (2001). *Wissenschaftstheorie.* Reclam.

Sackmann, C. (2017). https://www.focus.de/finanzen/geldanlage/laendervergleich-deutschland-nur-auf-platz-117-in-welchen-laendern-die-schere-zwischen-arm-und-reich-am-kleinstenist_id_7236465.html. Zugegriffen am 22.09.2021.

Sandel, M. (2013). *Gerechtigkeit.* Ullstein.

Sandel, M. J. (2015). *Moral und Politik* (S. 130 ff.). Ullstein.
Scheidel, W. (2017). *Nach dem Krieg sind alle gleich.* Wbg Theiss.
Schneegans, T. (2003). *Umlaufgesicherte Komplementärwährungen.* Diplomarbeit. http://userpage.fu-berlin.de/~roehrigw/diplomarbeiten/Freigeldpraxis.pdf. Zugegriffen am 15.10.2020.
Schumann, H., & Simantke, E. (08. Mai 2018). Ein Geldkonzern auf dem Weg zur globalen Vorherrschaft. *Tagesspiegel.*
Stowasser, H. (2016). *Anarchie!* (S. 86). Nautilus.
Tourish, D. (2019). *Management studies in crisis.* Cambridge University Press.
Umweltbundesamt. (2021). https://www.umweltbundesamt.de/themen/wider-die-verschwendung. Zugegriffen am 22.09.2021.
Vollset, S. E., Goren, E., Yuan, C. W., Cao, J., Smith, A. E., Hsiao, T., Bisignano, C., Azhar, G. S., Castro, E., Chalek, J., Dolgert, A. J., Frank, T., Fukutaki, K., Hay, S. I., Lozano, R., Mokdad, A. H., Nandakumar, V., Pierce, M., Pletcher, M., et al. (2020). Fertility, mortality, migration, and population scenarios for 195 countries and territories from 2017 to 2100: A forecasting analysis for the Global Burden of Disease Study. *Lancet, 396*(10258), 1285–1306.
Welthungerhilfe. (2020). https://www.welthungerhilfe.de/aktuelles/blog/2019/bildung-ist-der-schluessel-zur-hungerbekaempfung/. Zugegriffen am 03.08.2020.
Ziegler, J. (2011). *Wir lassen sie verhungern.* Bertelsmann.
Zinn, K. G. (2006). *Wie Reichtum Armut schafft* (S. 235 ff.). Papyrossa.

# 13

# Aporien

Bei allen bisher besprochenen Themen lässt sich zeigen, was „gerecht" ist, jedenfalls im Prinzip – auch, wenn noch Forschungsbedarf in Sachfragen besteht. Es gibt aber auch Themen, bei denen einstweilen noch keine Lösung in Sicht ist – vor allem deshalb, weil sie weniger die Verteilung von Gütern behandeln, die im Prinzip ausreichend vorhanden sind, sondern Triageprobleme, also die Frage, wer überleben darf, und wer sterben muss.

## 13.1 Das Trolleyproblem

Ein Fall, der im Zusammenhang mit Gerechtigkeitsfragen viel diskutiert wird, und den ich deshalb ausführlich bespreche, ist der sogenannte Trolleyfall. Er ist mit Gerechtigkeitsregeln nicht lösbar, weil sie nur greifen, wenn es etwas zu verteilen gibt; und „Leben" als solches gehört nicht dazu.

Der Fall wird meist in der folgenden Version von Philippa Foot (1967) besprochen, auch, wenn es frühere Versionen gibt (z. B. Welzel, 1951):

„Nehmen wir an, ein Richter oder Magistrat sieht sich mit Randalierern konfrontiert, die verlangen, dass ein Schuldiger für ein bestimmtes Verbrechen gefunden wird, und anderweitig drohen, sich an einem bestimmten Teil der Gemeinde blutig zu rächen. Da der wahre Schuldige unbekannt ist, sieht sich der Richter in der Lage, das Blutvergießen nur zu verhindern, indem er eine unschuldige Person verurteilt und sie hinrichten lässt.

In einem anderen Beispiel muss ein Pilot, dessen Flugzeug kurz vor dem Absturz steht, entscheiden, ob er von einem mehr zu einem weniger bewohnten Gebiet fliegen soll. Um die Parallele so eng wie möglich zu machen, kann man auch annehmen, dass er der Fahrer eines außer Kontrolle geratenen Straßenbahnwagens [im englischen Original: ‚Trolley', daher der Name des Falles; d. V.] ist, den er vom aktuellen Gleis auf ein anderes lenken kann; fünf Männer arbeiten auf dem ersten Gleis und ein Mann auf dem anderen, und die Straßenbahn wird jeden töten, den sie erfasst.

Im Falle der Unruhen hat der Mob fünf Geiseln, so dass es in beiden Fällen darum geht, einen Menschen zu opfern, um fünf andere zu retten. Die Frage ist, warum wir ohne zu zögern entscheiden, dass der Fahrer auf die weniger besetzte Strecke steuern sollte, während die meisten von uns entsetzt wären über die Idee, dass der unschuldige Mann hingerichtet wird."

P. Foot erfand auch das Problem, das später als „Transplantation" oder „Hospital" bezeichnet wurde: In einem Krankenhaus liegen fünf Menschen auf der Intensivstation, die heute noch sterben werden, wenn sie nicht jeweils ein Spenderorgan bekommen. Gerade verlässt ein geheilter Patient das Krankenhaus, der zufällig genau die richtigen Organe hat. Als Geschäftsführer der Klinik könnte man ihn unter einem Vorwand wieder in das Krankenhaus zurückholen, betäuben, und ohne, dass jemand davon erfährt, ausweiden.

„Warum ... fühlen wir uns nicht berechtigt, Menschen zu töten, um ... Ersatzteile für diejenigen zu erhalten, die sie brauchen?"

Zur Lösung dieser Fragen schlägt Foot vor, dass es „positive" und „negative" Pflichten gibt. Sie schreibt:

# 13 Aporien

„Der Fahrer der Straßenbahn sieht sich einem Konflikt negativer Pflichten gegenüber, da es seine Pflicht ist, die Tötung von fünf Männern zu vermeiden, und auch seine Pflicht, die Tötung eines einzelnen Mannes zu vermeiden. Unter diesen Umständen kann er nicht beides vermeiden, und es scheint klar, dass er so wenig Menschen wie möglich töten sollte. Der Richter wägt jedoch die Pflicht, keine Verletzung zuzufügen, gegen die Pflicht ab, Hilfe zu bringen. Er will die vom Tod bedrohten unschuldigen Menschen retten, kann dies aber nur, indem er selbst jemanden tötet. Da man im Allgemeinen nicht die gleiche Pflicht hat, Menschen zu helfen, wie diejenige, sie nicht zu verletzen oder zu töten, kann man nicht vom Fall des Straßenbahnfahrers auf den des Richters schließen.

Es ist interessant, dass selbst, wenn die strengste Pflicht zur positiven Hilfe besteht, dies nicht so schwer wiegt wie eine negative Pflicht. Es ist zum Beispiel nicht zulässig, einen Mord zu begehen, um hungernden Kindern Essen zu bringen. Hat man nur die Wahl, einen oder mehrere zu töten, dann scheint es nur eine rationale Vorgehensweise zu geben. Wenn die Wahl hingegen besteht zwischen einer Hilfe für einige auf Kosten der Verletzung anderer einerseits und der Weigerung, diese Verletzung zuzufügen, um die Beihilfe zu bringen andererseits, dann ist die gesamte Angelegenheit streitig. Es ist also nicht widersprüchlich von uns zu glauben, dass der Fahrer auf das Gleis steuern muss, auf dem nur ein Mann steht, während der Richter (oder sein Äquivalent) die unschuldige Person nicht töten darf, um die Unruhen zu stoppen." (Foot, 1967).

Nach dieser Logik dürfen wir eine unbeteiligte Person nicht töten, um fünf andere mit ihren Organen zu retten (wie im Fall der „Transplantation"). Der Pilot und der Trolleyfahrer dürfen jedoch eine Person töten, weil sie sonst fünf töten würden – hier kollidieren zwei negative Pflichten, und in diesem Fall töten wir so wenig wie möglich.

Diese Erläuterung Foots hat aber ein Problem, wie schon J. Thomson (1985) erkannte, die mit dem Satz „Einen zu töten ist schlimmer, als fünf sterben zu lassen" nicht einverstanden war. Um das zu zeigen, führte sie sowohl das Problem „*Bystander at the switch*" als auch das „*Fat-man*"-Problem ein (bei P. Foot existierte bereits eine weitere Variante davon):

„Beginnen wir mit einem Fall, der in gewisser Weise Mrs. Foots Geschichte vom Trolleyfahrer ähnelt, den ich ‚Trolley driver' nenne. Betrachten wir nun den Fall ‚Bystander at the switch'. In diesem Fall sind Sie an einem Gleis entlang gelaufen, und Sie können die Situation auf einen Blick erkennen: Der Fahrer des Straßenbahnwagens sieht fünf Arbeiter vor sich auf der Strecke, er tritt auf die Bremsen, aber die Bremsen versagten, so dass er ohnmächtig wurde. Was ist zu tun? Nun, Sie stehen an einer Weiche, die Sie umstellen können, um den Wagen auf das andere Gleis zu lenken. Dabei töten Sie einen Arbeiter. Aber ich denke, man sollte die Weiche umstellen."

Thompson führte auch das „*Fat-man*"-Problem ein:

„Stellen Sie sich einen Fall vor, den ich ‚fat man' nennen werde, in dem Sie auf einem Steg über einem Gleis stehen. Sie können sehen, wie ein Straßenbahnwagen außer Kontrolle die Strecke hinunter rast. Sie drehen sich um, um zu sehen, wohin der Wagen fährt, und auf der Strecke, auf der er unter dem Steg hervorkommt, befinden sich fünf Arbeiter. Was ist zu tun? Als Experte für Trolleys kennen Sie einen bestimmten Weg, um einen außer Kontrolle geratenen Trolley zu stoppen: Lassen Sie ein wirklich schweres Gewicht in den Weg fallen. Aber wo findet man eines? Neben Ihnen auf dem Steg steht ein dicker Mann, ein wirklich dicker Mann. Er beugt sich über das Geländer und beobachtet den Wagen. Alles, was Sie tun müssen, ist, ihm einen kleinen Stoß zu geben, und er fällt über das Geländer auf das Gleis. Wäre es Ihnen gestattet, dies zu tun? Jeder, dem ich diesen Fall vorgelegt habe, sagt, dass dies nicht der Fall wäre. Aber warum?"

Wieder ist die Schlüsselfrage: Warum sollte man die Weiche umstellen, aber den dicken Mann nicht schubsen? (Solche Fragen wurden zuletzt häufig im Zusammenhang mit selbstfahrenden Autos diskutiert: Wie sollte sich ein autonomes Fahrzeug in einer vergleichbaren Situation verhalten – z. B., wenn es sich entscheiden muss, entweder fünf auf einer Straße spielende Kinder oder einen Fußgänger auf dem Gehsteig zu töten?)

Thomson gibt mehrere mögliche Erklärungen. Erstens sagt sie, dass das Schubsen des dicken Mannes eine direkte Verletzung seiner Rechte darstellt, nicht aber das Umlegen der Weiche. Wie sie selbst anmerkt, funktioniert diese Erklärung jedoch nicht. Müsste man z. B. den Mann nicht schubsen, sondern nur am Handlauf wackeln, würde sie es immer noch nicht tun, obwohl das „Wackeln" am Handlauf und das „Umlegen" der Weiche ziemlich nahe beieinander liegen (zumindest moralisch). Thomson bietet noch eine andere Erklärung dafür, dass man den dicken Mann nicht schubst, aber die Weiche umlegt:

„Die Mittel, mit denen man in ‚Fat man' den Wagen dazu bringt, einen statt fünf zu bedrohen, umfassen das Herabstürzen des dicken Mannes vom Steg; und das zu tun ist eine Verletzung eines Rechts des dicken Mannes. Im Gegensatz dazu umfasst das Mittel, mit dem man in ‚Bystander at the switch' den Wagen dazu bringt, einen statt fünf zu bedrohen, lediglich, den Wagen von einem auf das andere Gleis zu bringen, und das zu tun ist selbst keine Verletzung eines Rechts von irgendjemandem."

Diese Argumentation funktioniert allerdings auch nicht. Wenn man die Weiche umlegt und damit den Trolley auf ein Gleis lenkt, wo er einen Arbeiter töten wird, greift das selbstverständlich in dessen Rechte (hier sogar: das Recht auf Leben) ein.

Tatsächlich treffen zwei ethische Handlungsregeln aufeinander: eine kantianische und eine utilitaristische. Ein Kantianer befolgt die Regel: „Handle so, daß du die Menschheit sowohl in deiner Person, als in der Person eines jeden andern jederzeit zugleich als Zweck, niemals bloß als Mittel brauchest" (Kant, 1785). Ein Kantianer darf daher im Trolleyfall die Weiche nicht umlegen, weil er dadurch den einzelnen Arbeiter zum bloßen Mittel machen würde (nämlich, um die anderen zu retten). Entsprechend darf er auch nicht den dicken Mann schubsen und auch nicht den Organspender umbringen.

Ein Utilitarist hingegen, der der Maxime folgt, den größtmöglichen Nutzen der größtmöglichen Zahl anzustreben (Bentham, 1780), wird die Weiche umlegen und den dicken Mann schubsen; sogar im „Hospital"-Fall hat er große Schwierigkeiten, zu erklären, warum er den Organspender *nicht* tötet.

Man kann sich das an folgender Tabelle klarmachen. Dazu führe ich noch einen weiteren Fall an, nämlich „Dynamite wagon": Man steht – wie im Trolleyfall – neben einer Weiche, nur gibt es diesmal drei Abzweigungen. Auf Gleis 1 steht ein Dynamitwagen, auf Gleis 2 ein Arbeiter und auf Gleis 3 stehen fünf Arbeiter. Momentan rast der Trolley auf den Dynamitwagen zu, und die Explosion wird alle sechs Arbeiter töten. Soll man die Weiche umlegen, und wenn ja, wohin?

Außerdem gibt es eine Variante des Trolleyproblems: In diesem Fall ist noch nicht entschieden, welchen Weg der Trolley nehmen wird.

Im „Dynamite wagon" werden sowohl Utilitaristen als auch Kantianer die Weiche umlegen. Für Kantianer gibt es jedoch ein Problem: In welche Richtung? Es mag naheliegen, lieber einen als fünf Menschen zu töten, aber kann das ein allgemeines Gesetz sein? Was ist, wenn es darum geht, entweder zwei zum Tode verurteilte und auf ihre Strafe wartende texanische Kriminelle oder ein siebenjähriges Mädchen zu retten?

„Wenn alles andere gleich ist, dann sollte man lieber einen Menschen töten als fünf" scheint ein guter Kandidat für ein allgemeines Gesetz zu sein, ist aber noch lange nicht perfekt. Das zeigt Foots Beispiel, in dem ein sadistischer Polizist in einem totalitären Land jemanden zwingt, einen von fünf unschuldigen Gefangenen zu töten – oder der Polizist tötet alle fünf. Soll man einen der fünf Menschen töten? Wen?

In „Floppy switch" werden Utilitaristen die Weiche umlegen, während die kantianische Entscheidung schwierig ist. Angenommen, man legt die Weiche so um, dass der einzelne Arbeiter getötet wird – macht man ihn nicht zum Mittel? Andererseits: Wenn man nichts tut, lässt man den Zufall entscheiden. Bevor sich (zufällig) entscheidet, in welche Richtung der Trolley rast, sind sowohl die eine als auch die fünf Personen bedroht. In diesem Konflikt fühlen sich einige berechtigt, die Weiche zu verstellen, andere nicht.

Bei Foots Fall des Piloten, der sich überlegt, sein abstürzendes Flugzeug in eine weniger bewohnte Region zu steuern, ist es ähnlich. Kantianer, die das Flugzeug umlenken, werden darauf hinweisen, dass Menschen, die in der Nähe von Flugzeugrouten leben, wissen, dass Flugzeuge manchmal defekt sind und dass Piloten versuchen werden, so wenige Unbeteiligte zu töten wie möglich. Sie akzeptieren daher implizit das Verhalten der Piloten.

Hingegen ist „Trolley, fixed switch" für Kantianer eindeutig: Sie dürfen nichts tun, weil sie sonst den unbeteiligten Arbeiter zum bloßen Mittel machen würden. – An sich ist P. Foots Regel „Es ist schlimmer, jemanden aktiv zu töten, als den Tod von jemandem zuzulassen" nahe an Kants Imperativ (man darf niemanden zum bloßen Mittel machen, selbst, wenn der Zweck darin besteht, andere zu retten). Wie man in Tab. 13.1 sieht, würde sie allerdings in „Trolley, fixed switch" anders entscheiden als ein Kantianer. Das scheint mir unplausibel zu sein: Wenn der Weg des

Tab. 13.1 Varianten des Trolleyfalles

| Problem | Beschreibung | Utilitaristische Entscheidung | Kantianische Entscheidung | P. Foot |
|---|---|---|---|---|
| „Dynamite wagon" | Trolley rast auf Dynamit zu | Weiche umlegen | Weiche umlegen | Weiche umlegen |
| „Trolley, floppy switch" | Ein Trolley rast auf eine Weiche zu; von dort wird er zufällig auf eines von zwei Gleisen gelenkt, wo er einen oder fünf Menschen tötet | Weiche umlegen | Weiche umlegen (?) | Weiche umlegen |
| „Trolley, fixed switch" | Ein Trolley rast auf fünf Arbeiter zu; man kann eine Weiche umlegen, wodurch ein anderer Arbeiter getötet wird | Weiche umlegen | Nichts tun | Weiche umlegen |
| „Fat man" | Ein Trolley rast auf fünf Arbeiter zu; man kann einen dicken Mann schubsen, der den Trolley blockiert (und dabei selbst stirbt) | Dicken Mann schubsen | Nichts tun | Nichts tun |
| „Hospital" | Fünf Menschen liegen im Sterben; man kann sie retten, indem man einen Unbeteiligten tötet und seine Organe verpflanzt | Organspender töten (?) | Nichts tun | Nichts tun |

Trolleys feststeht, dann ist der Arbeiter auf dem anderen Gleis unbeteiligt, und es kommt einer aktiven Tötung gleich, wenn man die Weiche umlegt. Man hat den Eindruck, dass Foot gegen ihre eigene Regel entscheidet. Vielleicht hat sie gedanklich nicht zwischen „fixed" und „floppy switch" unterschieden.

Für Utilitaristen ist der Fall klar: Sie würden die Weiche umlegen.

Die beiden übrigen Fälle wurden schon besprochen.

Insgesamt trennen also die fünf Fälle sehr gut zwischen einer kantianischen und einer utilitaristischen Ethik. Das ist nützlich, weil (wie oben bereits erwähnt) bisweilen behauptet wird, jede Ethik sei utilitaristisch: denn ein Kantianer, der versucht, den Nutzen aller zu maximieren, sei damit Utilitarist; und wenn er nicht den Nutzen aller maximieren wolle, sei seine Ethik nicht zu gebrauchen, weil er dann Nutzen verschwende. Das ist aber ein Denkfehler. Der Unterschied zwischen Kantianern und Utilitaristen besteht nicht darin, ob sie den Gesamtnutzen maximieren wollen, sondern darin, wie sie mit Konflikten umgehen. Für Kantianer hat jeder Mensch seine eigene, unaufgebbare Würde und ist nicht durch andere ersetzbar; für Utilitaristen hingegen ist sehr wohl der Nutzen des einen gegen den Nutzen des anderen verrechenbar.

Kantianer würden außerdem anmerken, dass Trolleys in der Regel nicht so konstruiert sein sollten, dass sie Unbeteiligte töten. Kantianische Anforderungen an das Handeln, z. B. bei wirtschaftlichen Prozessen wie der Produktion von Gütern, sind deutlich höher als utilitaristische (letztere würden z. B. akzeptieren, dass ein Produkt Menschen schadet, wenn der Nutzen, den es für andere erzeugt, größer ist als der Schaden).

Wie man an Tab. 13.1 sieht, sind sich Kantianer und Utilitaristen in „Dynamite wagon" und „Hospital" einig, während sie in den anderen Fällen unterschiedlich agieren. Auch empirisch kann man zeigen, dass Versuchspersonen in „Dynamite wagon" meist die Weiche umstellen und in „Hospital" nie den Organspender töten, während sie in den anderen Fällen uneinig sind.

Darüber, *warum* manche Befragte in „Trolley" und „Fat man" kantianisch und andere utilitaristisch entscheiden, ist bisher wenig bekannt.

Die Tab. 13.2 zeigt ein typisches Muster einer solchen Befragung (Thielscher et al., 2019); dabei wurde unterschieden, ob die Befragten das Problem kannten oder nicht, und außerdem wurden sie vor und nach

**Tab. 13.2** Befragung zum Trolleyfall und seinen Varianten

|  | Kannte das Problem vorher nicht (n = 30) | | Kannte das Problem schon vorher (n = 20) | |
|---|---|---|---|---|
|  | Vor Diskussion | Nach Diskussion | Vor Diskussion | Nach Diskussion |
| „Dynamite wagon"*** | 21:3 | 23:1 | 16:0 | 16:0 |
| „Trolley, floppy switch"*** | 21:9 | 23:4 | 12:6 | 12:6 |
| „Trolley, fixed switch"*** | 23:5*** | 9:9*** | 17:2*** | 11:9*** |
| „Fat man"*** | 7:18 | 8:17 | 4:12 | 3:15 |
| „Hospital"*** | 0:25 | 0:25 | 0:19 | 0:19 |

Diskussion ethischer Prinzipien befragt. „21:3" bedeutet, dass sich bei 30 Befragten 6 enthielten und von den übrigen 21 die Weiche umlegen würden, 3 nicht. Die Sternchen zeigen an, dass die gefundenen Unterschiede statistisch signifikant sind.

Was sagt nun die Gerechtigkeitstheorie dazu?

Es ist auf den ersten Blick verblüffend, dass keines der im Teil II hergeleiteten Gerechtigkeitsprinzipien im „Trolley" und den verwandten Fällen ein bestimmtes Handeln nahelegt: weder „Gleiches gleich behandeln", noch „Leistung", „Bedarf" oder „Vertrag". Der entscheidende Punkt ist, dass es hier um harte Bedarfe geht (nämlich auf Leben), die nicht alle erfüllt werden können und für die zumindest unklar ist, wie man sie gegeneinander abwägt.

Das ist bei den zuvor genannten Themen anders. Zwar kann auch nur einer von mehreren Wettläufern die Goldmedaille bekommen, aber das ist kein schlimmes Problem, weil auch die anderen Läufer ein gutes Leben führen können. Nicht so im Trolleyfall: Entweder einer stirbt oder fünf. „Gerechtigkeit" setzt voraus, dass es etwas auf mehrere Empfänger aufzuteilen gibt. Das geht bei Gütern oder dann, wenn Leben gegen bloßes Wollen steht (Hungernde müssen versorgt werden), aber nicht beim „Leben" an sich.

Das sieht man leicht, wenn man den Fall verändert: Ein Trolley rast auf fünf Koffer zu, die jeweils 100 Euro wert sind; man kann die Weiche umlegen, und dann vernichtet der Trolley einen Koffer im Wert von 100 Euro. Im Vergleich zum Original ist dieser Fall nicht besonders spannend, aber grundsätzlich auf gerechte Weise lösbar: z. B., indem man den aus dem Verlust der Koffer und der Umlenkung der Straßenbahn entstehende Schaden minimiert und, falls man die Weiche umlegt, der Besitzer des einzelnen Koffers entschädigt wird.

Kurz zusammengefasst: Fragen gerechter Verteilung von Gütern, Ehre, Respekt usw. lassen sich lösen; Fragen, bei denen es um Leben gegen Leben geht, hingegen nicht. Das ist wichtig, um den Denkfehler Malthus' zu durchschauen: Wenn es genug Nahrung für alle gibt, darf man niemanden verhungern lassen. Wenn – wie er unterstellt – aufgrund von Naturgesetzen nicht alle überleben können, löst das Prinzip der Gerechtigkeit nur einen Teil des Problems (es fordert dann nur, Lebensmittel so gerecht wie möglich zu verteilen; bleibt dann immer noch zu wenig für alle, sodass ein Teil der Betroffenen sterben muss, gibt es keine endgültige Antwort). Vielleicht vermischen Autoren wie Malthus absichtlich diese Fragestellungen, um ein eigentlich lösbares Problem als unlösbar ausgeben zu können – etwa, um unerwünschte Konsequenzen zu vermeiden, die aus der Lösung folgen.

Bei abstrakten Regeln ist es wieder anders: Hier kann man durchaus argumentieren, dass z. B. alle das gleiche Recht auf lebenserhaltende Maßnahmen haben. Anders gesagt: Wenn Leben gegen Leben steht, kann man zwar mithilfe des Gerechtigkeitsmodells (einige) allgemeine Regeln daraufhin prüfen, ob sie gerecht sind, aber nicht in jedem konkreten Fall entscheiden. Eine Regel der Form „Im Konfliktfall ist immer erst das Leben von Älteren zu beenden, dann das der Jüngeren" ist ungerecht. Wenn ein Arzt vor der Wahl steht, entweder einem Älteren oder einem Jüngeren das Leben zu retten, versagt das Gerechtigkeitsmodell. Immerhin hält es dazu an, solche Situationen möglichst zu vermeiden.

Das wiederum illustriert das QALY-Problem. Im (realen) Gesundheitswesen fordern viele Gesundheitsökonomen, medizinische Versorgungsleistungen so zu verteilen, dass am meisten Gesundheit dabei herausspringt. Der bekannte australische Ethiker Peter Singer formuliert es z. B. so (1995):

> „Wir sind uns alle einig: wenn wir öffentliches Geld ausgeben für die Gesundheitsversorgung, dann sollten wir versuchen, möglichst viel Wert (,value') dafür zu bekommen. Aber da hört die Einigkeit auf. Was ist Wert

im Gesundheitswesen? ... Der vielversprechendste gemeinsame Standard, glauben viele, ist das Quality Adjusted Life-Year (oder QALY). Im Wesentlichen sagt dieser Standard, dass der Wert, den wir erhalten, wenn wir Geld für Gesundheit ausgeben, anhand der Anzahl der gewonnenen Lebensjahre gemessen werden kann, solange wir eine angemessene Abzinsung vornehmen für Zeiträume, in denen die Lebensqualität infolge von Krankheit oder Behinderung vermindert ist."

Ein QALY ist einfach Zeit mal Lebensqualität. Eine neue Therapie, die dem Patienten zwei zusätzliche Jahre beschert, allerdings bei eingeschränkter Lebensqualität von 0,7 (auf einer Skala von 0 = tot bis 1 = völlig gesund), ist 0,7 * 2 = 1,4 QALYs wert. (Bei schwankender Lebensqualität (LQ) repräsentiert der QALY-Wert die Fläche unter der LQ-Kurve.)

Es klingt plausibel, Gesundheitsausgaben nach QALYs zu steuern, hat aber einen Haken, auf den sehr deutlich J. Harris (1987) hingewiesen hat. Angenommen, zwei Patienten erscheinen gleichzeitig in der Notfallambulanz eines Krankenhauses. Beide müssen sofort behandelt werden, sonst sterben sie. Man kann aber nur einen retten. Der eine Patient sitzt im Rollstuhl, der andere nicht; ansonsten sind sie ganz vergleichbar.

Geht man nach QALYs, muss man immer den Gesunden retten, weil der mehr Lebensqualität „bringt". Eine solche Regel empfinden viele Menschen als ungerecht, denn sie benachteiligt Behinderte.

Bereits in Teil II hatten wir Fälle betrachtet, in denen es zum Konflikt zwischen Effizienz und Gerechtigkeit kommt (z. B. bei dem Kinderheim in Uganda). In solchen Fällen wägen Versuchspersonen zwischen Gerechtigkeit und Effizienz ab. Insofern muss man P. Singer antworten: Nein, wir sind nicht alle einig, dass es (nur) um die Maximierung des Gesamtwertes (also Effizienz) geht. Verteilungsfragen müssen ebenfalls berücksichtigt werden.

## 13.2 Vertreibung

„Leben" ist nicht vermehrbar und Konflikte sind daher mit Gerechtigkeitsprinzipien nicht vollständig lösbar. Ähnliches gilt für Land, vor allem in Kombination mit Vererbung.

Die Vertreibung ganzer Bevölkerungen ist offensichtlich ungerecht; aber nach einigen Generationen erlischt der Anspruch Vertriebener auf Rückkehr. Beispielsweise kommt niemand auf die Idee, Andalusien den Nachfahren der von den (namengebenden) Vandalen vertriebenen Ureinwohner zurückzugeben (selbst, wenn man sie überhaupt auffinden könnte). Im Konflikt mit den Nachfahren der Vertreiber, die seit Generationen dort leben, ist das Recht auf Wohnsitz nicht beliebig vererbbar.

Das erklärt auch, warum Konflikte um „frische" Vertreibungen mit besonderer Härte ausgetragen werden: Die Vertriebenen wissen ja, dass sie nur eine Generation Zeit haben, das erlittene Unrecht rückgängig zu machen. – Zumindest wird man im Sinne der Gerechtigkeit fordern, dass wohlhabende Industrieländer, die auf fremdem Boden errichtet wurden, die Nachfahren der Vertriebenen angemessen entschädigen (und nicht z. B. in Freiluftgefängnissen dahinvegetieren lassen).

## 13.3 Abtreibung

Wenn bei einer Abtreibung das Leben des Kindes gegen das der Mutter steht, handelt es sich um ein Problem, bei dem harte Bedarfe aufeinandertreffen, das also nicht wirklich lösbar ist – wie beim Trolleyfall. Etwas anders ist die Situation, wenn die werdende Mutter aus persönlichen (sozialen…) Gründen das Kind nicht haben möchte.

Im Kern geht es dabei um zwei Fragen:

(i) Handelt es sich beim ungeborenen Kind (oder Fötus – schon diese Begrifflichkeiten halten manche Teilnehmer an der arg emotionalen Diskussion für bedeutsam) um einen Menschen?

(ii) Wie verhalten sich die Rechte des Embryos oder des Fötus zu denen der Mutter?

**Was ist ein Mensch?**
Kant meinte, dass die Frage, was der Mensch ist, alle anderen wichtigen Fragen der Philosophie mit umfasst (was kann ich wissen, wie soll ich handeln, was kann ich hoffen). Sie kann schon deshalb hier nicht erschöpfend behandelt werden.

Obendrein ist es gerade an Anfang und Ende des Lebens manchmal schwer, menschliches Leben genau zu fassen. Ist jemand, der an einer schweren Demenz leidet, ein „Mensch"? Manche Autoren bestreiten das, z. B. der bereits genannte australische Philosoph P. Singer. Seiner Meinung nach hängt das Recht auf Leben an bestimmten Eigenschaften und Fähigkeiten des jeweiligen Lebewesens:

> „Ich schlage daher vor, dem Leben eines Fötus keinen größeren Wert zuzubilligen als dem Leben eines nichtmenschlichen Lebewesens auf einer ähnlichen Stufe der Rationalität, des Selbstbewusstseins, der Bewusstheit, der Empfindungsfähigkeit usw. Da kein Fötus eine Person ist, hat kein Fötus denselben Anspruch auf Leben wie eine Person. Bis ein Fötus eine gewisse Fähigkeit zu bewusstem Erleben besitzt, beendet ein Schwangerschaftsabbruch eine Existenz, die … eher der einer Pflanze als der eines empfindungsfähigen Tieres wie etwa eines Hundes oder einer Kuh vergleichbar ist (Singer, 2013)."

Folgt man Singer, dann wiegt das Leben eines geistig Behinderten oder eines dementen Patienten nicht schwerer als das einer Kuh, weil sie nicht „Person" sind, d. h. nur eingeschränkt über Rationalität und Selbstbewusstsein verfügen.

Wenn der Fötus nicht menschliches Leben ist, dann ist die Sache der Abtreibung einfach, denn in diesem Fall gibt es keinen Grund, das Selbstbestimmungsrecht der Mutter einzuschränken. So entschieden z. B. US-amerikanische Gerichte bis 2022. Weil sie niemandem vorschreiben wollen, wie er oder (vor allem) sie zur Abtreibung steht, überlassen sie der Mutter die Entscheidung. Allerdings setzt das voraus, dass das Leben des Fötus nicht zählt. Sowohl nach Kant als auch im Utilitarismus müsste sonst das Lebensrecht des Kindes gegen das Recht der Mutter auf Selbstbestimmung abgewogen werden (Mill 1859: „The only freedom which deserves the name, is that of pursuing our own good in our own way, so long as we do not attempt to deprive others of theirs, or impede their efforts to obtain it.") Insofern treffen US-Gerichte sehr wohl eine moralische Entscheidung, nämlich, dass der Fötus kein „anderer" ist.

Etwas anders sieht es der US-amerikanische Philosoph M. Sandel (2015). Ihm zufolge entwickelt sich das menschliche Leben graduell: Menschen können mehr oder weniger Mensch sein. Da der Embryo keine Person ist, ist er zwar schutzwürdig, aber weniger als Erwachsene. Diese Schutzwürdigkeit wiegt weniger als der Wunsch der Mutter, abzutreiben.

Natürlich wurde immer schon gesehen, dass man sich mit einer Vorstellung von „mehr oder weniger wertvollen Menschen" inhaltlich in gefährliche Nähe zur „Euthanasie" begibt, also der Vorstellung, dass eine Gesellschaft auch menschliches Leben für unwert erklären und vernichten darf. (Ich setze das Wort in Anführungszeichen, weil es euphemistisch missbraucht werden kann.)

Wenn man einmal anfängt, menschliches Leben in Kategorien unterschiedlicher Wertigkeit einzuteilen, dann wird es schwer, falschen Wertzuordnungen zu begegnen: Der eine mag Demente für unwert halten, der andere bestimmte „Rassen", Ethnien oder Glaubensgruppen.

Letztlich schimmert hier der Unterschied zwischen einer utilitaristischen Ethik (wie Singer sie vertritt) und der Deontologie Kants durch. Nach Kant haben Menschen Würde, aber keinen ökonomischen Wert, während es bei Dingen genau umgekehrt ist. Letztere sind daher austauschbar – ein Stück Pizza ist wie das andere –, Menschen nicht: Niemand kann Herrn A durch Frau B ersetzen.

Das ist bei Utilitaristen anders. Dort geht es ausschließlich um die Maximierung von Lust und die Vermeidung von Leid; es ist ganz gleichgültig, wer davon betroffen ist. Ich hatte das oben am Beispiel der Notfallambulanz erläutert, in der gleichzeitig ein Rollstuhlfahrer und ein Nichtbehinderter behandelt werden müssen.

Freilich gilt auch für Kantianer, dass nichts im Leben unendlich ist. Wenn etwa bei einem schwerstkranken Patienten durch eine angemessene Schmerztherapie der Tod etwas früher eintritt, dann wird das auch aus deontologischer Sicht die Würde des betroffenen Patienten nicht verletzen, wenn es in seinem eigenen Interesse und auf seinen Wunsch hin passiert (und nicht etwa, um einen „unnötigen Esser" schneller loszuwerden).

Gerade vor dem Hintergrund der totalitären Regime des 20. Jahrhunderts, die sich nicht sehr um die Würde von Menschen kümmerten, scheint es sinnvoll, vorsichtig mit menschlichem Leben umzugehen.

Medizinisch ist das genetische Material (inklusive seiner natürlichen Schwankungen – ein Kind mit Trisomie 21 ist demnach auch ein Mensch) das anatomische Substrat des Menschseins. Insofern ist auch der Fötus „Mensch". Besonders schwer wiegt sein Lebensrecht, wenn er auch ohne die Mutter lebensfähig ist (das ist etwa ab der 24. Schwangerschaftswoche der Fall).

Beispielsweise ist die Geburt nicht der Augenblick, in dem ein Mensch „entsteht". In dem Augenblick, in dem die Nabelschnur durchtrennt wird, passiert medizinisch (und wie ich meine auch ethisch) nicht viel. Es ist jedenfalls schwer nachvollziehbar, warum dem Kind unmittelbar vor dem Durchtrennen der Nabelschnur weniger Recht auf Leben zustehen sollte als danach.

Dieses Argument zieht sich durch bis zum Augenblick der Befruchtung. Ab diesem Augenblick beginnt ein durchgehender Prozess, den man „Leben" nennt. – Freilich gilt auch hier, dass alles Leben kontingent ist. Auch, wenn ein früher Embryo genetisch ein „Mensch" ist, würde man, wenn man wählen müsste, eher das Leben von Erwachsenen retten als das eingefrorener befruchteter Eizellen. (Diese Befruchtung ist ein Thema für sich. In katholischen Kliniken werden bei künstlicher Befruchtung keine überflüssigen Embryos erzeugt.)

Insgesamt gibt es gute Gründe, Föten als „Menschen" zu betrachten. Dann aber haben sie nach Kant Würde, und – das ist für unseren Zweck wichtig – Ansprüche. Es wäre ungerecht, ihnen nicht zu helfen, wenn sie in Not sind.

**Das Recht auf Leben gegen das Recht auf Selbstbestimmung**
Eine andere Frage ist, ob das Lebensrecht des Fötus schwerer wiegt als das Selbstbestimmungsrecht der Mutter. Das vielleicht bekannteste Gedankenexperiment dazu stammt von J. Thomson (1971):

> „Sie wachen morgens auf und befinden sich mit einem bewusstlosen Geiger Rücken an Rücken im Bett. Einem berühmten bewusstlosen Geiger. Es wurde festgestellt, dass er eine tödliche Nierenerkrankung hat, und die Society of Music Lovers hat alle verfügbaren medizinischen Unterlagen überprüft und festgestellt, dass Sie allein die richtige Blutgruppe haben, um zu helfen. Sie haben Sie deshalb entführt, und letzte Nacht wurde das Kreis-

laufsystem des Geigers an Ihres angeschlossen, damit Ihre Nieren verwendet werden können, um Gifte aus seinem und Ihrem Blut zu extrahieren. In neun Monaten wird er sich von seiner Krankheit erholt haben und kann sicher von Ihnen getrennt werden."

Thomson zufolge ist es ethisch in Ordnung, wenn man sich des Violinisten entledigt, denn niemand ist verpflichtet, für das Leben eines anderen zu sorgen, wenn er nicht möchte. Tatsächlich meint sie, dass ein Sterbender nicht einmal das Recht auf eine einfache Handreichung habe:

„Wenn ich todkrank bin und das einzige, was mein Leben retten wird, die Berührung von Henry Fondas kühler Hand auf meiner fiebrigen Stirn ist, dann habe ich trotzdem kein Recht, die Berührung von Henry Fondas kühler Hand auf meiner fiebrigen Stirn zu bekommen. Es wäre furchtbar nett von ihm, von der Westküste hierher zu fliegen, um sie zur Verfügung zu stellen. Es wäre weniger schön, wenn auch ohne Zweifel gut gemeint, wenn meine Freunde an die Westküste fliegen und Henry Fonda mitbringen würden. Aber ich habe überhaupt kein Recht gegen irgendjemanden, dass er das für mich tut."

Das werden viele Leser nicht sehr einleuchtend finden. Wenn ich mit so wenig Aufwand das Leben eines anderen Menschen retten kann, sollte ich es dann nicht auch tun? Würde Henry Fonda sich in einer solchen Situation wirklich weigern zu helfen, wenn man ihm den Flug zumuten kann und es tatsächlich sicher ist, dass er die Patientin heilen kann?

Anders gefragt: Welchen Sinn hat ein Recht auf Leben, wenn es ausschließlich dazu dient, Angriffe zu verhindern (und nicht auch zu Ansprüchen berechtigt)?

Zumindest widerspricht das der – biologisch verankerten – Gerechtigkeitsidee, dass man jemandem, der in Not ist, helfen muss, wenn man kann. Thomson steht eher Nozick nahe, der ja auch meint, dass niemand ein Recht auf etwas hat, es sei denn, er oder sie besitzt Eigentum oder er oder sie hat einen Vertrag geschlossen.

Für das Argument von Thomson spricht hingegen, dass es ganz unklar ist, ob das Recht auf Hilfe einschließt, dass jemand sich 9 Monate lang mit einem anderen Körper verbinden lässt. Dagegen kann man wiederum Verschiedenes vorbringen, z. B., dass in typischen Fällen einer Abtreibung die schwangere Frau freiwillig Geschlechtsverkehr und daher stillschweigend zugestimmt hat, dem Fötus die Verwendung ihres Körpers zu erlauben; der Fötus ist das Kind der schwangeren Frau, während der Geiger ein Fremder ist (Wikipedia, 2020); vor allem aber kommen Schwangerschaften regelmäßig vor, während der Fall des Geigers eine Ausnahme ist. Wäre es häufig, dass bekannte Geiger eine Art Dialyse brauchen, dann läge es in der Verantwortung der Gesellschaft, geeignete Behandlungsmethoden zu entwickeln. Das führt letztlich auch zur Beurteilung des Abtreibungsproblems aus Sicht der Gerechtigkeit.

Insgesamt steht das Recht des Fötus auf Leben gegen das der Mutter auf Selbstbestimmung; gleichzeitig ist die Mutter ein voll entwickelter Mensch, der Fötus nicht.

Koppelt man Menschsein an die Genetik, dann ist Leben wichtiger als Selbstbestimmung. Wenn es unterschiedliche Grade von Menschsein gibt, nicht unbedingt.

Eine kantianische Sichtweise kann aber zu weiterführenden Einsichten führen. So ähnlich wie im Trolleyfall, bei dem man sich fragen kann, ob Straßenbahnwagen so konstruiert sein sollten, dass sie Menschen töten, ist es auch bei Schwangerschaften (häufig) möglich, unerwünschte Abtreibungen zu vermeiden – etwa durch einen bewussteren Umgang mit Sexualität und Verhütungsmethoden und durch bessere Hilfen für Schwangere in Not. Dass die Gesellschaft Schwangere im Konflikt weitgehend alleine lässt, ist nicht gerecht. Von besserer Aufklärung über bessere Vereinbarkeit von Familie und Beruf bis hin zur direkten finanziellen Unterstützung sind die Möglichkeiten zur Entschärfung des Problems längst nicht ausgeschöpft.

## Literatur

Bentham, J. (1970). *An introduction to the principles of morals and legislation*. Edited by J. H. Burns & H. L. A. Hart. Oxford University Press. (Original 1780).

Foot, P. (1967). The problem of abortion and the doctrine of the double effect. *Oxford Review, 5*, 5–15.

Harris, J. (1987). QALYfying the value of human life. *Journal of Medical Ethics, 13*(3), 117–123.
Kant, I. (1961). *Grundlegung zur Metaphysik der Sitten*. Reclam. (Original 1785).
Mill. (1859). *On liberty*. https://www.gutenberg.org/files/34901/34901-h/34901-h.htm. Zugegriffen am 11.08.2020.
Sandel, M. J. (2015). *Moral und Politik* (S. 177). Ullstein.
Singer, P. (2013). *Praktische Ethik* (S. 246). Reclam.
Singer, P., McKie, J., Kuhse, H., & Richardson, J. (1995). Double jeopardy and the use of QALYs in health care allocation. *Journal of Medical Ethics, 21*(3), 144–150.
Thielscher, C., Krol, B., Heinemann, S., & Schlander, M. (2019). Ethical decomposition as a new method to analyse moral dilemmata – Findings on mad trolleys and self-driving cars. In K. David, K. Geihs, M. Lange & G. Stumme (Hrsg.), *INFORMATIK 2019: 50 Jahre Gesellschaft für Informatik – Informatik für Gesellschaft* (S. 37–49). Gesellschaft für Informatik e. V.
Thomson, J. J. (1971). A defense of abortion. *Philosophy and Public Affairs, 1*, 1 (Autumn 1971): 47–66.
Thomson, J. J. (1985). The trolley problem. *The Yale Law Journal, 94*(6), 1395–1415.
Welzel, H. (1951). Zum Notstandsproblem. *ZStW Zeitschrift für die gesamte Strafrechtswissenschaft, 63*(1), 47–56.
Wikipedia. (2020). https://en.wikipedia.org/wiki/A_Defense_of_Abortion. Zugegriffen am 04.08.2020.

# 14
# Zusammenfassung und Ausblick

Gerechtigkeit ist ein zentraler Bestandteil unseres Lebens. Es ist kein inhaltlich beliebiges Konzept, über das man nichts wissen kann, sondern es lässt sich ziemlich präzise beschreiben:

- Gerechtigkeit ist eine echte Teilmenge der Moral.
- Sie beschäftigt sich damit, wie ein oder mehrere Machthaber etwas verteilen, nach welchen Regeln und innerhalb welcher Strukturen sie das tun, mit dem Verteilten und mit den Empfängern.
- Letztlich kann man die Inhalte gerechter Regeln an den Empfängern verdeutlichen: Gleiches gleich behandeln, und zwar gleiche Leistung gleich entlohnen, Notleidenden helfen, Verträge halten.

Die meisten Verteilungen lassen sich so als „gerecht" oder „ungerecht" erkennen, insbesondere solche, bei denen es um die Verteilung von Gütern, Dienstleistungen, Ehre, Teilhabe usw. geht und solche, bei denen das Recht auf Leben gegen Eigentum steht (z. B. beim Hunger). Ich hoffe, dass an den Beispielen deutlich geworden ist, wie man das Modell anwenden kann.

Lediglich konkrete Situationen, in denen Leben gegen Leben steht, lassen sich so (bisher) nicht klären.

Leider stößt man auf sehr viel Ungerechtigkeit, wenn man unsere Welt durch die Gerechtigkeitsbrille betrachtet. Ein spezieller Teil dieser Ungerechtigkeit besteht im gezielten Versuch, Ungerechtigkeit zu erhalten – etwa durch absichtliche Desinformation mit dem Zweck, einzelnen Bevölkerungsgruppen die Kontrolle über andere Menschen zu verschaffen oder zu erhalten. Dadurch laufen wir Gefahr, in Teufelskreise zu geraten: Mehr Macht bedeutet mehr Einfluss auf das (interessengetrieben verzerrte) Wissen von Menschen, was kritische Instanzen schwächt und zu mehr Macht der Mächtigen führt. Wir brauchen nichts weniger als eine neue Aufklärung, damit auch zukünftig jeder selbst entscheiden kann. Es sollte darauf ankommen, was stimmt, und nicht darauf, wer etwas sagt oder mit wie viel Geld es verbreitet wird.

Aber wo Gefahr ist, wächst (hoffentlich) das Rettende auch. Es wäre hilfreich, das Modell der Gerechtigkeit sowohl in Einzelwissenschaften, als auch als Querschnittsfach zu etablieren, weiter zu erforschen und auf konkrete Fälle anzuwenden, insbesondere auf der Basis empirischen Wissens (etwa aus der medizinischen Anthropologie, der Entwicklungspsychologie, der Hirnforschung und der Evolutionsbiologie).

Gerechtigkeit ist wichtig, und man kann sie präzise beschreiben. Sie ist in uns hart verdrahtet. Wir sollten daran arbeiten, sie zu verbreiten.

**GPSR Compliance**

The European Union's (EU) General Product Safety Regulation (GPSR) is a set of rules that requires consumer products to be safe and our obligations to ensure this.

If you have any concerns about our products, you can contact us on

ProductSafety@springernature.com

In case Publisher is established outside the EU, the EU authorized representative is:

Springer Nature Customer Service Center GmbH
Europaplatz 3
69115 Heidelberg, Germany

www.ingramcontent.com/pod-product-compliance
Lightning Source LLC
LaVergne TN
LVHW020342260326
834688LV00045B/1492